· 山西省2024年图书、音像电子、网络出版物重点选题 ·

加快形成
新质生产力

New Quality Productive Forces

刘晓明　梁正华　康慧芳　著

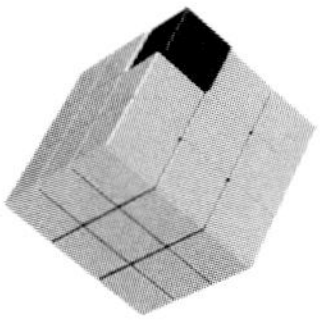

山西出版传媒集团　山西经济出版社

· 太原 ·

图书在版编目（CIP）数据

加快形成新质生产力 / 刘晓明，梁正华，康慧芳著. 太原：山西经济出版社，2025. 3. -- ISBN 978-7-5577-1453-6

Ⅰ. F127.25

中国国家版本馆CIP数据核字第2025YD7734号

加快形成新质生产力

JIAKUAI XINGCHENG XINZHI SHENGCHANLI

著　　者：	刘晓明　梁正华　康慧芳
出 版 人：	贺　权
选题策划：	李春梅
责任编辑：	解荣慧
责任印制：	李　健
封面设计：	阎宏睿
内文设计：	华胜文化
出 版 者：	山西出版传媒集团 · 山西经济出版社
地　　址：	太原市建设南路21号
邮　　编：	030012
电　　话：	0351—4922133（市场部）
	0351—4922142（总编室）
E-mail：	scb@sxjjcb.com（市场部）
	zbs@sxjjcb.com（总编室）
经 销 者：	山西出版传媒集团 · 山西经济出版社
承 印 者：	山西出版传媒集团 · 山西人民印刷有限责任公司
开　　本：	880mm × 1230mm　1/16
印　　张：	17.25
字　　数：	232 千字
版　　次：	2025 年 3 月　第 1 版
印　　次：	2025 年 3 月　第 1 次印刷
书　　号：	ISBN 978-7-5577-1453-6
定　　价：	68.00 元

序言

习近平总书记强调，新质生产力是创新起主导作用，摆脱传统经济增长方式、生产力发展路径，具有高科技、高效能、高质量特征，符合新发展理念的先进生产力质态。它由技术革命性突破、生产要素创新性配置、产业深度转型升级而催生，以劳动者、劳动资料、劳动对象及其优化组合的跃升为基本内涵，以全要素生产率大幅提升为核心标志，特点是创新，关键在质优，本质是先进生产力。

新质生产力的显著特点是创新，既包括技术和业态模式层面的创新，也包括管理和制度层面的创新。发展新质生产力是推动高质量发展的内在要求和重要着力点。高质量发展是新时代的硬道理，需要新的生产力理论来指导。2023年9月，习近平总书记创造性地提出了“新质生产力”的概念论断，为新时期新条件下发展先进生产力指明了方向。习近平总书记在中共中央政治局第十一次集体学习时强调：“发展新质生产力是推动高质量发展的内在要求和重要着力点”“新质生产力已经在实践中形成并展示出对高质量发展的强劲推动力、支撑力”。2023年中央经济工作会议提出，要以科技创新推动产业创新，特别是以颠覆性技术和前沿技术催生新产业、新模式、新动能，发展新质生产力。“新质生产力”的提出，是对马克思主义生产力理论的创新和发展，深化了对生产力发展规律的认识，进一步丰富了习近平经济思想的内涵，为开辟发展新领域新赛道，塑造发展新动能新优势提供了科学指引，具有重要的理论意义和实践意义。

山西是典型的资源型省份，产业结构偏重，产业转型升级难度大。山西发展新质生产力存在的问题和制约因素主要集中在四个方面：一是产业结构不优，战略性新兴产业和未来产业发展不足；二是企业效益不强，高价值产品不多；三是人才支撑不足，创新技术引领不够；四是数字化水平不高，融合支撑能力不强。要在转型发展上蹚出一条新路来，必须紧抓机遇，加快科技创新步伐，积极发展战略性新兴产业和未来产业，集聚优质要素资源，加快形成新质生产力。

本书按照发展新质生产力的科学论断和重大要求，结合山西实际，既研究分析新质生产力的内涵、外延和发展趋势，也聚焦山西，结合作者多年的相关研究成果，深入探究资源型地区如何发展新质生产力，如何用新质生产力推进资源型经济转型。本书主要内容分为六章：第一章是关于新质生产力的概述，主要从理论层面讲清楚什么是新质生产力，为什么要发展新质生产力，前者涉及新质生产力的概念、内涵、特征、理论渊源等内容，后者涉及新质生产力的提出背景、发展形势、重大意义等；第二章到第六章分别从创新能力、人才支撑、制造业创新发展、战略性新兴产业和未来产业发展、传统产业绿色低碳发展等角度，聚焦新质生产力的核心要素，分析山西现状和短板弱项，并有针对性地提出相应对策建议。总体看，本书研究的重点是发展新质生产力的山西路径和山西对策，力求通过这些研究，描绘山西发展新质生产力的未来图景，探讨并提出发展新质生产力的山西模式，为资源型地区转型发展提供借鉴和参考。

未来，要紧扣习近平总书记对发展新质生产力提出的重大要求，结合山西实际，集聚优质创新要素，培育产业发展新动能，深入推进科技创新驱动、产业模式升级、发展方式变革、体制机制优化、人才引育充沛。相信，只要我们坚定信心、持之以恒，沿着发展新质生产力的大道勇毅前行，必将迎来创新活力迸发、高端产业集聚、人才活力涌动的崭新局面，为中国式现代化持续夯实科技创新基础支撑，为山西经济社会高质量发展和全方位深化转型提供源源不竭的澎湃动力！

愿此书对读者了解山西科技创新基础能力、把握山西产业创新发展全貌有所裨益，更希望此书能够为研究者和决策者提供参考，为我省不断完善创新生态，推动创新成果不断转化为现实生产力，加快形成新质生产力，贡献绵薄之力。

山西省社会科学院（山西省人民政府发展研究中心）

党组书记、院长、研究员

2025年1月

目录

第一章

新质生产力概述

对新质生产力的研究首先要明确概念特征、内涵外延等基础性内容。本章是概述，一方面阐述什么是新质生产力，涉及新质生产力的概念、内涵、特征、理论渊源等内容；另一方面阐述为什么要发展新质生产力，涉及新质生产力的提出背景、重大意义、发展形势等内容。

一、什么是新质生产力

（一）概念

新质生产力是习近平总书记从新的实际出发，把马克思主义政治经济学基本原理同新时代经济发展实践相结合，对高质量发展底层逻辑进行深邃思考，而创造性提出的概念。[①] 2023年9月，习近平总书记在黑龙江考察时首次提出“新质生产力”这一崭新的概念，此后又在多个重要场合作了深入的论述和部署，为我国经济发展开辟新领域新赛道，塑造发展新动能新优势提供了科学指引。习近平总书记指出：“积极培育新能源、新材料、先进制造、电子信息等战略性新兴产业，积极培育未来产业，加快形成新质生产力，增强发展新动能。”2023年12月，中央经济工作会议强调：“要以科技创新推动产业创新，特别是以颠覆性技术和前沿技术催生新产业、新模式、新动能，发展新质生产力。”2024年1月，习近平总书记在中共中央政治局第十一次集体学习时强调，“发展新质生产力是推动高质量发展的内在要求和重要着力点，必须继续做好创新这篇大文章，推动新质生产力加快发展”。

2024年2月29日，习近平在中共中央政治局第十二次集体学习时强调：“发挥新型举国体制优势，加强关键核心技术联合攻关，强化科研成果转化运用……促进新质生产力发展。”2024年3月5日下午，习近

①全国政协经济委员会新质生产力研究课题组.新质生产力的理论贡献、内涵特征和发展路径［N］.人民日报，2024-07-17（9）.

平总书记在参加十四届全国人大二次会议江苏代表团审议时强调："要牢牢把握高质量发展这个首要任务，因地制宜发展新质生产力。"2024年3月20日，习近平总书记主持召开新时代推动中部地区崛起座谈会时强调："要以科技创新引领产业创新，积极培育和发展新质生产力。"2024年3月21日，习近平总书记在湖南考察时指出，"科技创新是发展新质生产力的核心要素"。

习近平总书记在《求是》上的文章进一步明确了新质生产力的概念、内涵和重大要求等内容，他指出：新质生产力是创新起主导作用，摆脱传统经济增长方式、生产力发展路径，具有高科技、高效能、高质量特征，符合新发展理念的先进生产力质态。它由技术革命性突破、生产要素创新性配置、产业深度转型升级而催生，以劳动者、劳动资料、劳动对象及其优化组合的跃升为基本内涵，以全要素生产率大幅提升为核心标志，特点是创新，关键在质优，本质是先进生产力。①

可以说，新质生产力理论是马克思主义中国化时代化的创新成果，是对马克思主义生产力理论的继承和发展，是习近平经济思想的深化和发展。

（二）内涵

新质生产力要求具有原创性、颠覆性创新。所谓原创性、颠覆性创新，涵盖新的科学发现、新的制造技术、新的工艺路线、新的生产工具、新的生产要素。新质生产力是先进生产力的具体体现，"新"强调的是创新，不仅包括技术和业态模式层面的创新，还包括管理和制度层面的创新。主要体现在依托基础科学、前沿技术，尤其是颠覆性科学技

①习近平.发展新质生产力是推动高质量发展的内在要求和重要着力点［J］.求是，2024（11）.

术的革命性突破，通过新技术不断催生新产业，通过新产业不断创造新价值。“质”强调的是“质优”。“质”是一事物成为其自身并区别于其他事物的规定性，新质生产力不是传统生产力的局部优化与简单迭代，而是由技术革命性突破、生产要素创新性配置、产业深度转型升级而催生的当代先进生产力，更多体现在生产要素的系统性重塑和整体性重构上。智能化、数控化、复杂化、精细化的生产工具可以作为新质生产力的重要标志[①]。

1. 劳动者、劳动资料、劳动对象是新质生产力的基本构成

生产力的发展，主要涉及劳动者、劳动资料和劳动对象这三大实体性要素，新质生产力以劳动者、劳动资料、劳动对象及其优化组合的跃升为基本内涵，高素质的劳动者、高技术含量的劳动资料、广范围的劳动对象是其基本构成。更高素质的劳动者是新质生产力的第一要素。新质生产力对劳动者的知识和技能提出更高要求，发展新质生产力，需要能够创造新质生产力的战略型人才，同时需要能够熟练掌握新质生产力劳动资料的应用型人才。更高技术含量的劳动资料是新质生产力的动力源泉。新一代信息技术、先进制造技术、新材料技术等融合应用，孕育出一大批智能高效的生产工具，进一步提升了生产效率。更广范围的劳动对象是新质生产力的物质基础。科技的进步使得劳动对象的种类和形态得到大大拓展，依托先进技术手段，人类利用和改造自然的范围不断拓宽，同时人类通过劳动不断创造新的物质资料，并转化为新的劳动对象[②]。劳动者、劳动资料、劳动对象都是生产力形成过程中不可或缺的要素。在一系列新技术驱动下，劳动者、劳动资料、劳动对象实现高效

①杨蕙馨，焦勇.理解新质生产力的内涵［N］.经济日报，2023-12-22.

②习近平经济思想研究中心.新质生产力的内涵特征和发展重点［N］.人民日报，2024-03-01.

协同，迸发出更强大的生产力。

2. 科技创新是发展新质生产力的核心要素

新质生产力的形成和发展依赖于科技创新，包括新技术、新模式、新产业和新领域的出现。新质生产力是以创新为第一动力形成的高科技的生产力。它能够以重大科技创新为引领，深刻重塑生产力基本要素，推动创新链产业链资金链人才链深度融合，推动生产力向更高级、更先进的质态演进，加快科技创新成果向现实生产力转化。科技创新能够提升劳动者科技创新素质，创造更多高效劳动工具，创造更多新产业和新领域，为新质生产力的形成提供更多的载体，进而促进新质生产力的发展①。然而作为一种先进生产力，一般性的科技创新并不能推动新质生产力的发展，只有那些原创性、颠覆性的重大前沿科技创新才是新质生产力发展的主要驱动因素。随着一批批变革性技术、前沿技术、颠覆性技术的问世和应用，一系列新物质、新能源、新材料的涌现和浮现，将在更大范围拓展劳动对象的内涵和外延，进而引发生产领域的巨大变革，推动社会生产力水平的大幅度跃升②。

3. 全要素生产率大幅提高是发展新质生产力的核心标志

大力发展新质生产力，是提高全要素生产率、实现经济质的有效提升与量的合理增长的必然要求。推动经济高质量发展，实现质的有效提升与量的合理增长，关键在于不断提高全要素生产率，使其成为经济发展的根本驱动力。③全要素生产率不是由资本和劳动直接贡献的经济增长，而是归因于技术进步和其他非资本非劳动力的生产要素的经济增

---

①蔡之兵.科技创新是新质生产力的核心要素［J］.中国党政干部论坛，2024（5）：44-48.

②李晓华.以新质生产力打造发展新优势［N］.经济日报，2023-12-12.

③黄群慧.以新质生产力推动经济高质量发展［J］.前进，2024（4）：4-9.

长，即剔除资本、劳动所带来的经济增长的要素。提高全要素生产率就是要提高技术效率和提高要素配置效率。新质生产力是生产力要素间更高水平的协同匹配，能够有效提高全要素生产率。新质生产力意味着更高水平的社会化大生产和更有活力的创新主体。这样的背景，有利于推动由市场配置劳动、资本、土地、技术、管理、知识、数据等生产要素，从而加快实现各生产要素的自由化、便捷化流动，更好体现知识、技术、人力资本的导向作用，充分发挥技术、土地、资本等生产要素的最大价值，是生产力要素间更高水平的协同匹配①。当然，也应当看到，当前及今后一段时期，推动经济高质量发展，提高全要素生产率，面临着世界百年未有之大变局加速演进，新一轮科技革命和产业变革深入发展，以及改革发展中深层次矛盾和结构变迁带来的一系列挑战。

4.新质生产力是符合新发展理念、推动高质量发展的先进生产力

新发展理念包括创新、协调、绿色、开放、共享五大发展理念。贯彻新发展理念，要求把创新作为发展的第一驱动力，将协调作为发展的内生需要，把绿色作为高质量发展的底色，使得开放发展成为必由之路，发展目的是由全民共享改革发展成果。具有上述五个方面特性的发展是高质量发展，而新质生产力同样具有与新发展理念相耦合的五个方面特性。第一，发展新质生产力仍旧要求将创新作为第一动力、发挥主导作用，体现了创新的理念。第二，发展新质生产力要求将生产要素优化组合、结构协调平衡，这贯彻了协调发展的理念。第三，发展新质生产力要求实现绿色低碳可持续发展以及人与自然和谐共生，这贯彻和体现了绿色发展理念。第四，发展新质生产力要求推动实现全球范围的开放融合、互联互通，这体现了开放的发展理念。第五，发展新质生产力

①黄瑾，唐柳.推动新质生产力加快发展［N］.光明日报，2024-02-20.

要求实现以人为本、共享包容，这体现了共享的发展理念。

5. 传统产业、战略性新兴产业、未来产业是发展新质生产力的重要阵地

产业是生产力发展的重要载体和具体表现形式，发展新质生产力，要统筹推进传统产业升级、战略性新兴产业壮大、未来产业培育。习近平总书记在2024年两会期间参加江苏代表团审议时强调："发展新质生产力不是忽视、放弃传统产业，要防止一哄而上、泡沫化，也不要搞一种模式。"传统产业作为经济发展的重要支柱，是形成新质生产力的基础，然而也必须认识到，我国传统产业发展面临着低端产能过剩、创新能力薄弱等问题，只有加快转型升级，依靠技术创新催生出传统产业的新质生产力，才能重塑竞争新优势。[①]随着科技进步和全球化的深入发展，战略性新兴产业和未来产业是"加快形成新质生产力的现实落点"，其地位和作用愈加明显。战略性新兴产业如生物技术、新能源等，集中体现了新一轮科技革命的发展方向，是培育发展新动能、获取未来竞争新优势的关键领域。量子信息、基因技术等未来产业聚焦于前沿科技和新兴趋势，代表着未来经济的方向和发展趋势，对经济发展起着重要的引领作用。培育壮大战略性新兴产业，布局建设未来产业是发展新质生产力的关键举措。

（三）特征

与传统生产力形成鲜明对比，新质生产力是创新起主导作用，摆脱传统经济增长方式、生产力发展路径的先进生产力，具有高科技、高效

①金观平.发展新质生产力不是放弃传统产业［N］.经济日报，2024-03-14.

能、高质量特征。

1.以科技创新为内生动力

新质生产力的发展依赖于高科技的应用和创新，科技创新深刻重塑生产力基本要素，提高生产效率和产品质量，催生新产业新业态，推动生产力向更高级、更先进的质态演进。近年来，我国科技创新能力稳步提高，在量子信息、核电技术等领域取得了一系列重大成果，这为发展新质生产力奠定了良好的基础。新质生产力具有的高科技性主要体现在两个方面：一是涉及领域新，人工智能、区块链、云计算、大数据、物联网、量子技术、智能制造等技术群逐渐聚合，并引发“技术奇点”，不断催生出新技术、新产业、新业态、新模式；二是技术含量高，新质生产力以创新为引擎，不断摆脱要素驱动的数量型增长模式，日益体现质量变革、效率变革、动力变革①。在信息化、智能化生产条件下，生产力因科技持续突破创新与产业不断升级发展，实现了脱胎换骨式的进化，具有颠覆性的新形式和新质态。

2.以现代化产业体系为承载

新质生产力以高效能为目标，通过优化生产流程，采用智能化的生产设备以及灵活的生产组织方式，企业可以实现生产效率的大幅提升。这种高效能的特征使企业能够更迅速地响应市场需求，缩短产品上市周期，提高生产资源的利用效率②。产业是生产力变革的具体表现形式，主导产业和支柱产业持续迭代升级是生产力跃迁的重要支撑，新质生产力的落脚点是新产业。战略性新兴产业和未来产业具有知识技术密集、物

---

①王大树.新质生产力：马克思主义生产力理论的最新成果［J］.经济，2024（1）：31-33.

②李东民，郭文.新质生产力的丰富内涵、生成逻辑与当代意蕴［J］.技术经济与管理研究，2024（4）：8-13.

质资源消耗少、成长潜力大等特点，其效能更高，是引领产业升级和未来发展的重要载体。近年来，我国加快培育壮大战略性新兴产业，前瞻谋划布局未来产业，促进技术创新、研发模式、生产方式、业务模式、组织结构等全面革新，整合和协调劳动力、资本、技术和管理等各种生产要素，推动产业链、创新链、人才链、资金链耦合协同，实现全要素生产率的提升，促进经济发展质量和效益提升。大力培育新质生产力，促进经济高质量发展，其关键路径就是以科技创新引领现代化产业体系建设。[①]发展新质生产力的战略路径是抓好新制造、发展新服务、培育新业态，这三者也是现代化产业体系的重要组成部分。以战略性新兴产业和未来产业为代表的新制造，以高附加值生产性服务业为代表的新服务，以及以经济全球化和数字化为代表的新业态形成的聚合体就是新质生产力[②]。

3. 以供需动态平衡为着力点

新质生产力强调提升产品质量和服务质量，追求精益生产、精益管理，能够持续提高供给水平，提升消费者满意度和改善消费体验，实现高水平的供需动态平衡。按照经济学供求平衡和一般均衡理论，需求牵引供给，新供给创造新需求，新需求扩大并反馈激发新供给，循环往复形成更高水平的均衡，促进社会生产力新的跃迁[③]。一方面，新需求对供给升级提出更高要求，牵引和激发新供给，撬动生产力跃升；另一方面，基于新质生产力形成的新供给，能够提供更多高品质、高性能的产品和服务，更好满足和创造有效需求。在生产要素大量投入的传统增长

①黄群慧.以新质生产力推动经济高质量发展［J］.前进，2024（4）：4−9.

②黄奇帆，李金波.试论发展新质生产力的内涵逻辑和战略路径［J］.人民论坛，2024（14）：6−11.

③杜平.发展新质生产力实现更高水平的供需平衡［J］.浙江经济，2024（3）：23−25.

方式日渐式微的当下，新质生产力能够更好满足人民日益增长的美好生活需要，充分体现了新发展理念的要求，已经成为高质量发展的强劲推动力量。

（四）理论渊源

马克思主义的生产力理论是新质生产力提出的理论基础，新质生产力理论是对马克思主义生产力学说的重要发展，是马克思主义中国化时代化的创新成果。习近平总书记关于新质生产力的重要论述是对马克思主义生产力理论的丰富和创新发展，也是中国共产党在解放和发展社会主义生产力的积极探索中的最新成果。

1.新质生产力理论是对马克思主义生产力理论的继承和发展

生产力理论是马克思主义政治经济学的基本理论，是新质生产力概念的重要理论基础。生产力是人类改造自然时从事实践活动的生产能力。马克思认为，“生产力作为人们在劳动生产中利用自然、改造自然以使其满足人的需要的客观物质力量，其发展水平和质量是衡量社会发展的根本性标准”[①]。生产力发展影响社会分工，决定生产关系的变革，最终决定了社会形态的变迁。生产力是由很多因素共同决定的，其中包括：工人的平均熟练程度，科学的发展水平和它在工艺上应用的程度，生产过程的社会结合，生产资料的规模和效能，以及自然条件。马克思深刻认识到科学技术这一关键要素的重要性，认为“随着大工业的发展，现实财富的创造较少地取决于劳动时间和已耗费的劳动量，较多地取决于在劳动时间内所运用的作用物的力量，而这种作用物自身的巨大

①徐光春.马克思主义大辞典［M］.武汉：崇文书局，2017：58.

效率又和生产它们所花费的直接劳动时间不成比例，而是取决于科学的一般水平和技术进步，或者说取决于这种科学在生产上的应用”[①]。如果说古典经济学生产力学说是对制造业工业革命的历史回应，马克思主义生产力学说是对大机器工业化发展时代的科学回应，那么新质生产力学说则是对新的信息时代科技创新驱动下的产业革命作出时代性历史性回应，赋予新质生产力“质”的新结构性定义，强调新质生产力“质”的变革核心是要素禀赋变革及相应的全要素生产率提升，使马克思主义生产力学说更具经济技术发展的时代化新特征[②]。随着科学和技术的不断进步，劳动生产力也随之发展。马克思主义生产力理论阐明了科学技术创新与应用在生产力发展中的重要作用，表明科技创新是由落后生产力向先进生产力转变的关键驱动因素。进入新发展阶段，科技在不断进步，生产力需要进一步迭代升级，新质生产力的提出是时代发展的必然。

2. 新质生产力理论是对中国特色社会主义生产力理论的创新和发扬

新质生产力理论的提出是马克思主义生产力理论中国化时代化的最新创新成果。在百年奋斗历程中，中国共产党不断推进马克思主义中国化、时代化，在社会主义现代化建设中推动生产力不断发展，结合不同历史时期和发展阶段革命、改革和建设的具体实践，不断深化对生产力发展的认识，提出适合我国国情的生产力发展观，创造了举世瞩目的成就。毛泽东同志在《论联合政府》中指出：“中国一切政党的政策及其实践在中国人民中所表现的作用的好坏、大小，归根到底，看它对于中国人民的生产力的发展是否有帮助及其帮助之大小，看它是束缚生产力

①中共中央马克思恩格斯列宁斯大林著作编译局.马克思恩格斯全集：第31卷［M］.北京：人民出版社，1998：100.

②刘伟.科学认识与切实发展新质生产力［J］.经济研究，2024，59（3）：4-11.

的，还是解放生产力的。”中华人民共和国成立后，毛泽东同志强调：“我们的根本任务已经由解放生产力变为在新的生产关系下面保护和发展生产力。”在社会主义建设时期，面对极为薄弱的工业基础和落后的社会生产力，毛泽东高度重视科学技术在社会主义建设中的重要作用，指出：“科学技术这一仗，一定要打，而且必须打好。……搞上层建筑、搞生产关系的目的就是解放生产力。现在生产关系是改变了，就要提高生产力。不搞科学技术，生产力无法提高。”[①]改革开放以来，面对新发展形势，邓小平将解放和发展生产力作为社会主义的本质特征之一，强调“革命是解放生产力，改革也是解放生产力”，并提出了“科学技术是第一生产力”的重要论断[②]，党对于生产力的理论认识有了质的飞跃。江泽民同志指出，“我们党要始终代表中国先进生产力的发展要求”，科学技术“是先进生产力的集中体现和主要标志”。胡锦涛同志提出科学发展观，强调“努力实现以人为本、全面协调可持续的科学发展”。党的十八大以来，中国特色社会主义进入新时代，我国生产力大幅提升，综合国力显著增强，国际地位相应提高，社会主要矛盾也发生了变化，生产力发展模式也面临着转型升级的挑战。以习近平同志为核心的党中央坚持创新是引领发展的第一动力，大力实施创新驱动发展战略，实现了全面建成小康社会的宏伟目标。习近平新时代中国特色社会主义思想是当代中国马克思主义、二十一世纪马克思主义，是中华文化和中国精神的时代精华，实现了马克思主义中国化新的飞跃。党的二十大报告提出，必须坚持科技是第一生产力、人才是第一资源、创新是第一动力[③]，这进一步彰显了党对科技驱动生产力发展的规律性认识。习近

①中共中央文献研究室.毛泽东文集：第8卷［M］.北京：人民出版社，1999：351.

②邓小平.邓小平文选：第3卷［M］.北京：人民出版社，1993：274.

③习近平.高举中国特色社会主义伟大旗帜为全面建设社会主义现代化国家而团结奋斗：在中国共产党第二十次全国代表大会上的报告［M］.北京：人民出版社，2022.

平总书记创造性地提出新质生产力的概念，是对新一轮科技革命和产业变革孕育出来的生产力本质特征的精准把握，是新时代新征程上我们党不断推进马克思主义中国化时代化的创新成果。

二、为什么要发展新质生产力

（一）提出背景

新质生产力的提出是马克思主义基本原理同中国具体实际相结合的产物，是依据国内外经济发展态势以及产业转型升级面临的实际挑战，立足中华民族伟大复兴战略全局和世界百年未有之大变局形成的。新质生产力的形成与发展有着深刻的历史背景和现实需求，其提出不仅是对传统生产力的升级和创新，也是适应新时代经济社会发展要求的必然选择。

世界百年未有之大变局加速演进，全球发展面临困境，需要生产力的新变革。当前，国际力量对比深刻调整，世界动荡变革呈现新的特点与趋势。新冠疫情影响深远，世界经济复苏乏力。中美贸易战、俄乌战争、巴以冲突等局部冲突和动荡频发，气候变化、环境污染等全球性问题加剧。新兴经济体崛起和旧有力量衰退，国际秩序正在重塑。全球发展面临困境，世界进入新的动荡变革期，国际竞争日益激烈[①]。面对如此复杂的国际环境，各国都需要进一步提高发展水平，加

①周勇.为何提出加快形成新质生产力［J］.新湘评论，2023（20）：11-14.

快生产力的新变革，占领竞争制高点，抢先摆脱发展困境。加快形成新质生产力既是中国应对当前自身发展问题的新思路，也是提高综合国力以抵御风险挑战能力的战略部署，更是中国应对激烈国际竞争的有效举措。

新一轮科技革命和产业变革蓄势待发，传统生产方式难以为继，生产力发展亟待转型。从工业革命的发展历程看，科学技术的创新一直是生产力发展的巨大动力。18世纪以蒸汽机的发明及应用为标志的第一次技术革命，大机器生产取代了手工工具；19世纪以电力技术应用为标志的第二次技术革命，促进了生产的自动化；20世纪以原子能、电子计算机等为标志的第三次技术革命，从根本上改变了物质生产的面貌①。每次这种科技创新都带来生产力的大解放和社会的大跃升。当前以人工智能、大数据、机器人等为代表的新技术推动的第四次工业革命，正在不断走向深入，使人类的生产和生活发生深刻的变化。我国正处在世界新一轮科技革命和产业变革同我国经济发展方式转变的历史交汇期，传统生产带来的产能过剩等问题亟待化解，生产力结构需加快调整。新一轮科技革命和产业变革蓄势待发，为我国加快生产力结构调整带来了契机。我国应把握历史机遇，加快形成以推进科技创新、布局战略性新兴产业和未来产业为支点，实现生产力由量到质转型，实现动力变革和动能转换，推动新质生产力的发展。

产业升级迭代加快，发展新质生产力是推动高质量发展的内在要求和重要着力点。生产力的基本载体和基本承载结构就是产业，把科学技术转化成生产力，就是要有引领性产业带动整个经济结构的升级和转型。近年来，主导产业引领作用不断加强，而且迭代的速度、时间不断

①梁年.深刻领会新质生产力提出的时代背景［N］.佛山日报，2024-04-16.

缩短，成为新质生产力提出的重要催生条件[①]。我国经济发展进入从高速增长转向高质量发展的新常态，高质量发展是新时代的硬道理，但制约高质量发展的因素依然存在。从转变发展方式看，我国正在由高投入、高消耗、高污染的传统工业向低能耗、低污染的绿色新型工业转型升级，产业结构转变不彻底、步伐缓慢等仍对我国高质量发展形成一定的阻碍。因此，要加快调整产业结构，由新的颠覆性技术催生新的产业、未来产业、战略性新兴产业，使得整个产业结构发生迅速迭代，加快我国经济的转型升级，从而实现经济高质量发展。

旧有的国家和民族振兴老路不通，传统经济发展模式难以为继，发展新质生产力是经济可持续增长和推动实现中国式现代化和中华民族伟大复兴的必然选择。

从生产力发展内在逻辑上看，新质生产力是在传统生产力发展路径之上的增长跃迁，是实现中国式现代化的重要物质技术基础。从国家发展战略和民族振兴的角度看，一国经济增长和生产力发展本质上是一个经济剩余逐步积累的过程，主要包括四种路径：一是通过生产要素的持续、粗放式投入，使生产超过消费，产生剩余和积累；二是通过开放经济条件下的国际合作，如通过贸易或投资盈余取得经济剩余；三是通过对外的武力扩张、殖民掠夺等，攫取他国的经济剩余；四是通过自身经济体的科技进步和资源要素的优化配置，提高全要素生产率，促进经济持续内涵式增长。

实践证明，第一种路径曾使得许多经济体实现了长足发展，进入了中高收入国家行列。我国过去的经济增长也主要得益于这种要素投入型

①吕薇，金碚，李平，等.以新促质，蓄势赋能——新质生产力内涵特征、形成机理及实现进路［J］.技术经济，2024，43（3）：1-13.

增长模式。但近年来受限于成本红利丧失、资源要素约束趋紧等因素，这种粗放的发展方式已经难以为继，必须探索新的经济增长路径。第二种路径也曾给我国带来重大红利，尤其是中国加入世界贸易组织后，出口曾长期成为经济增长的“三驾马车”之一。但受到贸易保护主义抬头等多重不利因素影响，欧美等主要经济体鼓吹我国产能过剩，我国净出口对经济增长的贡献率在不断下降，依赖出口拉动经济增长的路径同样不可持续。对于第三种武力扩张、殖民掠夺的路径，更是不可能为我国所选择。多年来，我国曾无数次向世界宣告，中国要走的是和平发展道路，党的二十大报告更是突出强调：“中国式现代化是走和平发展道路的现代化。”因此，中国要走创新驱动、内涵式增长的心路，也就是要积极发展新质生产力，充分释放新科技革命带来的增长红利，不断塑造国际经济合作新优势。从近期看，要通过发展新质生产力形成新的增长引擎，维持经济增长势头；从远期看，发展新质生产力是支撑14亿多中国人民实现中国式现代化的必由之路、必然选择。①

（二）重大意义

习近平总书记创造性地提出“新质生产力”这一全新概念和实践要求，为我国科技创新驱动产业革新提供了更为明晰的方向，指明了推动高质量发展的重要着力点，对于加快经济高质量发展、提升国家竞争力、全面推进中国式现代化具有重要的现实意义。

---

①黄奇帆，李全波.试论发展新质生产力的内涵逻辑和战略路径［J］.人民论坛，2024（14）：6-11.

1. 有利于加快建设现代产业体系，促进经济高质量发展

建设现代化产业体系，要坚持以科技创新引领产业创新，及时将科技创新成果应用到具体产业和产业链上，改造提升传统产业，培育壮大新兴产业，布局建设未来产业。加快建设以实体经济为支撑的现代化产业体系，是当前新发展阶段的现实要求，对于全面建成社会主义现代化强国、实现第二个百年奋斗目标，以及以中国式现代化全面推进中华民族伟大复兴，具有重大意义和深远影响。加快发展新质生产力，为我们积极培育战略性新兴产业和未来产业指明了方向，而承载新质生产力的战略性新兴产业和未来产业，拥有复杂的产业链供应链系统，上下游产业耦合性高，在发展过程中持续衍生出新的生产环节和产业部门，打破了原有传统产业之间的界限，能够促进先进产业集群、融合创新发展平台的形成与发展，其本身就是现代产业体系的重要组成部分。与此同时，新兴产业污染低、耗能少、可持续发展能力强，而且处于产业周期的萌芽期和成长期，能够为经济发展和生产力跃迁提供强劲动力。新质生产力的形成能够推动商品服务质量的改进，并且创造出新的需求，有助于调整产业结构，推动建立现代产业体系，同时充分激发市场主体的活力，使经济发展实现质的有效提升，促进经济高质量发展①。故而，推动经济高质量发展需要在战略性新兴产业和未来产业上深耕细作，加速实现潜在生产力向现实新质生产力的转化。

2. 有利于加快实现高水平科技自立自强，提升国际竞争力

新质生产力的核心要素是科技创新，发展新质生产力极大地推动了科技进步。科技是第一生产力，是先进生产力的集中体现和主要标志，

①黄瑾，唐柳.发展新质生产力的重要意义与施策重点.［J］.当代陕西，2024（3-4）：6-7.

历史上每一次科技发展都提高了劳动者素质，带来了劳动生产率极大提高、产业结构快速优化升级，促进了人类历史的进步。近年来，互联网、大数据、云计算、人工智能、区块链等技术加速创新，日益融入经济社会发展各领域全过程，不断催生出新产业、新业态、新模式，给经济社会发展增添了强大驱动力①。面对新一轮的科技革命和产业革命，国与国之间的竞争最为主要的是战略性新兴产业和未来产业形成的新质生产力的竞争。加快发展新质生产力，要求我们加强科技创新，特别是要有原创性、颠覆性技术突破，打好关键核心技术攻坚战，有利于加快实现高水平科技自立自强。纵观历史进程，谁牵住了科技创新这个“牛鼻子”，谁就能在世界发展中把握先机，谁就可以在以科技为基础的综合国力的国际竞争中处于领先地位。当前，国际竞争异常激烈，一些西方国家出于自身狭隘利益诉求，对我国重点领域、重点行业进行打压，对我国国家安全和经济稳定形成了一定的威胁，我国所处的国际形势并不容乐观。在这样的时代背景下，加快形成新质生产力，实现高水平科技自立自强，不断提升我国国家竞争力成为战略必然。

3. 有利于更好满足人民美好生活需要，推动社会全面进步

进入新时代，我国社会主要矛盾已经转化为人民日益增长的美好生活需要和不平衡不充分的发展之间的矛盾。因此，当前发展的根本目的是满足人民美好生活需要，这就需要加快形成新质生产力，着力推动高质量发展。发展新质生产力，提高劳动生产率，创造更多的高质量就业，提高人民群众的收入水平，为人民群众创造更为丰富、更加坚实的物质基础，推动人民群众的获得感、幸福感、安全感不断提升。此外，生产力的发展进一步提高了产品和服务的供给质量，能够满足人民群众

---

①谢礼圣.发展新质生产力具有重大意义（专题深思）［N］.人民日报，2024-02-22.

多样化、个性化的消费需求，提高了人民群众的消费水平。进一步提高基础设施均等化和公共服务均等化水平，为解决好就业、分配、教育、医疗、住房、养老、托幼等民生问题，特别是加快中西部地区、农村地区现代化提供新的解决方案，让现代化建设成果更多更公平地惠及全体人民。发展新质生产力能够让发展成果更多更公平地惠及全体人民，促进社会公平正义，增进人民福祉，促进人的全面发展，推动社会进步发展。

（三）发展形势

发展新质生产力是我国推进经济高质量发展、加快现代化建设的必然要求。从目前发展形势来看，我国发展面临重大战略机遇，同时我国发展新质生产力具有一定的基础和优势。

发展新质生产力是推进中国式现代化的必然抉择。我国正处在新旧动能转换、产业转型升级、实现高质量发展的关键时期，随着世界百年未有之大变局加速演进，来自外部的打压遏制不断升级，我国国际竞争有待加强，迫切需要加强科技创新，突破一批关键核心技术，抢占科技竞争新赛道，重塑国际竞争新优势。从我国国内经济发展形势来看，随着我国生产要素条件发生重大结构性、趋势性变化，以及工业化、城镇化发展阶段性转换，迫切需要以科技创新推动产业创新，加快培育壮大新产业、新模式、新动能，不断创造新的需求、新的就业岗位，提高全要素生产率，保持经济合理增长。我们必须加强颠覆性技术和前沿技术创新，努力推动形成新的科技革命和产业变革，大力发展新质生产力，开辟新的发展空间，努力走出一条新型现代化道路。

当前，新一轮科技革命和产业变革深入发展，正在推动形成新质生产力，为我国推进中国式现代化，实现高质量发展提供了重大战略机遇。信息技术革命进入新一波重大创新浪潮，人工智能、量子技术等颠覆性技术孕育重大突破，数字化、智能化转型向纵深推进，为我国提高全要素生产率，推动经济发展质量变革、效率变革、动力变革，走新型工业化道路提供了重大机遇。生物科技不断取得重大突破，正在推动农业、医疗、工业制造等领域深刻变革，为我国现代农业发展、健康中国建设等提供新的手段和途径。此外，新材料、先进制造等领域技术也不断取得突破，有利于我国推动产业深度转型①。要把握新一轮科技革命和产业变革新机遇，着力推动科技创新，赋能新质生产力发展。

我国具备发展新质生产力的良好基础和优势。党的十八大以来，我国加快战略性新兴产业布局，大力推进新一代信息技术、高端装备、新材料、生物、新能源汽车、新能源、节能环保和数字创意等战略性新兴产业发展。经过十多年的发展，我国战略性新兴产业持续成长壮大，以数字经济、新能源汽车为代表的战略性新兴产业规模不断扩大，为经济社会发展注入了强大动能，这为发展新质生产力奠定了良好的基础。此外，我国发展新质生产力具有体制优势、市场需求优势、产业体系优势、人才优势这四大比较优势。一是，政治经济体制更加完善。我们党领导人民统筹推进“五位一体”总体布局、协调推进“四个全面”战略布局，推动中国特色社会主义制度更加完善，国家治理体系和治理能力现代化水平明显提高，为政治稳定、经济发展、文化繁荣、民族团结、人民幸福、社会安宁、国家统一提供了有力保障。二是，具有超大规模市场需求，我国国内生产总值从约50万亿元增长到约120万亿元水平，经济总量占世界经济的比重约达18.5%，稳居世界第二位，内需潜力大。三是，产业体系完整，我国现有制造业规模世界第一，货物贸易总额世界

①王昌林.大力发展新质生产力［N］.人民政协报，2024−01−29.

第一，制造业门类齐全，拥有41个工业大类207个工业中类666个工业小类，是全世界唯一拥有联合国产业分类中全部工业门类的国家。四是，人才资源丰富，我国深入实施新时代人才强国战略，劳动者素质不断提升，已经建立起一支规模宏大、素质优良、结构不断优化、作用日益突出的人才队伍。实践证明，我国发展新质生产力具有较好的政治经济制度、产业基础、应用场景、人才资源等优势。只要我们把握重大机遇，充分发挥优势，完全有条件、有基础、有能力在新赛道实现跨越发展。

近年来，新质生产力已经在实践中形成并显示出对高质量发展的强劲推动力和坚实支撑力。我国高新技术产业发展一直保持10%以上的速度快速增长；创新投入稳步增加，重大科技成果捷报频传，制造业高端化、智能化、绿色化发展扎实推进。2023年，全国电子及通信设备制造业、科技成果转化和电子商务服务业的投资分别增长11.1%、31.8%、29.2%，分别高出制造业投资4.6个、25.3个和22.7个百分点[①]。然而也要看到，以人工智能、大数据等为代表的新一轮科技革命和产业变革深入发展，将深刻改变各国的比较优势和竞争优势，加速全球供应链价值链格局重塑，各国之间的竞争将更加激烈，这给我国带来新的挑战。就我国发展现状来看，新质生产力发展与美国等先进国家相比还存在一定差距，现行政府监管体制、科技创新体制、产业政策等还有待完善，难以支撑新质生产力的快速发展，必须进一步完善，建立适合新质生产力的体制、机制。

---

①经济日报编辑部. 加快发展新质生产力时不我待［N］.经济日报，2024-03-04.

第二章

持续提升山西科技创新能力

新质生产力最为显著的特点是创新，其中既包括技术和业态模式层面的创新，也包括管理和制度层面的创新，以科技创新为基础，推动创新成果不断向现实生产力转化是加快形成新质生产力的核心和关键。新质生产力主要由技术革命性突破催生而成，因而必须始终关注科技创新。科技创新能够催生新产业、新模式、新动能，是发展新质生产力的核心要素。这就要求我们加强科技创新，特别是原创性、颠覆性科技创新，加快实现高水平科技自立自强。要聚焦国家战略和经济社会发展现实需要，以关键共性技术、前沿引领技术、现代工程技术、颠覆性技术创新为突破口，充分发挥新型举国体制优势，打好关键核心技术攻坚战，使原创性、颠覆性科技创新成果竞相涌现，培育发展新质生产力的新动能。

一、山西省推动科技创新取得突出成效

党的十八大以来，中共山西省委、山西省人民政府深入贯彻落实习近平总书记视察山西重要讲话重要指示精神，统筹推进教育、科技、人才事业改革发展，通过实施“111”“1331”“136”等重大工程和省校合作、高等学校“三个优化调整”等重大举措，建强建优了一批高校和学科，谋划布局了一批重大科技创新平台，引进培育了一批高层次人才和团队，产出了一批标志性成果，有力地支撑了山西科技创新能力提升和高质量发展。为强化晋创谷的创新引领作用，省委、省政府出台了《晋创谷创新驱动平台建设三年行动计划（2024—2026年）》，省政府办公厅出台了《晋创谷创新驱动平台科创团队及企业入驻支持政策措施》《晋创谷创新驱动平台科技创新支持政策措施》《晋创谷创新驱动平台产业落地支持政策措施》《晋创谷创新驱动平台科技金融支持政策措施》《晋创谷创新驱动平台公共服务支持政策措施》5个配套政策。为推进省属国企研发创新，山西省人民政府国有资产监督管理委员会印发了《省属企业科技创新“1551”工程实施方案（2024—2028年）》（晋国资发〔2024〕3号），一体推进创新链、产业链、供应链、人才链、资金链、数据链、服务链融合发展。

（一）研发投入规模持续增大

2023年，全省共投入研究与试验发展（R&D）经费达到298.2亿元，

较2022年的273.7亿元约增长9.0%，占全国的比重为0.9%；研究与试验发展经费[①]投入强度（与地区生产总值之比）为1.16%，比全国（2.65%）低1.49个百分点。全省一般公共预算中，科学技术支出84.1亿元，占全国的0.7%。2022年，全省科学研究机构66个，占全国（2871个）的2.3%；职工人数9008人；规模以上工业企业有研发活动的企业数为1076家，占全国（175619家）的0.6%，有研发活动的规模以上工业企业占全部规模以上工业企业的14%。

（二）多层次创新成果不断涌现

科技成果是支撑驱动转型发展的动力源泉。2012—2023年，我省共有40项优秀科技成果获国家科学技术奖（其中牵头承担4项、参与完成36项；自然科学奖1项、技术发明奖2项、科学技术进步奖37项）。山西大学张靖教授团队首次基于超冷原子气体系统实验实现了二维扭转双层光晶格，实现了我省基础研究领域的重大突破；山西中医药大学李青山教授团队研发的国家1类新药LM49片，填补了国内完全自主研发治疗糖尿病肾病创新药物的空白；太钢的碳纤维、手撕钢、笔尖钢、高品质特种钢专用纯铁打破了国外技术垄断；汾西重工全球最大19兆瓦半直驱永磁风力发电机刷新全球最大单机容量纪录；中车永济电机1200千瓦永磁同步电机直驱驱动技术为世界首创；华阳新材料联合清华大学自主研发的“晋华炉”在第四十七届日内瓦国际发明展上荣获金奖。根据《中国科

①R&D经费是指报告期内为实施R&D活动而实际发生的全部经费支出。R&D经费按使用主体分为内部支出和外部支出：内部支出是指报告期调查单位内部为实施R&D活动而实际发生的全部经费，外部支出是指报告期调查单位委托其他单位或与其他单位合作开展R&D活动而转拨给其他单位的全部经费。为避免重复计算，全社会R&D经费为调查单位R&D经费内部支出的合计。

技成果转化年度报告2021》，我省高校、科研院所科技成果转化合同金额达到13.45亿元，全国排名第二十二位；太原理工大学、中北大学、山西农业大学、中国科学院煤化所等四家单位进入2020年全国科技成果转化合同金额前100名榜单。2022年，全省技术市场成交额为161.43亿元，占全国总量的0.34%。

（三）科技人才激励机制更趋完善

一是建立新的科技人才分类评价机制。2023年，省科技厅联合省教育厅、省财政厅、省人社厅、省卫健委、省国资委等5个部门出台了《科技人才分类评价指引（试行）》，积极推进我省科技人才评价机制改革，加快建立以创新价值、能力、贡献为导向的科技人才评价体系，充分激发科技人才创新活力，全面提升科技人才创新能力。

二是积极推动科技成果转化“三项改革”。选择4所省属高校试点开展职务科技成果单列管理、技术转移人才评价和职称评定、横向科研项目结余经费出资等科技成果转化“三项改革”，为用人单位和科研人员赋权，充分激发科研人才创新创业的积极性。试点完成后，将进一步推广实施。

三是加强科技人才创新团队经费保障。省科技厅设立科技创新人才团队专项经费，对领军、重点、青年科技创新人才团队分别给予150万元、100万元、50万元的经费资助。坚持把培育战略人才力量的重心放在青年科技人才上，研究出台青年科技人才培养和使用举措。比如，在基础研究计划中，资助青年科学家比例要稳定在60%，在科技计划重大专项中探索试行“双主持人制”，在领军、重点团队中核心成员40周岁以下的不少于1/3，青年团队核心成员38周岁以下的不少于1/2，努力形成青年、优青、杰青科技人才培养梯队。

四是积极推进“科技副总”选聘工作。省科技厅出台《科技副总项目实施办法（试行）》，强化企业科技创新主体地位，着力推动“四链”融合，引导科技人才服务山西现代产业体系建设高质量发展。首批选聘“科技副总”13名，双方合作开展的项目，省科技计划择优进行支持。“科技副总”期满考核优秀的，在申报省级人才计划时，同等条件下优先支持。“科技副总”按照有关规定可享受我省各地区、各部门、各单位制定的柔性引进人才相关优惠政策。①

（四）高等教育内涵建设持续强化

近年来，山西省高等教育系统坚持立德树人根本任务，全面加强内涵建设，推动布局结构调整优化，办学规模扩容提质，高等教育服务全省转型发展、高质量发展的能力全面提升。根据省教育厅数据，截至2023年10月，全省共有普通高等学校83所，在校生100万人，专任教师4.26万人；现有国家“双一流”建设高校2所、建设学科3个，A类学科3个；博士学位授权单位8个，硕士学位授权单位12个；全国重点实验室5个（含省部共建），教育部重点实验室、工程研究中心、协同创新中心等科技创新平台37个；拥有两院院士6人。据统计，全省高校获国家自然科学基金项目与经费占全省总数的90%以上，获省科学技术奖一等奖的占总数的60%以上，有效专利拥有量超过全省的35%。②

---

①“山西加快转型发展”系列主题新闻发布会（第二十场）［EB/OL］.（2023-10-23）［2024-10-01］. http://www.scio.gov.cn/xwfb/dfxwfb/gssfbh/sx_13829/202310/t20231025_776142.html.

②山西：全面推行终身职业技能培训制度深化技能人才评价制度改革［EB/OL］.（2023-10-24）［2024-10-01］. https://baijiahao.baidu.com/s?id=1780595327348992254&wfr=spider&for=pc.

为推进教育科技人才振兴，组织实施高等教育百亿工程，已取得初步成效。印发了《山西省高等教育百亿工程实施方案》，出台了“百亿工程实施办法”“揭榜挂帅项目实施办法”和“专项资金管理办法”三个配套文件，明确了百亿工程实施的任务书、施工图、时间表；省级层面建立了分管副省长牵头的联席会议制度，33所高校编制完成行动方案；人才引进和平台搭建取得成效，全省高校1个团队入选国家自然科学基金委员会创新研究群体，3个团队入围第三批“全国高校黄大年式教师团队”，11人入选国家级人才计划，一大批高端人才加盟我省高校，山西大学牵头组织成立中国石窟文化联合研究生院，太原理工大学参与重组的智能采矿装备技术、金属成形技术与重型装备两个全国重点实验室获批，山西医科大学与清华大学联合组建了前沿医学协同创新中心。2023年，全省18所高校获批国家自然科学基金项目454项，占全省获批项目的95.8%。[①]

（五）产教融合取得新成效

近年来，我省积极促进产业、行业、企业与职业教育等全过程融合发展，产教融合不断深入，教育链、人才链与产业链、创新链衔接有效，对增强全省创新驱动发展和加快供给侧结构性改革的支撑作用进一步凸显。

强有力的宏观政策和项目支撑落实落细落地。一是稳步加大财政投入力度。“十三五”时期，全省财政职业教育经费累计投入348亿元，年均增长4.6%，高出同期财政教育支出增速1.2个百分点。二是全面推进产教融合试点培育，不断深化太原、大同、晋中、长治4个省级试点城市

①【省政府新闻办举行新闻发布会】实施高等教育百亿工程 推进教育科技人才振兴［EB/OL］.（2023-10-24）［2024-10-01］. https://www.shanxi.gov.cn/ywdt/sxyw/202310/t20231024_9408676_slb.shtml.

建设，建设培育了209家省级试点企业，成功培育了1家中小型民营企业与中国核工业集团、中国航天科工等央企同榜入选国家级产教融合型企业。三是持续加强实训基地建设，山西建设投资集团依托建投国家装配式建筑产业基地建立联合教育培训基地，晋中高职院校与200多家企业建立长期稳定合作关系，建成省级以上实训基地和品牌专业120个。四是不断加大项目支撑力度，大力建设“智创城”“晋创谷”等创新载体和平台，努力打造山西版“中关村”。五是系统集成打造产教融合信息综合服务平台，精准提供产业资源分布、产业人才供需、成果转化应用、课程资源对接等服务，打通创新生态体系的骨干神经网络。

与产业发展需求相适应的专业设置更趋合理。鼓励支持国有企业、行业头部企业聚焦我省战略性新兴产业布局，积极兴办职业教育，做强优势专业、培育紧缺专业，形成与产业链相衔接、与创新驱动相匹配、与产业布局相适应、与发展需求相一致的学科专业格局。如山西建设投资集团有限公司在与山西工程科技职业大学协同办校方案中设有勘察设计、施工管理、工程机械、建筑安装等20多个职业本科专业，在建筑信息模型（BIM）技术研究应用上联合设立智慧协同创新中心，吸收教师、学生、企业技术人员共同参与，全力打造建设行业学科专业群。向铁路、化工、电力、公路、交通、矿山等重大建设领域和产业地产等投资运营领域关联专业延伸，重点拓展建筑产业化、装配式建筑、绿色建筑、节能减碳、康养地产、电子商务、数智化建造等新型行业专业学科。又如晋中紧贴新能源汽车、高端装备制造等8个新兴产业集群用人需求，开设新能源汽修、工业机器人等特色学科53个，依托平遥推光漆、榆社古建、山西梆子等非物质文化遗产项目开设地方特色专业，加快落地转化智能机器人、新能源汽车传动系统等多项高校科研成果。

规模化、复合型创新人才培养体系更加健全。围绕培养大批高素质劳动者和技术技能人才的要求，一方面不断扩大职业教育招生人数，“十三五”期间累计培养技术技能型人才和高素质劳动者100余万名，有力支撑了经济社会发展；另一方面全方位开展职业技能培训，面向企业职工和各类就业群体开展补贴性培训，指导职业院校开展技能培训。组织参加第一届全国职业技能大赛，阳泉“响揚技艺”被评为“最受欢迎的中华十大绝技”。承办全国扶贫职业技能大赛，取得团体第二名的佳绩。此外，全力推进校企合作，完善人才培养机制，如山西建设投资集团先后与浙江大学、同济大学、太原理工大学、山西财经大学、山西工程科技职业大学等一大批省内外高校签订战略合作协议，让企业的业务专家、工匠能手进校参与教学和研究，让学生结合所学专业到企业、项目上开展实践活动。

二、积极布局建设研发平台体系

创新平台是实施科技攻关的重要载体。当前，我省科技创新平台的主管部门主要包括发展改革、科技、工业和信息化、教育等。按其功能不同，创新平台主要包括重点实验室、工程技术研究中心、技术创新中心、企业技术中心、工程研究中心、协同创新中心、科技企业孵化器和众创空间、中试基地、制造业创新中心、新型研发机构等。

（一）重点实验室

重点实验室是指国家科技创新体系中依托大学、科研院所和重点企业建设的科研实体，是国家组织高水平基础研究和应用基础研究、聚集和培养优秀科技人才、开展高水平学术交流、科研装备先进的重要基地。重点实验室的主要任务是针对学科发展前沿和国民经济、社会发展及国家安全的重要科技领域和方向，开展创新性研究。目前，国家对重点实验室实行分级管理，一般分为国家实验室、国家重点实验室（含省部共建重点实验室）、省实验室、省重点实验室四级，科技部门为重点实验室宏观管理部门，教育部门、国资部门、中国科学院和各地方政府等为主管单位。

2022年2月，国家同意设立怀柔实验室山西研究院，是目前国家实验室中唯一的基地，标志着我省首次实现融入国家战略科技力量总体布局。据统计，学科类国家重点实验室254家，其中在北京（79家）、上海（32家）、江苏（20家）、湖北（18家）等4个省（市）布局建设的数量较多。企业类国家重点实验室177家，其中在北京（38家）、山东（17家）、江苏（13家）、广东（13家）、上海（11家）等5个省（市）布局建设的数量较多。省部共建国家重点实验室66家。

截至2022年底，全省共建成国家级实验室平台9个，其中，国家实验室山西基地1个、国家重点实验室（全国重点实验室）5个，省部共建国家重点实验室2个、“一带一路”联合实验室1个。累计共布局筹建省实验室11个、省重点实验室139个，省实验室占全国总数（114个）的9.7%，省重点实验室占全国总数（6241个）的2.2%。从学科布局来看，主要集中于医学（29个）、生物农学（22个）、工程制造（20个）、材料科学（18个）等领域。从重点产业链覆盖来看，已全面覆盖十大重点产业链，但战略性新兴产业如风电装备、光伏、氢能等产业链仅有1个。从依托单位和建设方式来看，依托高校和科研院所建设108个，依托企业建设31个；50个为产学研共建，89个为各创新主体单独建设。培育认定新型研发机构201家，省级及以上众创空间301家，省级及以上科技企业孵化器79家。有效期内，高新技术企业3918家，同比增长9.80%，占全国总数的1%左右。

（二）工程技术研究中心

工程技术研究中心是面向国家重大战略任务和重点工程建设需求，依托于行业、领域科技实力雄厚的重点科研机构、科技型企业或高校建设的，拥有国内一流的专业人才队伍，具有较完备的工程技术综合配套试验条件，重点聚焦开展关键技术攻关和试验研究、重大装备研制、重大科技成果的工程化实验验证，突破关键技术和核心装备制约的技术创新与成果转化类科技创新实体。目前，工程技术研究中心的主管部门为科技部。我省有国家级工程技术研究中心1家。根据《“十三五”国家科技创新基地与条件保障能力建设专项规划》，自2017年10月24日起科技部不再批复新建国家工程技术研究中心。2015年12月14日我省科学技术厅印发的《山西省工程技术研究中心管理办法》第四条规定，省科技厅是工程技术研究中心的认定和管理部门。截至2021年末，我省共认定省级工程技术研究中心130余家，主要依托行业、领域中科技实力雄厚的企业、高等院校、科研机构布局建设，领域主要包括电子信息、化工、工程、节能环保、生物医药、现代农业、新材料、新能源、装备制造等。

（三）技术创新中心

技术创新中心是国家应对科技革命引发的产业变革，抢占全球产业技术创新制高点，为突破涉及国家长远发展和产业安全的关键技术瓶颈，构建和完善国家现代产业技术体系，推动产业迈向价值链中高端而布局建设的实体研究机构。根据功能定位、建设目标、重点任务等不同，技术创新中心分为综合类和领域类两个类别。2020年12月24日，科技部在北京召开综合类国家技术创新中心建设工作推进会，研究部署京津冀、长三角、粤港澳大湾区三个综合类国家技术创新中心建设工作。2020年12月26日，国家首个综合类技术创新中心“京津冀国家技术创新中心”揭牌成立。2021年4月22日，粤港澳大湾区国家技术创新中心在广州揭牌成立。2021年6月3日，长三角国家技术创新中心在上海揭牌成立。领域类创新中心主要由地方政府或有关部门联合科研优势突出的高校院所、骨干企业等，集聚整合相关科研力量和创新资源，带动上下游优势企业、高校院所等共同参与建设。目前，我国已经在高速列车、新型显示、第三代半导体等多个领域设立了国家技术创新中心。从各省建设情况看，也多属于领域类创新中心。2021年12月，省科技厅首批通过山西省技术创新中心拟立项建设名单33项，大多依托省内重点企业和大型医疗机构设立。

（四）企业技术中心

企业技术中心方面，根据2016年2月26日国家发展改革委、科技部、财政部、海关总署、国家税务总局发布的《国家企业技术中心认定管理办法》，对国民经济主要产业中技术创新能力较强、创新业绩显著、具有重要示范和导向作用的企业研发机构，经国家组织认定为企业技术中心，享受相应的优惠政策，以鼓励和引导企业不断提升自主创新能力。截至2023年7月，国家发展改革委创新高技术发展司已经组织认定30批国家企业技术中心，总数为1837家。其中，山西省共有国家级企业技术中心34家。省级企业技术中心方面，我省从1997年开始组织省级企业技术中心认定。2008年3月印发《山西省企业技术中心管理办法》，目的是通过企业技术中心认定，确立企业在技术创新活动及技术创新体系中的主体地位，发挥技术中心在山西省内技术创新体系中的核心功能与示范作用。按照办法，省工信厅、省科技厅、省财政厅、太原海关、省税务局五部门每年对全省支柱产业、新兴产业、高技术产业中建立的具有示范和导向作用以及行业促进和带动作用的企业、行业技术经济组织进行评估认定。截至2024年末，我省已先后认定20余批共511余家省级企业技术中心①。

（五）工程研究中心

工程研究中心是国家创新体系的重要组成部分，是面向国家重大战略任务和重点工程建设需求，以提高自主创新能力、增强产业核心竞争能力和发展后劲为目标，由国家发展改革委牵头，组织具有较强研究开发和综合实力的高校、科研机构和企业等建设的技术创新与成果转化类研究开发实体。当前，我省有国家级工程研究中心1家。2021年，国家发展改革委要求既有的工程研究中心，坚持以国家和行业战略需求为出发点，聚焦解决经济社会发展中的“卡脖子”技术问题，打造成为提升产业创新效率、推动创新链产业链深度融合的国家战略科技力量。先后分两批对已有国家工程研究中心和国家工程实验室进行优化整合。对暂未纳入新序列管理的工程中心，给予过渡期管理。省级工程研究中心方面，我省共有省级工程研究中心111家。工程研究中心建设主要依托行

---

①截至目前，山西有省级以上专精特新企业2903户［EB/OL］.（2024-11-04）［2024-11-05］.https://m.thepaper.cn/baijiahao_29243134.

业、领域中科技实力雄厚的企业、高等院校、科研机构来开展，以此促进产学研深度融合，加速科技成果转化，培养并聚集一批高素质的工程化技术带头人和技术骨干。

（六）协同创新中心

协同创新中心依托“高等学校创新能力提升计划”打造，该计划也被称为“2011计划”，于2011年4月24日提出，是继“985工程”“211工程”之后，中国高等教育系统又一项体现国家意志的重大战略举措。“2011计划”以协同创新中心建设为载体，由教育部、财政部牵头组织在高等院校建设的科研载体，目的是解决教育、科技与经济社会发展结合不紧以及科研资源配置分散、封闭、低效等问题，促进创新组织从个体、封闭向流动、开放的方向转变，促进创新要素从孤立、分散的状态向汇聚、融合的方向转变，促进知识创新、技术创新、产品创新由分割状态向科技工作上游、中游、下游联合贯通的方向转变。协同创新中心分为面向科学前沿、面向文化传承创新、面向行业产业和面向区域发展四种类型。国家提出“双一流”建设战略后，2015年，教育部根据《国务院关于取消非行政许可审批事项的决定》的规定，取消了“2011计划”协同创新中心的认定，但允许各省与教育部沟通建设协同创新中心。截至2024年末，我省共有省部共建协同创新中心8家，省级协同创新中心正在积极建设之中。

（七）科技企业孵化器和众创空间

科技企业孵化器也称高新技术创业服务中心，是以促进科技成果转化、培养高新技术企业和企业家为宗旨的科技创业服务机构，主要功能是以科技型中小企业为服务对象，为入孵企业提供研发、中试生产、经营的场地和办公方面的共享设施，提供政策、管理、法律、财务、融资、市场推广和培训等方面的服务，以降低企业的创业风险和创业成本，提高企业的成活率和成功率，为社会培养成功的科技企业和企业家。科技企业孵化器由科技部组织认定，截至2023年末，全国共有1606家国家级科技企业孵化器，我省有国家级科技企业孵化器16家（2021年3月）。省级科技企业孵化器由省科技厅组织认定，截至2024年11月，我省有省级科技企业孵化器84家。

众创空间也叫创新型孵化器，是顺应创新2.0时代用户创新、开放创新、协同创新、大众创新趋势，把握全球创客浪潮兴起的机遇，根据互联网及其应用深入发展、知识社会创新2.0环境下的创新创业特点和需求，通过市场化机制、专业化服务和资本化途径构建的低成本、便利化、全要素、开放式的新型创业公共服务平台的统称。“众”是主体，“创”是内容，“空间”是载体。发展众创空间，目的是通过充分发挥社会力量作用，有效利用国家自主创新示范区、国家高新区、应用创新园区、科技企业孵化器、高校和科研院所的有利条件，着力发挥政策集成效应，实现创新与创业相结合、线上与线下相结合、孵化与投资相结合，为创业者提供良好的工作空间、网络空间、社交空间和资源共享空间。2024年2月，国家备案众创空间2376家，2020年度，山西省有17家入选，全省国家备案众创空间总数为52家。省级众创空间方面，由各市政府和省直部门推荐，省科技厅组织认定，截至2024年，我省共有省级众创空间331家。

（八）中试基地

中试是探索科研成果转化为产品的内在规律，将基础研究转为应用研究的活动，是连接科研和生产的桥梁与纽带。中试基地是指具有固定场地、设备条件和中试服务能力，围绕新产品创制、概念产品试制等中试需求，主要从事科技成果二次开发实验的服务实体，是支撑引领产业链创新、加速科技成果产业化的重要平台。中试基地的任务就是对科研成果进行中间试验，不断研制出新产品的配方及生产工艺和样品。中试是基础研究的延续和扩大，是新产品开发的必经之路。中试基地主要依托各类园区、高等院校、研究开发机构、行业骨干企业建设，一般分为综合性中试配套基地和专业中试配套基地两大类。综合性中试配套基地是以加工、生产一般工业产品为主要经营业务，同时承担同类技术项目中试和产业化配套协作工作的基地。专业中试配套基地是专门从事某个行业类项目的中试配套基地。2018年，省科技厅首次认定山西省中试基地5家；2022年新认定15家；截至2024年6月，共有41家。

（九）制造业创新中心

2015年5月，国务院提出实施制造业创新中心建设工程，以加快推动制造强国建设。制造业创新中心建设工程要求围绕重点行业和新兴领域的共性需求，开展行业基础和共性关键技术研发等工作。2016年4月，工信部、国家发展改革委、科技部和财政部联合印发的《制造业创新中心建设工程实施指南（2016—2020年）》提出，国家级制造业创新中心是以企业为主体、以独立法人形式成立，由企业、科研院所、高校等创新主体自愿组合形成的新型创新载体，是制造业创新生态系统的网络组织、制造业创新资源的整合枢纽、制造业创新服务的公共平台、制造业创新人才的培育基地。制造业创新中心的主要功能是加强产业前沿和共性关键技术研发，促进技术转移扩散和首次商业化应用，加强制造业创新人才队伍建设，提供制造业创新的公共服务，积极开展国际交流与合作。截至2024年末，国家共认定国家级制造业创新中心33家，我省并无入选。

省级制造业创新中心方面，2018年省经济和信息化委员会（今省工业和信息化厅）出台《关于开展山西省省级制造业创新中心创建工作的实施方案》，以制造业企业为主体，以协同创新为取向，以产学研合作为基础，支持由制造业企业、科研院所、高校、金融机构等各类创新要素自愿组合、深度融合，按照企业运作模式建立省级制造业创新中心，面向制造业创新发展的重大需求，以主导产业的共性关键技术、先进实用技术研发为目标，以研发供给、技术输出和实现产业化为重点，充分利用现有创新资源和载体，打造跨界协同的创新生态系统。从2018年起，我省围绕战略性新兴产业重点领域，分期分批建设制造业创新中心，先后公布认定了多批省级制造业创新中心，分为省级制造业创新中心试点单位和省级制造业创新中心试点培育单位。

（十）新型研发机构

新型研发机构是聚焦科技创新需求，主要从事科学研究、技术创新和研发服务，投资主体多元化、管理制度现代化、运行机制市场化、用人机制灵活的独立法人机构，可依法注册为科技类民办非企业单位（社会服务机构）、事业单位和企业。2019年9月，科技部印发《关于促进新型研发机构发展的指导意见》，其后各地开始鼓励发展新型研发机构。2020年开始，我省开始对工信、科技等领域的新型研发机构进行认定，先后公布了两批共20余家单位为新型研发机构，100余家单位为新型研发机构培育单位。此外，我省近年来在推进科技资源共享平台和科技交流合作平台建设方面也取得了一定的进展。

三、山西省制约科技创新能力的关键因素和突出问题

虽然我省科技创新能力取得了明显进步，但综合来看，相较先进省份，我省科技创新能力仍处于欠发达甚至落后状态，其原因是多方面的，包括但不限于研发投入少、企业创新主体地位不突出、创新平台作用发挥不充分、产学研协同能力弱、教育竞争力不强、人才引力不足等。总体看，我省发展新质生产力所必需的教育、科技、人才等方面还存在产科、产教“两张皮”，产、科、教“三分离”问题。这些问题不是孤立的、偶然的，既有全国普遍存在的共性问题，又有山西突出的个性问题，反映在对山西高质量发展的支撑服务上，表现为：人才总量不足和人才结构不优并存，人才引进难与人才流失多并存，人才培养质量不高与培养措施不实并存的人才之“痛”；创新投入不足与创新主体缺乏并存，科技人才创新活力不旺与创新能力不高并存，高水平创新平台不多与承接重大科研任务能力不足并存的创新之“难”；高水平科技成果产出不足与转化不畅并存，企业“用工荒”与高校毕业生就业难并存的转化之“困”。造成这些问题的原因，除了区位优势不突出、市场体系不完善、创新资源不充裕、经济发展不协调等客观因素外，更重要的是对教育、科技、人才发展的思想还不够解放、视野还不够开阔、理念还不够先进、落实还比较教条。迫切需要深刻领会党的二十大和二十届三中全会精神，学习贯彻习近平总书记视察山西重要讲话重要指示精

神，完整、准确、全面贯彻新发展理念，进一步解放思想、打开思路，借鉴学习国内外先进经验为我所用，超常规、大力度、下力气推动教育科技人才融合融汇、同频共振，以点的突破带动面的提升，从量的积累向质的飞跃转变，为我省加快发展新质生产力、推动产业转型和高质量发展奠定坚实的基础。

（一）研究与试验发展投入规模和强度相对仍显不足

虽然近年来山西省R&D经费投入一直保持增长，但规模总量和投入强度对比先进省份仍然落后。2023年，山西省研发投入总额298.2亿元，规模列全国第二十位（表2-1）。虽然该位次比GDP的位次更为靠前，但相较其他省份仍显不足。在地区分布上，2023年，全国有12个省（市）的研究与试验发展（R&D）经费投入超过千亿元，包括广东、江苏、北京、浙江、山东、上海、湖北、四川、湖南、安徽、河南和福建。其中，广东以4802.6亿元的R&D经费投入位居首位①。我省研发投入仅为广东的6.2%，在中部六省中，湖北（1408.2亿元）、湖南（1283.9亿元）、安徽（1264.7亿元）、河南（1211.7亿元），均超千亿量级，第五位江西省也达到604.1亿元，同比增长8.2%，而山西仍然垫底，投入总量甚至不到中部排名第五、江西省的一半②。

在R&D经费投入强度（投入总额/GDP）方面，2023年全国达到2.65%，同时，研发经费投入强度超过全国平均水平的省（市）有7个，依次为北京（6.73%）、上海（4.34%）、天津（3.58%）、广东

①2023年全国科技经费投入统计公报［EB/OL］.（2024-10-02）［2025-01-10］. https://www.gov.cn/lianbo/bumen/202410/content_6978191.htm.

②同上。

（3.54%）、江苏（3.29%）、浙江（3.20%）和安徽（2.69%）。山西省研发经费投入强度仅为1.16%，在中部六省中，除排名全国前十的安徽外，湖南2.57%、湖北2.52%、河南2.05%、江西1.88%，山西仍然垫底，不仅低于中部其他省份，也低于周边的河北（2.08%）、陕西（2.5%）。

表2–1　全国及各省区市R&D经费投入情况（2023年）

地　区	R&D经费/亿元	R&D经费投入强度/%
全　国	33357.1	2.65
北　京	2947.1	6.73
天　津	599.2	3.58
河　北	912.1	2.08
山　西	298.2	1.16
内蒙古	228.1	0.93
辽　宁	676.4	2.24
吉　林	210.2	1.55
黑龙江	229.3	1.44
上　海	2049.6	4.34
江　苏	4212.3	3.29
浙　江	2640.2	3.20
安　徽	1264.7	2.69
福　建	1171.7	2.16
江　西	604.1	1.88
山　东	2386.0	2.59
河　南	1211.7	2.05

续表

地 区	R&D经费/亿元	R&D经费投入强度/%
湖 北	1408.2	2.52
湖 南	1283.9	2.57
广 东	4802.6	3.54
广 西	228.1	0.84
海 南	89.8	1.19
重 庆	746.7	2.48
四 川	1357.8	2.26
贵 州	211.4	1.01
云 南	346.7	1.15
西 藏	7.2	0.30
陕 西	846.0	2.50
甘 肃	156.2	1.32
青 海	30.3	0.80
宁 夏	85.5	1.61
新 疆	115.5	0.60

数据来源：国家统计局、《中国科技统计年鉴2024》。

（二）企业的创新主体作用发挥仍不够充分

企业是研发的主体，企业的研发投入占全社会研发投入的比重一般在80%左右。企业研发投入情况在很大程度上不仅可以反映出市场经济的活跃度，也可以反映出一个地区的创新程度，尤其是规模以上企业的研发活动体现得更为明显。2023年，山西规模以上（以下简称“规上”）

工业企业R&D人员全时当量42266人年，不足全国总量的1%；规上工业企业R&D经费投入217.6亿元，居全国第十九位；规上工业企业专利申请数9698件，列全国第二十三位，不足山东的1/12，不足广东的3%；规上企业有效发明专利数13426件，列全国第二十一位，仅为江西的51.5%，为榜首广东的2%（表2-2）。

表2-2　分地区规模以上工业企业R&D活动及专利情况（2023年）

地　区	R&D人员全时当量/人年	R&D经费/万元	专利申请数/件	#发明专利	有效发明专利数/件
全　国	4816705	20969.90	1565960	613602	2227602
广　东	920359	3426.64	366916	164853	661500
江　苏	721248	3301.69	234666	83835	328671
浙　江	444404	1869.34	123645	43358	156453
山　东	651025	1827.58	180387	48296	181101
湖　南	209066	941.98	40317	16701	60535
福　建	196251	926.96	82018	34015	101197
河　南	211921	917.29	59409	23148	63781
安　徽	182729	914.24	45208	12661	49860
湖　北	183963	895.63	63597	27742	97938
上　海	112518	811.03	45050	19761	88728
河　北	128602	703.50	34738	13170	44210
四　川	128074	571.82	41770	17184	62570
重　庆	86802	499.90	27116	11321	29767
江　西	126157	484.07	34785	12220	26071

续表

地区	R&D人员全时当量/人年	R&D经费/万元	专利申请数/件		有效发明专利数/件
				#发明专利	
辽宁	59993	441.00	31980	20643	80347
陕西	67329	392.23	19606	6927	34185
北京	71868	376.56	18424	7791	24558
天津	56539	295.99	19635	7249	30392
山西	42266	217.59	9698	4017	13426
云南	37271	210.15	13189	5256	14217
内蒙古	26554	191.97	11056	4064	9468
广西	33516	155.19	11790	5136	15301
贵州	27878	126.20	8290	3883	8168
黑龙江	21864	106.02	6186	2930	10546
吉林	16859	103.68	13009	8420	11455
甘肃	14308	81.10	7278	3138	6557
新疆	17229	78.23	7154	2285	6664
宁夏	12038	66.88	5486	1955	5295
海南	5700	19.08	1685	701	3024
青海	2137	15.18	1744	896	1352
西藏	236	1.15	128	46	265

注：按照R&D经费总量排序。
数据来源：《中国统计年鉴2024》。

此外，山西省企业研发投入总量和强度表现出年度间的不稳定状态。例如，2020年，全省规模以上工业企业研究与实验发展（R&D）投入强度

（R&D经费支出与营业收入之比）由0.71%下降到2021年的0.6%，2022年虽然企业研发支出总量同比增加，但强度下降到0.5%（表2–3）。

表2–3　山西省规模以上工业企业研究与试验发展（R&D）活动基本情况

指标	指标明细	2021年	2022年
企业基本情况	有R&D活动企业数 /个	976	1076
	有R&D活动企业所占比重/%	14.2	14.0
R&D活动情况	R&D人员全时当量 /万人年	3.5	4.0
	R&D经费支出/亿元	186.2	202.3
	R&D经费支出与营业收入之比/%	0.6	0.5
企业办研发机构情况	机构数 /个	1413	1484
	机构人员数 /万人	6.3	6.8
	机构经费支出 /亿元	197.9	230.4
新产品开发及生产情况	新产品开发项目数/个	7501	7997
	新产品开发经费支出/亿元	187.1	193.5
	新产品销售收入/亿元	2940.6	3554.8
专利情况	有效发明专利数/件	12336	12861

注：《山西统计年鉴2024》未公布2023年相关指标数据，仍沿用2022年数据。
数据来源：《山西统计年鉴2024》。

分行业看，我省企业研发经费投入量较大的行业仍主要集中在煤炭、钢铁、焦化等传统行业，即使有其他行业，也是与传统资源型行业相关联的制造业。2022年，规模以上工业企业研发经费投入的前五大行业投入总量为138.8亿元，占全部规上企业的近七成（表2–4）。

表2-4　山西省规上企业研发经费投入前五大行业

行　业	R&D经费/万元	占比/%
黑色金属冶炼和压延加工业	731941	36.2
煤炭开采和洗选业	358583	17.7
化学原料和化学制品制造业	108063	5.3
石油、煤炭及其他燃料加工工业	98437	4.9
专用设备制造业	90629	4.5
五大行业合计	1387652.9	68.6

数据来源：根据《山西统计年鉴2023》整理计算。

此外，从企业研发平台数量和分布看，我省各类企业创新内生动力不足，在创新链条中的“存在感”不强。2023年，全省规上工业企业中，有研发活动的1030家，设立研发机构的1307家，均位于中部六省末位，且差距还很大（图2-1）。

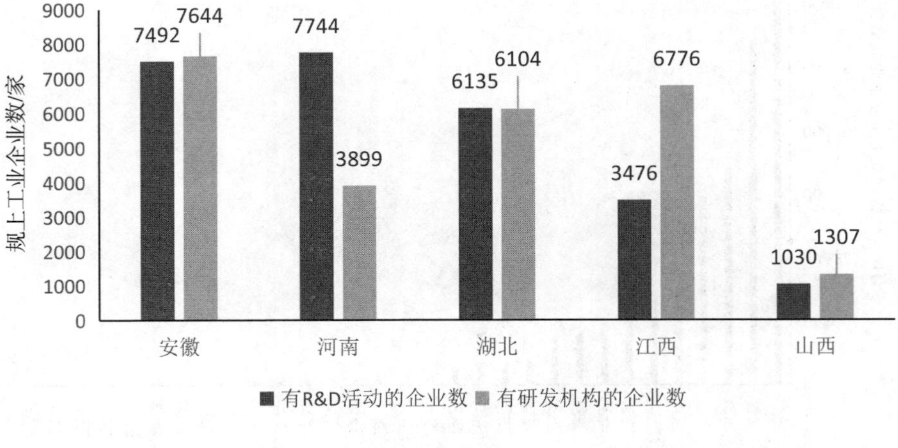

图2-1　中部六省规上工业企业研发活动和研发机构对比（2023年）

数据来源：根据《中国科技统计年鉴2024》整理计算。

根据调研数据，截至2022年末，全省规上工业企业中仅20%左右设有研发机构，特别是骨干企业主导的产学研融合载体少、小、弱。18家省属国有企业中仅有3家国家重点实验室，尚有7家未建立省级以上科技创新平台；省百强企业中仅14家建有省级以上科技创新平台，21家重点产业链链主企业仍有8家没有省级以上创新平台；企业科研人才队伍总体规模不大、层次不高。

总体上看，与发达省份相比，我省企业的研发活动活跃度还不够高。由于经费投入、产品市场、人才素质、基本建设等方面的支持不足，不少有研发机构的企业，未能实质性开展有效的研发活动，创新能力受到严重制约。2022年，我省有研发机构的规上工业企业1455家，居全国第十四位（图2–2），排名相对靠前，但与第一梯队的广东、浙江、江苏三省相比，仍远不在同一个量级。我省有研发活动的规上工业企业1076家，居全国第二十二位（图2–3），中部六省中也处在末位。可以发现，我省有相当数量的有研发机构的规上工业企业未能有效开展研发活动。

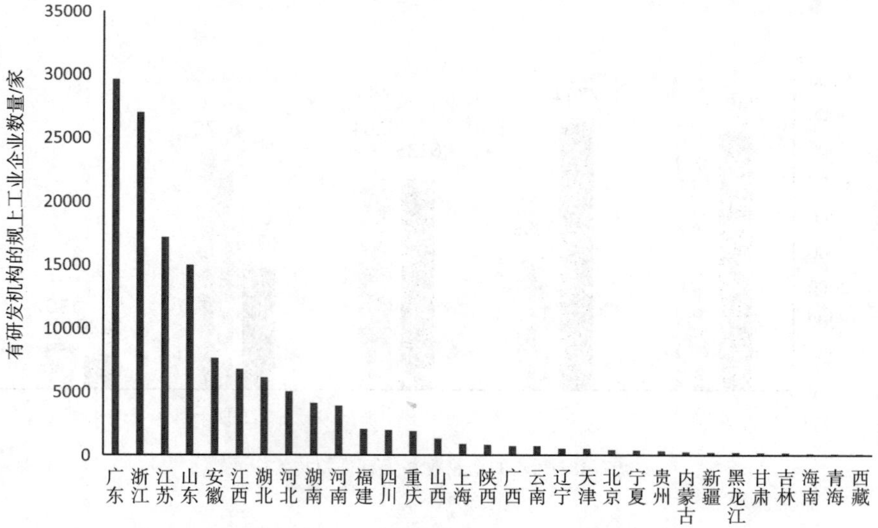

图2–2　各省（市）有研发机构的规上工业企业数量（2023年）

数据来源：根据《中国科技统计年鉴2024》整理。

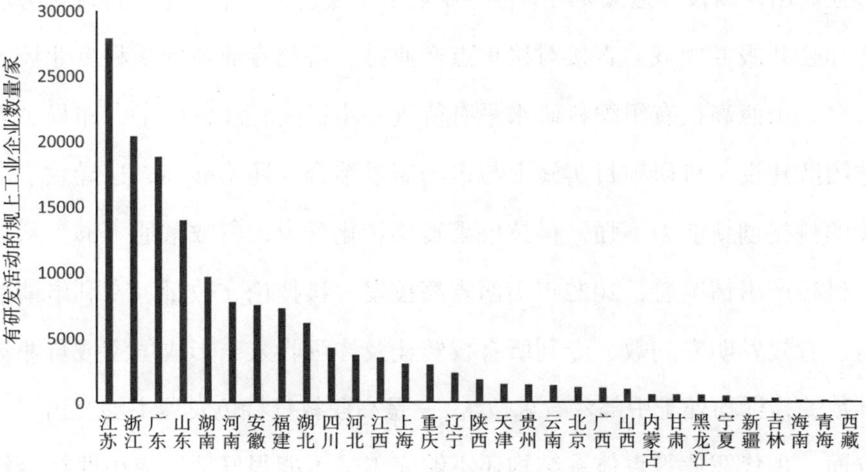

图2-3 各地有研发活动的规上工业企业数量（2023年）

数据来源：根据《中国科技统计年鉴2024》整理。

（三）高等教育对科技创新的支撑力仍不够强

山西高等教育对科技创新的支撑作用不断焕发出新活力，但从整体上看这种支撑力仍不够强。一是高校核心竞争力不足。当前，山西仅有2所"双一流"建设高校，3个"双一流"建设学科，且总体实力较先进高校还有较大差距。2023年末，山西在校研究生数量为60454人，占全国总量（388.29万人）的1.56%①。2022年，山西高校研究与试验开发课题共22673项，数量位居全国第二十四位，课题总投入经费13.56亿元，位居全国第二十二位②，均属于中等偏下水平。二是高校服务转型发展能力还不

①中国统计年鉴2024［EB/OL］.https://www.stats.gov.cn/sj/ndsj/2024/indexch.htm.

②国家统计局社会科技和文化产业统计司，科学技术部战略规划司.中国科技统计年鉴2023［M］.北京：中国统计出版社，2023.

够强。山西高校中近50%的学科专业集中于煤、焦、冶、电等传统优势产业和公共服务领域，直接对接重点产业链、特色专业镇的学科专业还不够多。山西高校有组织科研水平有待进一步提高，在创新平台布局、人才团队建设、科研项目实施上与市场需求结合度还不够高，这导致了高校的科技创新能力不强，科技成果转移转化乏力，科教融通不够。从高校科技产出情况看，2022年山西省高校发表科技论文数量、专利申请数量、有效发明专利数、专利所有权转让及许可收入、形成国家或行业标准数等指标均处于中部六省末位①。三是高职教育特色发展不够突出。一方面，现代职业教育体系结构还不够完善，不能很好地适应山西社会经济发展需要；高职教育专业以理工类、医卫类、师范类院校为主，其新兴专业开发培育力度不足；高职院校硕士博士的培养还处于初级探索阶段，尚不能满足学生获取高学历和高技能的双重需求。另一方面，高职院校专业设置与山西企业和产业发展需求结合得还不够紧密，其办学理念、教学内容、方法手段尚无法充分适应新形势需要。根据山西高职院校专业设置数据显示，山西高职院校共开设300多个专业，但与战略性新兴产业和未来产业密切相关的核心专业仅占1/5左右②。

（四）科技创新平台能级仍不够高

科技创新平台是集聚高端创新资源、孕育重大原始创新、实施科技攻关的重要载体，对提升区域综合竞争力和服务经济社会发展具有重要

---

①国家统计局社会科技和文化产业统计司，科学技术部战略规划司.中国科技统计年鉴2023［M］.北京：中国统计出版社，2023.

②根据《普通高等学校本科专业目录》整理计算得出。

作用。当前，山西科技创新平台建设虽跃上新台阶，但还存在着能级不够高的短板。一是高层次科技创新平台数量还不够多。从中部地区横向对比来看，湖北已基本形成“1家国家实验室+10家湖北实验室+8个大科学装置+163个国家级创新平台+525家新型研发机构”为力量矩阵的科技创新体系①；河南拥有国家级创新平台171家，建有省实验室16家②；湖南拥有国家级科技创新平台144家③；安徽建成各类“国字号”创新平台200多家，拥有全国重点实验室9家，省重点实验室135家④；江西获批组建国家稀土功能材料创新中心、国家中药先进制造和现代中药产业创新中心、国家虚拟现实创新中心等国家级产业创新中心和制造业创新中心，拥有全国重点实验室6家，国家工程技术研究中心8家，国家工程研究中心2家，国家地方联合工程研究中心23家⑤；而山西高层次科技创新平台数量在总体上处于靠后位次。二是不同产业的科技创新平台分布不合理。山西大多数科技创新平台分布在传统优势产业领域，在先进制造、数字经济、信息技术应用与创新、新材料、新装备、新基建等领域的高层次科技创新平台还不多，这导致了科技创新对推动支撑引领山西新兴产业高质量发展的作用发挥不够明显。三是科技创新平台难以有效发挥

---

①湖北向着国家科技创新高地攀登［EB/OL］.（2025-01-06）［2025-02-03］. http://jxt.hubei.gov.cn/bmdt/cyfz/202501/t20250106_5491470.shtml.

②“全面贯彻党的二十大精神 奋力推进中国式现代化建设河南实践”主题系列新闻发布会（第三场）［EB/OL］.（2023-11-15）［2025-02-03］. https://www.henan.gov.cn/2023/11-15/2848062.html.

③“锚定‘三高四新’美好蓝图 全面落实省委十二届四次全会精神”系列新闻发布会——“具有核心竞争力的科技创新高地建设”［EB/OL］.（2023-09-19）［2025-02-03］. https://www.hunan.gov.cn/hnszf/hdjl/xwfbhhd/wqhg/202309/t20230919_29488767.html.

④鹿嘉惠.在国家创新格局中勇担第一方阵使命［N］.安徽日报，2024-10-16（2）.

⑤卞晔.我省优化重组省重点实验室172家［N］.江西日报，2024-10-28（1）.

合力作用。山西现有的科技创新平台由于管理部门及支持资金来源不同等，导致了多头管理、交叉重复等现象。如山西一些科技创新平台不仅职责相似、功能相近，存在低水平重复建设，而且这些平台之间彼此分割、相互脱节，造成有限的创新资源配置分散、低效，难以形成科技创新合力。

（五）科技成果转移转化机制仍不够完善

推动科技成果不断转移转化为现实生产力，是实现科技与经济紧密结合的关键环节。目前，山西科技成果转移转化机制仍不够完善，存在以下三个方面的问题。一是高质量科技成果转移转化不足。近年来，山西科技成果产出逐年增多，高质量科技成果也逐渐出现。但从总体上看，由于转移转化的机制不够完善，导致高质量科技成果产出仍然不多，特别是在关键性、前沿性、颠覆性等方面的科技成果还有较大短板，与其他省（市、区）相比还存在明显差距。二是企业科技成果转移转化内生动力不足。由于人才引育机制不够健全，山西科研人才总量不足，尤其是科研领军人物和高端人才短缺，这导致了企业研发总体水平不高，创新活力尚未充分释放，进而造成企业科技创新成果难以高效转移转化。三是科技成果转移转化的市场化机制尚不健全。山西市场化科技成果转移转化中介机构较少，大部分高等院所也尚未设立专门的成果转移转化机构，从而不能为科技成果转移转化提供充分服务。例如，山西一些通过大量投入研发出来的科技成果没有相应的配套技术，或者即使能够形成产品，由于成本过高也不能大量投入生产，这使得一些科技成果被束之高阁。

四、提升山西科技创新能力的相关对策建议

聚焦山西科技创新领域的短板弱项，以提升创新能力、打造形成新质生产力为目标，系统谋划，提出建设高水平研发平台、夯实教育高质量发展基础、推进产教融合发展、促进产学研协同等方面的政策建议。

（一）持续提升创新平台质效和能级

我省创新平台建设要摒弃重数量轻质量的发展思维，要从战略高度强化创新平台能力建设，大力推进产学研深度协同，持续提高创新平台质量效益和能级水平。

1.提升创新平台质效的总体方向

一是建立健全创新平台建设体制。把加快创新平台建设作为增强自主创新能力的基础性工程，鼓励和允许开展多种形式的体制机制探索，努力构建以实验室体系建设为引领，以技术创新中心体系建设为依托，以科技服务平台体系建设为支撑，以产业技术创新战略联盟为突破，布局合理、结构优化、链条完整、功能互补、质量较高、支撑有力，具有山西特色的科技创新平台体系，形成开放、共享、流动、竞争、激励与约束相结合的运行机制。有关部门要制定出台山西省科技创新平台建设的规划和意见，为规范平台运行管理和推进平台应用提供制度和政策保障。全省各地结合自身实际，出台相关政策，为转型升级提供科技支

撑。政策要更好地发挥平台作用，增强平台的创新和服务功能，建立有效的组织模式，构建资源共享、人才流动、高效灵活、自我发展的良性运行机制。加快建立推动平台正常运转和长效管理的合作机制、利益分配机制、约束机制。特别是对虚拟组织模式，相对来说协调比较困难，建立良好的内部协调运行机制则显得尤为重要。

二是完善创新平台资源整合机制。针对全省科研物质基础条件薄弱，且科技资源比较分散、条块分割、各自所有、重复建设的问题，以整合相关领域的存量资源为基础，优化增量资源配置，建立共享机制，先后在科技基础条件好、重点行业和区域建设一批重大创新平台，有效集聚一批优质创新资源，减少重复投资和建设，提高科技资源的利用效率，增强自主创新能力和服务能力。建设创新平台，就是要围绕一个共同的目标，最大限度地将相关优秀创新团队和人才、科研设施有利条件及先进知识、成果、信息等集聚在一起，以新的体制和机制，形成研究、开发、转化与产业化的创新系统，齐心协力开展研发攻关和创新服务。可以说，整合与集聚是平台形成新的资源优势、创新优势和竞争优势的关键环节，强化研发与服务是平台得以生存和发展的生命线。要促进高校、科研院所与企业间的合作与交流，形成企业向高校和科研院所提供需求，高校和科研院所向企业提供科技人才、先进知识以及科研成果，提高创新成果的产业化水平。推动整合高校、科研院所的科技创新人才，建立适应平台环境的，基于项目和服务的人员调配、有序流动和分工合作的管理机制，保证充分利用平台的仪器设备，建立共建共享和有偿使用相结合的制度，保证仪器设备设施的正常运行。

三是优化创新平台整体布局。山西省各个地市的科技创新布局存在一定的不平衡现象，优化科技创新平台的整体布局必须结合各个地市当地经济和科技发展的实际。在布局科技创新平台的过程中，要突出区域的优势和特色，突出平台发展的特色。对于已建成的科技创新平台，要着重分析其对产业产生的影响，分析其优势与劣势，充分利用区域的优势条件和资源、产业特色，实现区域经济快速化发展。通过培大育本、扶优扶强，推动产业特色化、特色规模化，建立一批特色产业创新平台，充分发挥特色产业的效应，打造山西省的品牌平台，构建兼具地方特色和优势的区域科技创新平台。要推动创新平台开放发展，避免科技创新平台固有、封闭、重复的做法，充分尊重区域经济的发展规律，在注重区域内科技创新平台发展的同时，也要重视与其他区域的联系，形成跨地区科技创新平台的协同合作网络，实现区域的大发展、大联合。

2. 提升创新平台质效能级的战略路径

一是以政府资金支持为重点，加大创新平台资金保障力度。政府资金的支持和引导对科技创新平台的建设和可持续发展意义重大。政府要加大针对新兴产业的科技创新平台的资金投入力度，如对于进一步提升战略性新兴产业领域的创新水平和创新能力，因为其在发展初期对公共服务的需求较低，导致其市场化运作水平不够高，所以政府需要资金支持其市场化运作。同时，为已有科技创新平台的发展增加资金支持，如政府要有计划地持续投入专项资金，来进一步提升重点领域的科技创新能力和科研水平。要保证对基础性科技创新平台前期的常规性资金投入，例如重点实验室等，这对于全省技术创新能力的提升具有普遍意义。最后是公益性的服务平台，需要政府资金投入。同时，为各科技创新平台所开展的共性研究和公共性服务提供资金支持。

二是以人尽其才为重点，加快打造创新人才高地。引导各类科技平台完善多样化的人才激励机制，吸引、留住优秀人才，达到优化配置人力资源的目的。应积极培育典型，对在推动科技平台建设中作出突出贡献的科技人才实行重奖；切实发挥科技奖励在评价人才、激励人才方面的导向和杠杆作用，引导科技人才创新创业。扎实推进科技特派员基层创业行动，加大从科研单位和大专院校选派科技特派员工作力度，引导科技人员投身于各类科技平台建设。引导高等院校、科研院所与企业合作共建人才培养基地，联合培养企业创新人才。积极维护科技人才权益，做好知识产权保护工作。

三是以资源整合共享为重点，加强创新平台协同联动发展。坚持以需求为导向，整合科技资源，通过整合、建设、认定等新途径，进一步加强科技创新平台建设。科技研究开发实验平台建设要突出前瞻性和战略性部署；科技基础条件平台建设要抓重点和难点，将重点放在大型仪器科学设备及数据和信息共享两个方面。鼓励各级各类科技创新平台为民生服务。重点推进技术创新平台的发展，培育和提升国家战略性新兴产业，优化和提升传统产业。建立和完善平台的激励机制和利益分配机制，充分调动各方的积极性，积极探索引进专业机构开展业务服务，鼓励和支持民营研发服务的发展，鼓励和支持企业研发中心对外开放。

四是以增强创新能力为重点，着力提升创新平台能级。重点实验室建设要面向优势学科，组建优势团队，关注前沿技术，服务战略性新兴产业。修订完善重点实验室建设与管理办法，规范建设程序，加强运行管理，改善科研条件，强化开放合作，着重提高运行质量和产出能力。面向新兴产业的发展需求，提前布局，在装备制造、生物医药、信息技术等领域，新建一批重点实验室。做好国家重点实验室培育和推荐工作，争取更多省级重点实验室进入国家级重点实验室行列。规范省级工程技术中心的建设与管理，围绕技术、工艺、装备、产品创新及系统集成与应用，重点在优势和特色产业的龙头企业，新建一批省级以上工程技术中心。优化工程技术中心的产业布局和区域布局。一要继续提高煤化工等传统优势产业的技术水平，支持地区特色产业的发展；二要面向战略性新兴产业，大力推动技术成果的转化与应用，为规模化生产提供技术支撑；三要与高等院校、研究院所联合，在社会管理、公共安全、公共卫生等领域，促进改善经济民生的科技成果不断产生并成熟。探索发展各类产业技术研究院。突出产业技术研究院对县域经济的支撑和服务作用，推动县域特色经济发展。引导产业研究院对标先进，探索、实践适应产业发展需求、符合市场经济规律和自身实际的管理体制及运行机制，提升对我省重点产业发展的技术支撑引领能力；以企业为主体，集成高校、科研院所、企业的研发力量，遵循联合投资、利益共享、开放协作、风险共担的原则，组建一批产业技术创新联盟，推动产学研协同创新。

3. 强化技术创新平台建设

大力建设布局合理、装备先进、开放流动、共建共享、高效运行的实验研究开发基地，提升科技原创能力。有计划地组建高水平、与主导产业紧密结合的重点实验室，提高建设质量。鼓励重点实验室与企业合作共建，围绕行业技术瓶颈开展研发。鼓励企业组建创新中心，探索建立重点领域公共研发平台，提高高新技术和支柱产业领域的核心技术开发能力。发挥企业院士工作站的特殊作用，以企业创新需求为导向，引导区域内外院士及其创新团队向企业集聚，研究开发产业核心技术。

4. 推进成果转化平台建设

一是充分发挥各类科技园区的作用。以形成特色产业集群为目标，坚持面向市场，有效集成科技、人才、资金等资源，采取产学研结合的方式，围绕重点行业和优势产业，在有条件的科技园区、科技型企业建立若干个科技成果转化基地。二是加快科技企业孵化器建设，促进以高等院校和科研机构创新成果为依托的科技型中小企业成长。三是组织设立各类产学研战略联盟。针对本行业的重大科技需求，联合开展科技攻关，扩大交流协作，加速科技成果转化，进一步提升相关产业的自主创新能力。四是加强技术市场建设。建立服务功能齐全、交易有序的常设技术交易市场，大力发展各类科技中介机构。

5. 推进科技资源共建共享

第一，加快科技文献信息服务平台建设。继续加强科技文献资源共享服务平台的数字化关键技术研究开发，形成为用户提供网络化、集成化、个性化、可定制的文献信息服务能力。第二，加快自然科技资源和科学数据共享平台建设。实现科技资源的跨部门、跨领域整合及与国家自然科技资源的链接，并建立共享服务体系。加强资源收集、保存、利用和共享过程中的标准化、信息化等关键技术研究。在国土资源、资源与环境、气象、空间地理、人口与健康等领域构建科学基础数据网，形成科学数据资源服务体系。第三，加快大型科学仪器共享平台建设速度。主要是建设区域大型科学仪器共用网，整合区域大型科学仪器资源共享服务体系等。第四，加快网络科技环境平台建设。整合各类科技资源，形成科技创新网络环境，面向全社会提供科技服务。

6. 提高科技管理和服务水平

将政府的引导、监督、评估、考核的责任与企业的建设主体责任结合起来，以政策激励为引导，重点支持企业创新平台发挥其在创新平台建设中的主动性、积极性和示范性。创新管理模式。按不同类别平台，探索建立第三方评价机制，分类考核，逐步实现动态管理。立足科技发展的战略前沿，完善重点实验室评价体系，促进重点实验室加强原始创新；面向成果转化及企业创新要求，完善工程技术中心考核评价体系，增强工程技术中心服务产业的能力；针对科技资源及基础条件建设的不同要求，对不同资源平台提出不同的考核标准，提升资源平台的共享水平和公共服务能力。创新服务模式。一是探索联合实验室等新型创新平台的运行管理机制，加强与平台的沟通、协调和交流互动，实现资源整合，提升平台服务能力。二是创新平台开展技术创新与服务模式，探索采取联合研发、委托研发等形式，与各类创新主体和大型研究工程项目承担单位开展技术攻关和技术服务，提升平台人才聚集和成果转化能力。三是探索开放课题管理机制。采取将实验室、工程中心、产业技术研究等开放课题纳入省级科技项目管理等形式，激励科技创新平台对外开放，提升创新平台运行质量和共享服务能力。四是建议实行“包干制+负面清单”的经费管理政策，营造宽松的创新氛围。建议探索实行科研项目经费和科研行为负面清单，形成鼓励自由探索、自主创新的科研容错机制，进一步松绑和宽容失败，以鼓励科技创新平台大胆探索，全力突破关键核心技术。

7. 完善创新平台扶持政策

政府要在梳理扶持政策的基础上，根据省市高质量转型发展的现状，增强扶持政策的针对性和实效性。要建立创新平台财政投入稳定增长机制，鼓励平台增加科技研发投入，尤其要注重发挥企业及其研发中心在科技创新中的主体作用。要加强平台企业之间的科技网络连接，重视企业与高校科研院所的互动，有针对性地组织开展各种专业性和综合性的产学研合作交流活动，充分利用高校资源优势，为企业科技创新提供服务。要进一步健全科技公共服务体系，打通科技大市场与企业的连接渠道，加快科技成果转化，整合各类科技资源，使我省科技创新能力得到明显提升。

（二）全面夯实新质生产力的创新平台基础

围绕支撑服务我省建设“三区三地”[①]和全方位深化转型的目标，针对当前创新平台发展中存在的突出问题，统筹推进发展建设与绩效提升，推动我省创新平台高质量发展，为全省加快形成新质生产力提供强有力的科技支撑。

1.推动创新平台资源优化配置

一是持续稳定增加创新投入。投入是创新的前提和基础，要实现一流的创新，必须有一流的投入。要坚持政府引导、市场主体、多元参与，推动我省创新投入跨越式增加。坚持企业创新主体地位，落实各项鼓励优惠政策，持续实施减税减负政策，推动人才、资金等创新要素加快向企业流动，让企业真正成为技术创新决策、研发投入、科研组织、成果转化的主体。支持企业走创新引领、创新带动、创新发展的质量效益型路子，增强企业创新投入内生动力，引导企业围绕资源型经济转型和推动产业结构升级，进一步增加对原始创新和自主攻关的投入，加大科技创新力度，提升企业发展效益，实现创新促进效益、效益保障创新的良性发展。深化科技体制改革，完善知识产权保护制度，为企业开展高水平研发活动提供保障。加大政府创新投入，加大政府直投力度，瞄准高新技术企业培育、新型研发机构建设、企业技术升级改造、孵化育成体系建设、自主核心技术攻关、创新人才队伍建设、科技金融结合等

①山西省第十二次党代会提出的未来五年的奋斗目标，简称为“三区三地”，即把山西建设成国家资源型经济转型发展示范区、全国能源革命综合改革试点先行区、黄河流域生态保护和高质量发展重要实验区、中部地区先进制造业基地、内陆地区对外开放新高地、国际知名文化旅游目的地。

重点环节和领域，持续加大创新投入。加大政策性补助和奖励力度，深入推进创新型省份建设，聚焦全省重大战略需求和产业转型，统筹安排科技创新奖补资金，强化科技专项及基金保障，加大重大创新平台支持力度。优化财政资金投入和使用方式，综合运用后补助、政策性补助、贷款风险补偿等投入方式，支持企业技术创新和科技成果转移转化，增强财政科技经费对企业研发投入的带动效应。加大对创新平台建设、创新活动开展、创新成果产出等的奖励力度，从新动能资金中专列技术创新专项，进一步加大对新材料、新产品、新工艺、新技术项目的支持力度，支持企业加强科技创新、产品创新、商业模式创新等。拓宽科技创新投融资渠道，发挥财政资金引导和杠杆作用，建设科技金融服务平台，鼓励各设区市、企业、社会资本等加大对重大创新平台建设的投入力度。建立多层次创业创新投资基金，研究创业投资、天使投资等差异化支持办法，给予中小微企业必要的风险资金支持和引导，带动更多市场资金参与科技创新。增加科技金融产品供给，推动保险机构开发专利权质押贷款保证保险、科技型企业保证保险、知识产权保护保险等保险产品，探索开展投贷联动，解决轻资产科技型企业融资难题。大力度放开市场准入，引导更多社会资本投向战略性新兴产业和高新技术产业，更好地优化科创企业融资环境，推动企业全生命周期金融创新服务全覆盖。

二是推动创新资源均衡配置。科技创新资源统筹与优化配置是实施创新驱动发展战略的重要保障，也是提升区域整体科技创新能力的关键性举措。要坚持创新服务山西重大发展战略，围绕太忻一体化经济区建设、山西中部城市群协同发展、“一群两区三圈”等重大区域布局，突出创新引领经济社会转型，以创新支撑全方位高质量发展，以创新资源均衡配置助推区域协调协同发展。推动创新资源总量上水平，针对我省创新平台数量少、高层次创新平台不多的实际，大力实施科技“小巨人”企业培育工程，加大对科技型中小微企业资金、财税等的支持力度，建立公共科技信息服务平台，打造一批创新能力强、成长速度快、发展潜力大的中小微企业，使其成长为专精特新科技“小巨人”企业。实施创新型企业群体培育工程，通过“靶向”精准政策扶持引导，推进创新型企业梯次接续发展，加快形成创新龙头企业引领、高新技术企业助推、中小企业协同发展的全产业链创新型企业集群，带动我省创新平台资源数量大幅增加。推动创新平台区域均衡发展，支持国家级创新平台在我省设立分院（分中心），积极争取国内一流高校与山西合作共建重点实验室和研发平台，显著提升山西高水平创新平台的能级。统筹城乡区域协调发展，合理引导省会城市、中心城市向周边中小城市进行产业疏解，鼓励各市县积极承接产业转移，围绕主导产业、优势产业，创建国家级、省级、市级创新平台。鼓励区域内各市县与企业联手，依托产业联盟建设跨区域创新服务平台，促进创新平台共建共享，显著提升区域创新服务能力。促进大型科学仪器设备等创新资源开放共享，建立健全重大科研基础设施和大型科研仪器开放共享制度和运行补助机制，加强创新资源开放共享的投入保障、创新资源开放共享的立法保障，优化创新资源开放共享的环境条件，建立完善创新资源统一开放的服务平台，破除瓶颈，支持省内中小微企业等单位使用服务平台上的科研设施与仪器开展创新和研发活动。鼓励企业和社会力量以多种方式参与共建重大科研基础设施，组建专业的科研设施与仪器服务机构，促进科研设施与仪器共享服务社会化，实现创新资源开放共享和高效利用。

三是提升创新平台的创新活力。要以促进产学研深度对接为重点，下好自主创新和原始创新能力提升“先手棋”，着力提升自主创新和原始创新能力，增加技术创新的广度和厚度，推动创新研究与市场需求直接互动。持续加强基础研究，我国进入新发展阶段，创新在现代化建设全局中居于核心地位，基础研究作为整个科学体系的源头，战略意义更加凸显。要持之以恒加强基础研究，加大企业投入基础研究的税收优惠力度，支持高校院所、龙头企业参与国家重大科研计划，鼓励社会以捐赠和建立基金等方式多渠道投入。着力营造科学家潜心研究的创新环境，让科研人员能够心无旁骛进行长期稳定的研究，以稳定的高水平基础研究供给，推动自主创新能力大力提升，增强创新链整体效能。重构产学研用融合发展生态，构建以市场需求为导向的产业技术研发体系，紧紧围绕核心技术市场应用，推动研发与需求精准匹配，支持建立以市场需求、成果转化为导向的科研项目立项与科研任务管理体系，从源头上提高创新资源利用效率。强化企业在产学研用融合中的主体地位，充分发挥企业作为出题者的作用，加快构建龙头企业牵头、高校院所支撑、各创新主体相互协同的创新联合体，积极推动前端创新供给和终端市场需求直接互动。推动实施“揭榜挂帅”等新型联合攻关模式，推动以企业需求引导科研成果供给与转化无缝对接，推动科研由实验室走向经济主战场，不断提升科研成果供给的质和量。强化产业链和创新链协同布局，创新建设新型研发机构，重组创新链条，打破各类组织边界，推动科技创新和经济社会发展深度融合。聚焦科技成果转化的“最初一步”和“最后一步”，推动产学研用各方共同分担从基础研究到产业孵化阶段的早期风险，降低产学研用各方信息获取难度和成本，围绕创新链、产业链和价值链，持续构建“众创空间+孵化器+加速器+产业园区”上下紧密衔接的孵化熟化平台，以及从优化科技研发到成果转化的全链条创新体系，让更多科技成果转化为现实生产力。强化产学研用融合发展政策支撑，完善成果转化收益分配机制，继续为高校和科研院所松绑，进一步放宽对高校院所使用、处置和转化自有科技成果的管理，合法合规探索实施科技成果转化风险免责政策。深化科技体制机制改革，深化项目评审、人才评价、机构评估改革，改革项目立项和组织实施方式，简化项目申报和过程管理，推动创新绩效评估从过程管理向效果管理转变。推行省重大科技专项和领军型创新创业团队项目首席专家负责制，赋予科研人员更大的人财物自主支配权和技术路线决策权。深化“三评”改革，构建突出创新质量、贡献、绩效的分类评价体系。建立产学研用深度融合评价考核推动机制，建立区别化分类评价指标体系，实施分类考核。

2. 提升创新平台资源整合能力

以省市两级科技创新平台的数量发展、结构优化和能力提升为重点任务，聚焦提升原始创新、自主创新能力和科技创新资源供给质量，统筹存量和增量，做实“四个一批”，推进我省创新平台整合重组，推动区域创新能力大幅跃升。

一是重点培育一批。聚焦产业链建链延链补链强链需求，大力支持创建国家级科技创新平台，围绕战略性新兴产业领域原始创新和关键技术突破需求，加强对优秀省级研发平台的定向培育，推进山西省部共建实验室、山西省实验室及重点实验室全面提升人才引进、知识创造、知识获取能力，通过择优组建、内部整合、联合共建等模式，建设一批突破型、引领型的国家重点实验室。支持符合条件的省级技术创新中心、工程技术研究中心、新型研发机构等培育建设国家技术创新中心，优先支持在国家高新区、国家可持续发展议程创新示范区等创新功能区内的创新平台，转建或创建国家技术创新中心。加大对新认定的国家重点实验室、国家工程研究中心、国家技术创新中心、国家科技资源共享服务平台等创新平台的补助力度，争取更多的省级研发平台晋级国家级研发平台。加快布局建设一批省级重点创新平台，支持重点高校、重点科研机构、技术机构、龙头企业依托优势学科、优势科研团队、新引进的高水平科研领军人才，持续布局一批省实验室和省重点实验室、省级工程技术研究中心、技术创新中心、企业技术中心等。支持省属高校和科研院所围绕重点发展学科和重点发展专业，启动省级企业重点实验室建设工作。依托规模大、基础好、带动力强的龙头企业和科技人员集中、创新活跃、研发能力强的研发型企业，建设发展一批以企业为建设主体的省级重点实验室，构建定位清晰、布局合理、梯次衔接、开放共享、富有活力的实验室体系。积极争取国家科研基础设施和国家级研发平台在我省建立分支机构或中试、产业化基地。加强同京津冀、长三角、粤港澳等地区协同创新，合作共建高质量的创新平台，共同打造科技创新高地。

二是优化提升一批。充分发挥创新平台绩效考核指挥棒作用，推进科技创新平台创新的能力提升。对照国家重大创新平台建设标准大力提升创新能力，以需求为导向，依托“111”“1331”“136”等重大工程和省实验室、省重点实验室、技术创新中心、科技成果产业化基地等，优化R&D投入结构，调整优化高校科研布局，调整优化专业设置，科学搭建各级各类创新平台，把握好R&D资金支持的方向，增强科技创新人员的积极性，破解创新投入冗余和资源浪费的问题，实现高水平创新平台对高质量发展的有力支撑。着力培育开放、共享类创新平台，构建国家、省、市创新平台“三位一体”的培育升级体系，实现创新平台数量翻番、质量提升、结构优化，打造具有重要影响力的科技创新策源地。支持建设国家级科技创新平台预备队，遴选培育一批国家级科技创新平台预备队，加大资金补助力度，择优支持国家级科技创新平台预备队申报中央引导地方科技发展专项资金，用于改善科研基础条件，优化科技创新环境。打造一批高水平的新型研发机构，充分发挥新型研发机构体制开放、机制高效、管理灵活等优势，健全完善促进新型研发机构创新发展的具体支持政策，通过聚焦重大战略和转型发展需求，力争建成一批投资主体多元化、建设模式国际化、运行机制市场化、管理制度现代化，有效贯通基础应用研究、技术产品开发、工程化和产业化的新型研发机构。构建链条式创新服务体系，推动各类开发区建设技术平台、专业服务、创新孵化、创业培训等全周期的服务平台，推动实施中小微企业创新平台梯度培育，充分发挥"智创城"集聚示范效应，培育提升各类创新创业孵化载体。

三是整合重组一批。以提升能级、提高质量、增强能力为方向，在绩效评估的基础上，对现有创新平台进行整合重组。推进强强联手共建高水平创新平台，鼓励优势突出的创新平台与中央科研院所企业重组，加大与中央科研院所的平台合作，加力打造一批具有国际影响力的重大科技创新平台，为区域产业转型发展提供原动力。推动专业化整合，对功能相同、领域相近、布局重复的平台实施整合重组，通过资产重组、股权合作、资产置换、无偿划转、组建战略联盟、联合开发等方式，将资源向优势企业和优势平台集中。推动不同主管部门设立的各类创新平台，根据国家科技创新基地优化整合方案，以及我省战略需求和不同类型创新平台功能定位，合理归并，优化整合，面向经济社会高质量发展需求，开展共性关键技术和工程化技术研究，切实解决部分创新平台创新活力不足的问题，切实提高创新资金使用效率。

四是整顿淘汰一批。以提高效率为目的，加大对科技创新平台的量化考核，以绩效评估为基础，加大奖优罚劣力度，奖励先进、淘汰落后，优化省级科技创新平台布局。下大力气退出一批科研定位不准、产学研融合效果不好、创新实绩长期空白的创新平台，对于绩效考核结果排名靠后，经整顿仍无法扭转局面，连续三年无实质性业绩的创新平台，停止对其的经费资助，取消其创新平台资格。对于市场化程度较高的领域，加快创新资源和创新平台管理体制改革，引入社会化竞争机制，逐步增强创新平台自我发展的内生动力，倒逼创新平台提高科技创新水平。

3. 完善创新平台资源协调机制

一是建立创新资源的跨平台统筹机制。以提高我省科技治理体系和治理能力现代化水平为目标，深入推进科技体制机制重塑性改革。充分发挥山西省创新生态建设领导小组及其办公室的作用，由省创新生态建设领导小组负责全省域、全领域创新生态建设的重大问题决策，负责科技创新工作的统筹协调和整体推进，通过贯通政产学研金服用各主体，将现有分散在各部门的创新管理职能以及人才、平台、资金、土地、数据等各要素进行有机整合，推动基础研究、关键核心技术攻关、科技成果转化一体化布局，产业链、供应链、创新链、要素链、政策链等“五链”深度耦合，形成决策高效、响应快速的“大科技”决策管理体制。重建体系贯通的科技管理运行机制，坚持需求导向和问题导向，重建从需求凝练—科研立项—评价监督等完整闭环的运行机制。重塑服务高效、能力突出的科技行政部门，以科技与产业融合为路径，改变以往职能部门内部彼此独立、不能协同作战的状况，构建各部门分段负责、相互制约、全程监督、高效协同的管理机制，提升创新服务的整体能力和水平。

二是建立创新资源的跨平台协作联动机制。目前，包括山西在内，国内不少省（区、市）的创新平台跨平台相互协作程度不高。随着全球科技竞争的日益加剧和科技创新复杂性不断增强，亟须加强跨平台的协同创新合作机制，实现不同创新平台的协同共赢以及创新资源的跨平台二次集成，融入全球科技创新网络，最大限度实现全球互补性创新资源的集聚与共享。一方面，要加快营造利于跨平台联系与协作的自由环境，打破平台边界，实现资源优势互补与共享，强化大型仪器设备、数据库、研究成果等的跨平台共享，避免重复研究与重复的科技资源投入，降低整体的创新成本，形成创新扩散的学习效应，以获得最大化的外部规模经济。建立跨平台创新协作组织机制，借鉴江苏省产业技术研究院的做法经验，由山西省产业技术研究院联系全省全国全世界的重点创新平台，深度对接企业研发需求和创新平台的创新供给，着力破除制约科技创新的思想障碍和制度藩篱，积极发挥“高校（科研机构）与工业界的桥梁”和“全球创新资源与江苏的桥梁”两个桥梁作用，从创新资源供给和企业技术需求挖掘两端精准发力，构建集研发载体、产业需求和创新资源于一体、产学研用深度融合的产业技术创新体系，探索促进科技成果转化的体制机制，打通科技成果向现实生产力转化的通道。另一方面，要面向世界科技前沿开展平台间协作的战略部署，为创新发展提供最前沿的科技供给。在新一轮科技革命和产业变革的背景下，打破聚焦于国内创新平台开展研发的掣肘，以全方位的国际合作与交流推动科技创新发展，及时、持续跟进国际最新研究动向，实现科技创新有效突破。

三是构建创新平台内部的合作共生机制。推动实现平台内部各创新主体的共生共荣，进一步探寻各参与主体的协同创新机制，包括科技创新链横向与纵向的协同，提升创新平台凝聚力与创新力。一方面，鼓励各行业龙头企业科学构建企业创新平台，加大应用导向的基础研究与共性技术研发等的投入，并与大中小企业形成优势互补与协同创新。凭借“马太效应”实现关键技术的突破，依据“规模效应”促进研发成果的加速商业化、产业化。在高校及科研院所内，探索以重点高校或高水平的科研院所为核心，联动同类院校或院所，依靠科学研究领域的规模化发展、集聚化效应，推动关键核心技术创新的重点突破，防止因“全面开花”而引致的研究低效。另一方面，以平台连通学研用机构、企业与政府等主体，降低各合作主体的交易成本，精准定位不同创新主体在科技创新链上的功能，激发各类创新主体的合作与创新积极性。建立健全政产学研用协同创新的体制机制，以创新平台为载体打造完备的科技创新链。

4. 健全创新平台资源管理体系

一是加强现有创新政策的落地落实。针对创新政策落地的“最后一公里”，组织梳理政策落实中存在的主要瓶颈，逐个突破，彻底解决好创新政策落地难、落实难的制约问题。实行多部门联动，增强政策落地准确性。以研发费用加计扣除、税收抵免和返还、股权投资税收优惠政策落地落实为重点，进一步完善部门联合管理运行机制，依托数据共享，统一相关部门政策执行口径和操作流程，有效解决研发项目鉴定难、信息不对称等问题。建立科技、税务等部门联席工作会议机制和常态化联系沟通机制，线下多部门联动研究分析，确保项目鉴定的准确性和时效性，实现审查鉴定规范精准。加强动态分析，实时掌握辖区内企业研究开发项目资金投入情况及经济效益，量身定制引导科技创新的决策，提高政府管理精细度。贯彻“最多跑一次”理念，增强政策享受的便利性。将企业研发项目信息管理系统接入政务服务网受理平台，实现企业申报享受优惠政策“最多跑一次”，切实为企业减轻设置研发辅助账、归集核算研发费用的工作压力，有效增强研发费用归集核算的准确性，为企业享受税前加计扣除政策提供简捷、优质的服务。通过大数据智能算法，强化科技管理领域的智能评测、无感认定、线上兑付、科技金融和惠企服务，满足创新企业高频共性需求。完善配套政策，增强政策跟进的时效性。对中央已经出台的优惠政策及时制定完善地方配套的实施办法，确保各项优惠政策及时落地。促进国家级、省部级及国际组织颁发科技奖金免征个人所得税，高级专家延长离休退休期间取得的工资薪金所得免征个人所得税，非营利科研院所和高等院校科研人员现金奖励减半征收个人所得税等政策实施，推动以科研院所为主体的科研改革，助力科创行业留住高端人才，降低企业生产经营成本，助推企业创新水平有实质性提高。提升政策服务的满意度。推进科技管理部门职能转变，切实增强服务意识，根据山西发展实际，进一步放宽享受税收优惠政策的研发范围，因地制宜提高基础研发投入加计扣除比例，延长加计扣除追溯期，推动科技创新相对落后地区创新水平加快提高。加强科研管理改革，促进科研项目、科技人才、科研经费等松绑放权应放尽放、能放尽放，推动好政策落地生根，真正激励科研人员多出高水平成果。

二是大力开展科技创新项目的“揭榜挂帅”和“赛马”制。坚持战略需求和目标导向，聚焦国家重大战略和山西全方位高质量发展需求，支持科技创新平台提出重大科技任务建议，通过“揭榜挂帅”“赛马制”等方式承担重大科技任务。针对我省能源革命试点和制造业高质量发展领域核心技术的“卡脖子”难题，创新科研任务和项目组织实施模式，充分激发各类创新主体开展创新研发的活力和动力。建立省科技计划项目直接委托科技创新平台承担机制，由科技创新平台牵头组织省内外相关领域的科技力量，开展协同攻关。加大实施创新项目的揭榜挂帅力度，打破单纯依靠“自下而上”征集筛选、产业聚焦严重不足的旧模式，强化顶层设计，强化科技管理部门的创新服务，坚持企业作为项目需求、研发投入、组织实施和成果转化的主体地位，由企业作为主要出题人，把需要的关键核心技术项目张出榜来，英雄不论出处，不问出身，谁有本事谁就揭榜，以成效说话，以结果论英雄。创新项目结题验收达到考核要求后才拨付项目资金，通过广泛吸纳社会创新智慧资源，突破一批“卡脖子”技术，抢占科技制高点，打造产业“撒手锏”，为我省传统产业改造提升和新兴产业培育壮大提供强有力的推动支撑。完善推广“赛马”制，以“赛马”制汇众智、聚资源，实现精准资助，提高项目成功率。对于关键核心技术项目攻关，允许在项目立项时有两个以上牵头单位对同一个研发项目同时进行攻关，后期聚焦优势主体，强化竞争，突出优胜劣汰。在经费资助方式上，将单家确定式资助调整为多家优选考核式资助，择优支持，动力与压力并施。项目实施前期，实施分散化、小额度资助；项目实施期间，设置阶段性考核目标，对进展情况良好的项目继续资助，对进展不理想的项目终止资助；项目结束，考核通过的，给予剩余经费支持，考核不通过的不予支持，并收回结余资金和孳生利息，以此激发承担主体的创新活力，促进成果产出。

三是培育壮大我省创新人才队伍。以高端人才引进培育和本土创新人才梯度培育为重点，进一步完善科技人才交流制度，构建我省创新人才梯度发展体系。积极引进高端创新人才，完善招才引智政策体系，创优人才发展环境，聚焦新一代信息通信技术、大数据技术、人工智能技术等未来产业，鼓励高校、科研院所、企业与国内外高端人才猎头公司建立长期稳定的合作关系，在国内发达地区和海外建立人才引进平台，突出“高精尖缺”导向，大力引进山西急需紧缺的高层次创新人才及其团队。发挥创新平台、创新创业园区、科研机构、重大科技项目等聚才、用才载体作用，吸引海内外特别是京津冀地区人才来晋创新创业。梯度培养本土创新人才，持续推进“高端创新型人才培养引进和新兴产业领军人才培育工程”“高技能人才开发工程”“优秀企业家培育工程”，实施“三晋英才”支持计划，重点支持一批山西高质量转型发展急需紧缺的科技创新创业人才、工程技术人才、高级经营管理人才。建立健全高等院校本科专业动态调整机制，建设特色鲜明、与行业产业发展需求高度契合的学科群，支持符合条件的高等院校自主调整优化同一层次研究生类型结构，创新培养模式，提高创新人才培养质量。探索建立博士研究生选拔“申请—考核”机制。探索推行德国“双元制”职业教育，推进高职院校与企业合作举办二级学院，开展现代学徒制试点，创新应用型和技能型人才培养模式，培养一批具有“工匠精神”的优秀高技能人才。完善科技人才交流制度，建立完善岗位流动制度，公益一、二类事业单位科研人员可按规定交流岗位，高等学校、科研院所和技工院校现有工作人员难以满足重大创新项目或课题研究需要的，探索设立一定比例流动岗位，吸引确有创新实践经验的企业家和企业科技人才兼职。探索推动事业单位从企业招聘高层次人才和具有创新实践成果的科研人员，采取直接考察的方式招聘。建立企业与高等学校、科研院所人才联合聘用机制，按照有关规定兼职兼薪。完善社保关系转移接续政策，促进人才双向自由流动。

四是深度融入全球全国创新网络。创新体制机制，深化开放合作，与省内外高校、科研院所、企业等强化产学研合作，开展融通创新和联合攻关，推动关键核心技术攻关和科技成果转化。坚持全球视野，积极融入国际科技创新大环境，有效利用全球创新资源，积极参与国际科技合作。各类科技创新平台以科研仪器设备、科学数据等加大开放共享力度，积极开展科普活动，大力弘扬科学家精神，加强学风作风建设，营造良好创新环境。积极参与“一带一路”建设，主动融入新亚欧大陆桥等国际经济走廊国家的技术开发与合作，加强与欧洲和中亚地区的技术和贸易往来。支持我省有条件的企业到海外设立、兼并和收购研发机构，积极引进国外知名高等院校、科研院所、跨国公司来晋共建科技创新载体，设立双向互动的国际科技园或孵化器，对在晋设立独立法人资格、符合我省产业发展方向的研发机构和研发总部，引入核心技术并配置核心研发团队的，省级财政按照相关政策，通过科技相关专项资金择优给予支持；积极打造国际对外科技交流平台，办好年度太原能源低碳发展高峰论坛，深度融入全球创新网络，逐步扩大对外技术合作的“朋友圈”。争取与京津冀、泛珠三角、环渤海、粤港澳大湾区等共建跨区域“飞地园区”，对接区域创新战略枢纽，实施跨区域科技创新；支持省内企业与北京、天津等高校、科研院所以及相关企业建立协同创新共同体，重点推动技术交易市场连接、科技人才制度衔接、科研机构和创新平台对接，在新兴产业和关键领域开展联合攻关。着力建立省内技术创新同盟，努力打破企业间的技术壁垒，推进共性技术的联合攻关，鼓励先进技术在行业内推广应用；支持省内企业牵头与高校、科研院所、科技服务机构运用市场机制共建的产业技术创新战略联盟，整合全省创新资源，在未来发展的重点行业和关键领域，积极参与全国甚至全球产业技术标准的制定。

5. 完善分类评价和考核激励机制

对不同类型的科技创新平台，采取不同的评价方式，探索实施与实际贡献相匹配的经费、政策等支持措施，鼓励科技创新平台制定有效的人员管理和激励制度，加强人才梯队建设和各类人才培养，促进科技成果转化，加快提升创新能力。加快建立常态化的平台绩效考核评估机制，总结年度考核评估经验，进一步深化“一室一策”评价制度建设，持续完善共性加个性、定性与定量相结合的考核指标体系和方式方法，坚持以评促建，引导平台向高水平跃升，推进平台提质增效。

一是建立科学管用的创新平台绩效评价指标体系。坚持推动创新平台高质量建设与优化发展的目标，充分发挥创新平台在科学研究、人才培养与引进、科技成果转化和促进产业优化升级等方面的导向作用，根据各平台的功能定位和绩效责任目标，注重从科研条件建设、团队建设和人才培养、开展技术合作和技术服务、科研活动和成果、科研成果转化及产业化、项目孵化、科技招商、争取科技项目资金等方面开展评价，制定科学的考核评估指标及评分规则，构建能够体现创新平台实绩的评价指标体系。注重发挥评价指标体系的引导作用，将创新平台建设与山西战略性新兴产业、未来产业的培育壮大、与我省全方位推动高质量发展有机统一起来，着力推动解决制约主导产业发展的重大共性关键技术瓶颈，聚焦前瞻性重点科学研究、重点共性关键技术和产品研发、重点国际科技合作，推动跨国、跨行业、跨区域协同创新和开发创新。

二是分类实施创新平台绩效评价。坚持面向经济主战场、面向国家重大战略需求、面向国际科技前沿开展科技创新的方向，根据科研院所的不同功能定位，按照不同的权重赋分考核，对基础研究类、应用研究和技术开发类、科技成果转化类等不同类型的创新平台，充分体现考核对创新平台的引导作用。如对从事基础研究的科研院所、重点实验室等，更多注重按照研究质量、原创价值和实际贡献等开展绩效评价；对从事应用研究和技术开发的企业类研发机构、研究院所，更多注重从关键核心技术突破、技术转移和经济社会影响等方面开展绩效评价；对从事科技成果转化的中试基地、孵化类研发平台及科研院所，更多注重从成果转化、技术转移和经济影响等方面开展绩效评价；对从事公益性研究的科研院所，绩效评价注重实现国家、省目标和履行社会责任等。开展考核坚持充分体现各类研究机构的研发特点，采取年度评价抽查和中长期综合评价相结合的方式，既注重当年短期的创新绩效，更着眼长远的建设和发展，更好地为我省科技创新与创业提供高质量的支撑和服务。

三是加强创新平台绩效评价成果运用。以增强创新平台创新活力为方向，以研发产出率、技术转化率、成果落地率等为重点，在科学考核的基础上，加强对考核结果的运用，真正达到奖励先进、鞭策后进、优胜劣汰、动态调整的目的。对于考核评价结果优秀的能源创新平台，根据实际给予不同等级的建设资金奖励，持续稳定加大财政资金投入，优先支持其申报国家各类相关奖励并重点纳入有关支持政策范围。对于考核评价结果合格的创新平台，在同等条件下，相关创新成果优先纳入我省科技发展战略规划，享受首台（套）重大技术装备示范应用政策。优先支持其参与或承担相关技术标准和政策法规制定、国家组织的重大技术合作项目、国家和我省重大科技项目，并按照相关规定申请享受重大技术装备进口退税、高新技术企业税收优惠、人员薪酬等各类科技创新支持政策。对于考核不合格的创新平台，停拨下一年补助资金。经整改后复评仍不合格的创新平台，将逐步削减补助经费，直至取消其创新平台资格。通过加强科技创新平台动态管理，促进科技创新平台良性竞争和高质量发展，为我省全方位深化转型和推动高质量发展提供高水平的创新动力支撑。

（三）加快提升高等教育对创新能力的支撑力

深入推进教育科技人才振兴，以实施高等教育“百亿工程”为抓手，以服务国家和我省重大战略需求与经济社会发展为导向，以“双一流”建设为牵引，推动全省高校积极开展有组织人才培养、有组织科学研究、有组织社会服务，为我省加快推进“两个基本实现”奋斗目标、加快形成新质生产力提供强有力的人才和智力支撑。

1. 通过加大投入改善基本办学条件

办学条件是高等教育高质量发展的根本保障，要持续巩固完善以政府投入为主、多渠道筹集教育经费的体制。要统筹兼顾、保障重点，进一步优化教育经费结构，切实提高各类高等教育经费保障水平。持续改善高校基础办学条件，加大基础设施建设投入力度。组织实施高等教育

“百亿工程”和重点工程，持续推动“双一流”建设经费优先保障，全力打造高等教育“旗舰”。围绕加快构建现代高质量职业教育体系，探索建立差异化生均拨款制度，重点支持职业学校办学条件达标工程，切实改善职业学校办学条件，提高办学水平，增强职业教育的适应性。通过总量控制、动态调整、编制到岗、岗位对人，本科高校探索实行人员控制总量备案制，扩大高校人才管理自主权。以高校为载体设置人才编制“周转池”，引进国家层面创新人才和急需紧缺人才，支持高校利用编制周转池探索校聘企用引才留才新机制。

2. 推动高校分类和学科调整

实施高校分类发展是加快构建我省高质量高等教育体系的必由之路，要立足我省高校发展实际，推动形成研究型、研究应用型、应用型、技术技能型等四种类型分类发展模式，创新分类标准和评价指标体系，引导不同类型和层次的高校合理布局、错位发展、办出特色，推动各类型人才培养，实现“一校一面”特色发展。支持山西大学、太原理工大学争创世界一流大学，支持山西财经大学、中北大学、山西医科大学等博士学位授权高校创建在全国有重要影响力的高水平大学，支持其他高校秉承“不求最大，但求最优，但求适应社会需要”的办学理念，加快建设高水平应用型大学。以新工科、新医科、新农科、新文科建设，引领学科专业结构调整，坚决撤销低质错位学科专业，布局新增新兴急需学科专业，改革重塑面向卓越拔尖人才培养的学科专业，实现对我省重大战略、重要产业、重点领域的全覆盖。

3. 进一步优化高等教育资源配置

在分类发展的基础上，优化高等教育结构，优化教育资源配置，提升各类学校自主办学能力，引导不同类型学校自主定位和特色发展。通过多维度考察高校的办学投入和产出、办学历史与绩效、办学优势与特色等，明确各高校类型办学标准和办学方向，形成不同类型、不同层次的高校资源配置标准，充分释放办学活力。在科研项目上，加大对研究型、研究应用型高校的支持和政策倾斜力度，支持优秀青年科技人才和科研团队申报科技创新项目、哲学社会科学研究项目、人文社会科学重点研究基地项目等，实施项目驱动、产出引导策略，突出强化投入产出效益。在经费使用上，加大对应用型、技术技能型高校的支持力度，对高校经费使用进一步松绑，激发高等院校内涵建设活力。在高层次人才引进方面，持续发挥与C9高校合作、省校合作的引领示范作用，加大研究型、研究应用型的院士、学科带头人等的引进力度，引导职业院校以各种方式引进更多行业大师、大国工匠、技术能手等，为培养一流人才提供关键要素支撑，打造创新驱动发展战略下的多元高等教育梯队。

4. 提高高校研发平台建设水平

抓有组织科学研究，着力增强创新发展驱动力。实施基础研究领先制高计划，支持高校牵头或参与重组3—6个全国重点实验室。重塑高校重大科研平台体系，布局一批省级重点科学与技术研发平台，推动高校将重点实验室和大型仪器设备等面向企业和社会开放。实施高校学术团队建设计划，重点支持科技领军人才，领衔组建创新团队，赋予团队负责人更大的人财物支配权和技术路线选择权。以国家和省重大战略需求为牵引，一体化布局建设一批“政府+企业+科研院所+高校”多方共建、实行二级法人治理的产科教共同体（新型研发和教学机构），按照“政府引导、产业出题、集聚资源、协同攻关、市场验收”理念开展科技创新和协同育人工作，通过灵活多样的用人机制和资金投入机制，探索更加符合高等教育特点和人才引进规律的薪酬制度，力争建成支撑行业产业发展的战略人才储备池、创新成果蓄水池、双创企业孵化池。

5. 推动省市共建应用型大学

借鉴江苏、广东等地省市共建应用型大学的做法，推动我省与各地市联合共建应用型本科高校，引导学校围绕设区市重大战略布局、重要产业领域、重点工程任务创办学院、建设学科、设置专业、组织科研、培育人才，探索“政产学研”一体化发展改革。推动共建高校成为地方经济社会发展的人才供给主阵地、创新技术策源地、决策咨询服务地、干部培训进修地。

（四）切实发挥企业的创新主体作用

企业是创新的主体，是推动创新创造的生力军，当然也是发展新质生产力的主体。当前，全球科技创新进入密集活跃期，世界主要国家都在大力推动科技创新，力争在新一轮科技革命和产业变革中占据先机、赢得优势。党的二十届三中全会审议通过的《中共中央关于进一步全面深化改革、推进中国式现代化的决定》，将“强化企业科技创新主体地位”作为“构建支持全面创新体制机制”的重要内容，并对深化相关领域改革作出明确部署，为我们牵住科技创新“牛鼻子”、走好科技创新“先手棋”指明了方向。未来，要以全局观念和系统思维，聚合各方之力，持续强化企业科技创新主体地位，推动我省科技创新能力不断提升。

1. 完善以企业为主体的技术创新体系

强化企业科技创新的主体地位，推动创新链产业链资金链人才链深度融合，加快科技成果产业化进程。要聚焦国家资源型经济转型发展示范区、全国能源革命综合改革试点先行区建设，同步推进产业转型和数字转型，坚持以重点产业链为牵引，组建企业牵头、高校和科研院所紧密合作、产业链上下游企业广泛参与的创新联合体，着力突破一批关键核心技术和共性技术，形成一批标志性重大科技成果；针对重点特色专业镇的法兰、玛钢、玻璃器皿、日用陶瓷等相关产业发展需求，加大科技创新扶持力度，发掘出更多高质量科技成果，集聚力量引导创建“国字号”行业品牌。

2. 推进大中小微企业协同配合

构建科技企业梯度培育体系，推动大中小企业融通发展。充分发挥科技领军企业龙头作用，建立培育壮大科技领军企业机制，支持企业主动承担国家、省重大科技任务和关键核心技术攻关，更好履行高水平科技自立自强的使命担当。鼓励科技型中小微企业聚焦主业加大研发投入，向专精特新发展，在细分领域精耕细作，培育更多“单项冠军”“隐形冠军”和“小巨人”，加快推动构建形成大中小微科技企业各尽所能、各展所长、协同高效的科技创新格局。

3. 强化产业链上下游企业高效耦合

发挥“链主”企业精准把握产业共性需求，能够集聚技术、品牌、渠道、人才等优质资源的优势，支持企业牵头组建创新联合体，加强行业关键共性和基础底层技术攻关，为产业链企业提供共性技术和行业解决方案。支持产业链上下游企业需求对接、业务协作、资源共享和系统集成，全面提高产业链创新水平。

4. 健全以企业为主导的科研组织模式

完善决策咨询机制，建立企业常态化参与全省科技战略决策的机制，引导企业围绕我省重大战略部署开展研发。同时，建立企业家科技创新常态化咨询制度，定期组织沟通交流，完善资源配置机制，推动企业成为研发投入主体。推动更多科研任务由企业承担，完善研发费用税前加计扣除等惠企政策，强化企业研发投入激励，推动更多研发投入由企业贡献。积极探索产学研融合新范式，从高校院所牵头主导的产学研合作范式向企业主导转移，打通从科技强到产业强、经济强、省域强、国家强的通道。引导创新要素向企业加速聚合。综合运用财税、金融等政策工具，推动土地、技术、资金和人才等创新要素向企业集聚。弘扬企业家精神，在重大科技项目立项、重大科技基础设施建设等方面给予其更多自主权。畅通科技人才在高校、科研院所与企业之间的流动渠道，深化产教融合，完善校企联合培养机制，大力培育企业科技人才。

5. 完善以企业为核心的服务保障机制

推动有效市场和有为政府有机结合。企业作为经营主体，直接参与市场竞争，对产业和产品的技术创新最为敏感。要尊重市场规律和企业首创精神，用好我国超大规模市场优势，发挥市场“无形之手”对研发方向、路线选择、资源配置的导向作用，实现科技成果向实际产品和服务的高效转化迭代，创造商业价值。加强政府引导，充分发挥政策支持和服务保障作用。研究制定企业主导产学研深度融合的财税金融支持政策，以政策红利撬动企业创新和产业升级。通过财政补贴、税收优惠等组合方式，优化政府资金投入结构，提高政府资金配置效率；给予企业首台（套）重大技术装备、新材料首批次的保险补偿和金融激励，减少企业的创新风险损失，帮助中小企业走出融资难困境。健全科技成果转化制度体系，打通科技成果转化的“最后一公里”。破解企业科技成果使用、处置和收益权等政策障碍，推动企业做好科技成果评估、转化方式选择等。通过设立科技成果转化引导基金、科技成果转化贷款风险补偿资金、知识产权质押融资风险补偿基金等方式，拓展企业科技成果转化的融资渠道，降低企业成果转化的融资成本。不断完善知识产权保护制度，切实保护企业科技创新成果，为提升科技成果转化质效、增强企业成果转化动能保驾护航。

6. 推进企业中试成果转化基地建设

聚焦科技成果中试熟化放大、概念验证和应用场景建设，集聚和引进科技领军企业、龙头骨干企业、高校院所等优质创新资源，打造形成政策健全、功能齐全、开放共享、人才队伍完善、可持续发展的区域类综合性中试基地，制定出台科技成果转化中试基地支持政策；聚焦我省重点产业领域，围绕尖端产品创制、概念产品试制、紧缺产品研制等中试需求，建立面向产业发展的领域类中试基地。积极争取布局建设区域类综合性中试基地和重点产业领域类中试基地，积极承接京津冀及其他省内外科技成果在晋转移转化。

（五）推进产教深度融合和双向赋能

进入21世纪以来，我省职业教育事业蓬勃发展，产教融合为推动资源型经济转型作出了突出贡献。但受体制机制等多种因素影响，人才培养供给侧和产业需求侧在结构、质量、水平上还不能完全适应，“两张皮”问题仍然存在。深化产教融合、校企合作，促进教育链、人才链与产业链、创新链有机衔接，是当前推进人力资源供给侧结构性改革的迫切要求，对新形势下全面提高教育质量、扩大就业创业、推进经济转型升级、发展新质生产力具有重要意义。为此，必须持续深化校企合作育人、协同创新的体制机制，进一步激励行业企业参与职业教育、高等教育办学，推动教育和产业统筹融合、良性互动，有效提升教育对全方位推动高质量发展的牵引性和贡献度。

1. 建设技能强省，加大高技能人才培养力度

围绕“技能山西”建设重大决策部署，聚焦重点领域、重大产业、重要人群，以提技能、促就业为目的，以“技能提升质量年”行动为抓手，紧盯“加大技能人才培养力度，推进技能山西建设”主题，转变培训方式和方法。

一是健全终身职业技能培训制度，进一步做好培训工作。一要围绕十大产业链、专业镇培育及数字经济、平台经济、健康养老等领域以及服务业复苏发展需求，依托普通高校、职业院校组织开展订单式、项目制培训。二要支持各类企业围绕产业升级和技术创新、生产经营需要，广泛开展职工岗位技能提升、转岗转业、工学一体、新型学徒制等各类培训，突出高技能人才以及产业紧缺人才培训和安全技能提升培训。三要推动院校、社会培训机构面向广大劳动者，特别是脱贫劳动力、农村转移劳动力及灵活就业人员等各类就业重点群体以及零工市场求职人员开展职业技能培训。四要支持各行业部门围绕省委、省政府制定的重大战略、重大工程、重大项目、重点产业发展需要开展订单式、项目制培训。五要鼓励各类培训机构、职业院校围绕吕梁山护工、天镇保姆、长子理发师、榆社古建工、平陆电工等地方特色劳务品牌，开展有针对性的项目职业技能培训，为推动县域经济高质量发展提供所需技能人才。六要坚持以赛促培、以赛促训。筹备好下一届全省职业技能大赛。

二是健全技能等级评价体系，进一步强化评价取证。一要鼓励企业做好职工自主评价工作。对应持未持相应岗位技术技能等级证书的职工，全面组织开展取证工作，对符合上一技能等级评价条件的进行等级提升取证，逐步实现国家提出的到2025年所有企业一线职工“人人持证”的目标。二要强化职业院校毕业年度学生取证。职业院校毕业年度学生要取得一个与所学专业相对应的职业技能等级证书，鼓励普通高校在校学生结合所学专业，按照评价规定考取相应的职业技能等级证书。

三要要求第三方评价机构严格依照国家职业技能评价标准，认真组织适龄劳动力参加职业技能等级评价，鼓励符合条件的社会人才积极参加职业技能等级评价，为技能山西建设提供更多优质技能人才。

三是健全信息管理体系，进一步提高管理服务水平。一要不断加强职业技能培训信息化建设，完善职业技能培训体系，定期面向社会发布承担政府补贴性培训的培训机构、工种目录，充分利用人社一体化公共服务平台，为用人单位与劳动者搭建桥梁，实现信息对接，引导有培训意愿和就业需求的劳动者根据需求参加技能培训。二要全面推行职业技能培训电子券，在实名制信息系统中加入资金申请发放环节，通过“申请—发券—培训（评价）—兑现—核销”闭环管理，实现职业技能培训综合监管信息化。

2. 强化战略衔接，构建产教融合一流生态

将产教融合发展融入我省经济社会发展总体规划和区域发展、产业发展、城市建设和重大生产力布局规划，融入经济转型升级各环节，融入人才开发全过程，形成政府、企业、学校、行业、社会协同推进的工作格局。

一是统筹融入经济社会发展全过程。结合全省国家资源型经济转型发展示范区、全国能源革命综合改革试点先行区、黄河流域生态保护和高质量发展重要实验区、中部地区先进制造业基地、内陆地区对外开放新高地、国际知名文化旅游目的地的战略定位，将产教融合发展纳入全省经济社会发展规划以及区域布局、城乡布局、产业布局和重大生产力布局规划，同步推进产教融合发展政策制定、要素支持和重大项目建设。推进产教融合与产业集聚发展、园区建设等同谋划、同推进、同落实，与转型升级和动能转换相适应，与职业学校（含技工学校）建设布局相衔接。在职教园区、公共实训基地、职业学校等建设项目可行性研究阶段，将产教融合发展的内容作为重要考量并纳入项目可行性研究报告。

二是统筹高等教育和职业教育资源。深入推进“1331”工程，全面加强重点学科、重点实验室、重点创新团队建设，全面加强高校协同创新中心、工程（技术）研究中心、产业技术创新研究院（产业联盟）建设，以学科建设为基础，将一流大学和一流学科建设与服务经济社会发展紧密结合，促进高校学科、人才、科研与产业互动。依托骨干企业、科研院所或高等院校设立产业创新中心，积极推出一批创新性科研成果，提升科技成果工程化、产业化及验证能力，推动技术创新成果转化，培育新产业、新业态。同时，围绕区域创新体系建设和产业结构优化升级的战略需求，加强创新型人才和高级实用型人才培养，使山西成为凝聚和培养高水平产业技术人才的重要基地。统筹推进职业院校布局结构调整及优化，推进职教园区建设，引导职业教育资源进一步向产业和人口集聚区集中。推进实施职业院校办学条件达标计划、县级职教中心建设计划，推进优质高等职业院校和中等职业教育改革发展示范校建设，改变职业院校多、小、散、弱的现状。推动一批普通本科院校向应用技术型转变。支持山西转型综改示范区、“农谷”、国家级高新技术开发区等重大载体与职业院校合作，建设职业教育实训基地，发展急需的职业教育。鼓励各地依托行业、企业、产业园区等有效载体，组建产教融合联盟、职业教育集团，开展产教融合试点。探索建立专业学位硕士研究生教育与应用型本科、高职教育相衔接的办法，推动由政府举办职业教育为主向政府统筹管理、社会多元办学的格局转变，整合资源形成规模优势。

三是统筹产教融合学科专业建设。进一步强化学科专业规划，围绕产业链、创新链和不断发展的新技术、新产业、新业态、新模式，及时调整专业设置。以资源型经济转型发展、产业结构调整、创新驱动对人才的需求为导向，建立健全本科专业优化调整的长效机制，形成定位准确、布局合理、层次清晰、结构优化、动态平衡的高校本科专业格局。鼓励和支持高校根据战略性新兴产业发展、社会建设和公共服务领域对新型人才的需求，重点围绕构建现代产业体系，打造新一代信息技术、先进装备制造业、新材料、现代服务业等优势产业专业群，设置填补山西本科专业空白的新专业，培育和增设新兴、边缘、交叉学科专业。深入推进职业院校专业结构调整和优化，完善专业设置动态调整机制，形成对接产业、布局合理、特色鲜明的专业（群）体系。围绕我省战略性新兴产业、未来产业以及专业镇建设，改造提升相关专业。

3. 强化主体培育，加大产教融合参与力度

充分调动企业参与产教融合的积极性和主动性，深度参与“引企入教”改革，强化政策引导，鼓励先行先试，促进供需对接和流程再造，健全行业企业参与办学的长效体制机制和支持政策。

一是拓宽企业参与教育事业发展的途径。支持企业以独资、合资、合作等方式依法参与举办职业教育、高等教育。坚持准入条件透明化、审批范围最小化，改进办学准入条件和审批环节，营造公平、有序竞争的发展环境。开展职业学校股份制、混合所有制办学改革试点，允许企业以资本、技术、管理等要素依法参与办学并享有相应权利，支持地方政府和民办职业学校合作举办混合所有制性质的职业学校或二级学院（系部）。对举办职业学校的企业，其办学条件符合职业教育发展规划要求的，各地可通过政府购买服务等方式给予支持。注重发挥国有企业等骨干企业示范引领作用，支持有条件的国有企业办好做强职业学校。支持行业龙头企业建设企业大学，围绕企业及行业需求开展技术技能培训。鼓励规模以上企业安排专门机构和人员参与职业学校、高校人才培养。

二是建立生产性实习实训的企业激励制度。健全学生到企业实习实训制度，逐步建立学生实习工作考核和补助制度。企业因接收学生实习所实际发生的与取得收入有关的合理支出，依法在计算应纳税所得额时扣除。鼓励行业龙头企业将最新技术和设备用于校企共建的实训平台，有条件的地方可给予一定经费奖励。推进实习实训规范化，保障学生享有获得合理报酬等合法权益。职业学校和实习单位应根据有关规定，为实习学生投保实习责任保险。对政府举办的职业学校设立的主要为在校学生提供实习实训场所，并由学校出资自办、由学校负责经营管理、经营收入归学校所有的企业，从事符合条件的业务活动取得的收入，按照国家有关规定享受税收等优惠。

三是以企业为主体推进协同创新和技术转移。实施产学研协同创新行动计划，支持企业与学校、科研机构围绕产业关键技术、核心工艺和共性问题开展协同创新，共同组建技术研究平台与产业技术创新战略联盟。完善财政科技计划管理，引导高校将企业生产一线实际需求作为工程技术研究选题的重要来源。高校牵头申请的省重点研发计划（产业前瞻与共性关键技术）项目，原则上应有行业企业参与。支持高校院所和企业合作申报国家科技重大专项。鼓励企业与国际名校、国内外研发机构合作设立高端服务机构。完善高校科研后评价体系，将成果转化成效作为项目和人才评价的重要内容。加强企业技术中心和高校技术创新平台建设，鼓励行业骨干企业和高校、职业学校联合共建重点实验室、工程技术研究中心、中试和工程化基地。建立健全高校科研设施与仪器开放服务激励机制，推进高校科研设施与仪器向社会开放，与企业资源共享。企业委托学校开发新产品、新技术、新工艺发生的研究开发费用，可按规定享受企业所得税优惠。加强省技术产权交易市场和高校技术转移中心建设，打造高水平技术成果供需对接平台。发挥省科技成果转化专项资金引导作用，带动社会资本，加快高校创新成果和核心技术向现实生产力转化。

4.强化校企合作，推动产教融合改革创新

产教融合不同于传统意义上的校企合作，必须面向产业和区域发展需求，用改革的办法、创新的思维、开放的格局，进一步完善教育资源布局，加快人才培养结构调整，创新教育组织形态，促进教育和产业联动融合发展。

一是全面深化校企合作改革。全面推进校企合作制度化，支持企业深度参与职业学校、高校教育教学改革和学校专业规划、课程设置、教材开发、实习实训等工作，促进企业需求融入人才培养环节。高校聘任的产业教授应参与学校学科与学位点建设、研究生培养方案制定、教材开发、教学改革等工作。职业学校新设专业原则上应有相关行业企业参与。推行面向企业真实生产环境的任务式培养模式，支持职业学校以引企驻校、引校进企、校企一体等方式，开展学校与企业、专业与企业、班级与企业等多层次合作办学，建立招生、人才培养、就业联动机制。鼓励高校在企业设立研究生工作站，构建产教研一体化平台，开设企业课程。支持企业依托或联合职业学校、高校设立产业学院和企业工作室、工程中心、实验室、创新基地、实践基地。支持职业学校通过场地租赁、设备租赁等方式与企业共建生产型实训基地和职业技能竞赛训练场地。鼓励各地通过政府和社会资本合作、购买服务等形式，建设或者支持企业、学校建设公共实习实训、创新创业基地和研究实践课程、教学资源等公共服务项目。

二是拓展产教供需对接渠道。支持行业组织制订深化产教融合工作计划，开展人才需求预测、校企合作对接、教育教学指导、职业技能鉴定、人才培养标准制定和质量评价等服务。鼓励有关部门、行业、企业、教育机构运用云计算、大数据等信息技术，建设市场化、专业化、互联互通、开放共享的产教融合信息服务平台，向各类主体提供精准化产教融合信息发布、检索、推荐和相关增值服务。积极培育市场导向、对接供需、精准服务、规范运作的产教融合服务组织和企业。积极支持社会第三方机构开展产教融合效能评价，建立健全以行政为主导、企业与学校为主体、相关部门指导、第三方有效参与的统计评价体系。

三是完善产教融合创新体系。紧密围绕国家和我省重大战略需求，结合学科建设和产业发展，优化高校与科技创新研发转化平台，支持企业与高校共建联合实验室，重点加大在优势学科及空白领域布局力度。启动新一轮高新技术企业倍增计划，依托科技型中小企业评价工作，建立全省高新技术企业培育库，开展精准培育。以企业为主体推进协同创新和成果转化，鼓励和引导产教融合型企业承担科技重大专项。完善山西科技成果转化和知识产权交易服务平台建设，搭建高校与企业研发转化平台，激励高校和科研院所转移转化科技成果。

四是加强产教对外交流合作。挖掘国际合作潜力，对接国家“一带一路”、京津冀协同发展等，面向全球新一轮科技革命和产业变革的需求，以院校和重点企业为载体，“引进来”与“走出去”相结合，打造一批市场前景广阔、经济社会效益好、示范效应显著的优质产教融合项目。深入推进与国内外优质教育资源的广泛交流合作，鼓励我省职业院校与京津冀优质教育资源深度合作。鼓励高校与高水平大学以委托管理、联合办学等方式加强合作。推进落实以省政府名义与省外高等教育机构签署的合作协议。支持高校加入双边多边大学联盟，开展国际协同创新，参与国际科学计划和科学工程，促进重点学科、重点研发基地和薄弱学科建设。通过产学合作，建立学校与企业、地区之间的紧密合作机制，推动协同发展。

5. 强化载体建设，打造产教融合示范平台

发挥省内行业龙头企业、科研院所、职业院校在促进教育链和产业链有机融合中的重要作用，打造一批对产业发展有较大支撑作用的产教融合联盟、职业教育集团、协同创新机构和公共服务平台。

一是建设一批实习实训平台。重点面向高新技术产业和战略性新兴产业，打造一批设备先进、技术超前、集产学研于一体的职业学校专业实习实训中心，建设一批布局合理、特色鲜明、功能健全的区域性公共实习实训中心和企业实习实训基地，加强国家和省高技能人才培训基地、世界技能大赛集训基地和技能大师工作室建设。选择符合条件的企业建设一批职业学校校外实训基地（企业分校）和“乡土人才教学实践基地”。建立多元化、多渠道投融资机制，鼓励和引导企业、院校、社会培训机构以土地、设备、资金、技术、人才资源等多种形式参与建设实习实训基地和平台。鼓励各地依托产业园区、龙头企业和骨干学校，围绕优势专业集群建设开放共享、产学研一体的公共实习实训平台。支持高校和职业学校主动服务科技创新和产业发展，与地方政府、产业园区、行业企业共建科技公共服务平台、产学研服务平台和产业应用技术研发创新平台，打造高水平产教融合创新创业园区。

二是组建一批职业教育集团。完善职业教育集团发展机制，强化政策支持，发挥职业教育集团在促进教育链和产业链有机融合中的重要作用。以地区支柱产业和优势专业（群）为纽带，引导省内行业龙头企业牵头，大中型企业、创新型中小企业、科研院所、普通高校参与，建设覆盖全产业链、辐射区域产业发展的职业教育集团。开展多元主体共建职业教育集团的改革试点，探索建立以资本为纽带、专业为支撑的紧密型职教集团，形成一批具有示范引领作用的骨干职业教育集团。

三是培育一批产教融合联盟。支持企业、职业学校、高校、科研机构、行业协会或其他组织机构，以各方共同利益为基础，以培养大批具有专业技能与工匠精神的高素质劳动者和技术技能人才为目标，以具有法律约束力的契约为保障，在自愿的前提下形成优势互补、利益共享、风险共担的产教联盟，推进实体化运作。推动产教联盟内职业学校在专业设置、师生培养、课程开发、技术研发等方面整体提升，依托产教联盟做强一批龙头骨干企业，形成若干专业化特色显著、产业链条完整、市场规模庞大的优势产业群，培育一批在全国具有广泛知名度和影响力的产教联盟。

四是壮大一批产教融合中介。高度重视行业组织在促进产教双向供求对接中的作用，通过职能转移、授权委托等方式，积极支持行业组织制订深化产教融合工作计划，开展人才需求预测、校企合作对接、教育教学指导、职业技能鉴定等服务。支持有条件的社会组织整合校企资源，开发立体化、可选择的产业技术课程和职业培训包。积极支持社会第三方机构开展产教融合效能评价，健全统计评价体系。在经济实力较强、职业教育发展较快的地区，探索行业组织和企业对学校的毕业生进行技能评定，让需求方评价供给方的培养效果，防止学校既培养又发证，避免出现质量放水的现象。

第三章

筑牢发展新质生产力的人才基础

人才不仅是经济社会发展的第一资源，也是创新的根基和核心要素。习近平总书记在党的二十大报告中指出："坚持党管人才原则，坚持尊重劳动、尊重知识、尊重人才、尊重创造，实施更加积极、更加开放、更加有效的人才政策，引导广大人才爱党报国、敬业奉献、服务人民。"习近平总书记在中共中央政治局第十一次集体学习时强调："要按照发展新质生产力要求，畅通教育、科技、人才的良性循环，完善人才培养、引进、使用、合理流动的工作机制。"发展新质生产力对做好新时代人才工作提出了更高要求，加快建设人才强省，离不开全方位培养、引进、用好人才。近年来，我省持续加大对人才的重视程度，真金白银支持各类人才"引育用留"，人才强省建设取得了突出成效。同时也应当注意到，人才总量不足、结构不优、人才政策引力和适应性不强等短板问题仍然存在，还不能有效支撑全省经济社会高质量发展，必须进一步优化人才环境，完善政策体系，筑牢发展新质生产力的人才基础。

一、山西省人才工作现状及成效

近年来，山西大力实施创新驱动、科教兴省、人才强省战略，着力构建人才引进、培养和使用的最优生态，为我省高质量发展提供人才支撑，创新型人才队伍持续壮大，为加快形成新质生产力奠定了良好基础。

（一）服务保障人才的政策体系持续完善

我省加快推进以人为核心的“放管服”改革，2022年3月，省政府出台《关于改革完善省级财政科研经费管理的实施意见》（晋政办发〔2022〕16号），从进一步扩大科研项目经费管理自主权、完善科研项目经费拨付机制、加大科研人员激励力度、减轻科研人员事务性负担、创新财政科研经费投入与支持方式、改进科研绩效管理和监督检查等六个方面，积极为广大科技人才赋权减负松绑。2023年10月，省科技厅、省教育厅、省财政厅、省人社厅、省卫健委、省国资委等六部门联合出台《科技人才分类评价指引（试行）》，积极推进我省科技人才评价机制改革，遵循科技创新规律和科技人才成长规律，将科技人才分为承担国家和省重大攻关任务、基础研究、应用研究与技术开发、社会公益研究等不同类型人才，制定与岗位特点、研究性质相适应的科技人才分类评价体系。2022年2月，省政府办公厅印发《山西省人民政府办公厅关于完善科技成果评价机制的实施意见》（晋政办发〔2022〕9号），建立科技成果评价分类指标体系，积极推动科技成果使用权、处置权和收益权下放。此外，我省修订了《科技创新人才团队专项实施办法》，加强科技创新人才团队建设；出台《科技副总项目实施办法（试行）》，推动产学研深度融合，促进科技成果转化。一系列科技人才政策、制度的出台，进一步优化了我省科技人才发展环境。

（二）集聚人才的创新平台建设持续强化

我省坚持发展导向和需求导向，紧紧围绕重点产业链建设布局创新链，加快建设科技创新平台。2021—2023年累计投入财政资金5.6亿元，推动新获批和重组国家级创新平台10家，新建5个省实验室，142个省重点实验室，76个省技术创新中心，20家中试基地，12家省级临床医学研究中心，与国内知名高校共建清华大学山西清洁能源研究院、山西北大碳基薄膜电子研究院、山西浙大新材料与化工研究院、山西省能源互联网研究院4家省校合作新型研发机构。这些创新平台的建设，集聚了包括两院院士、杰出青年、优秀青年等一批国内高层次科技领军人才和青年科技人才。

（三）通过竞争激发科技人才创新活力

聚焦我省重点产业发展，强化企业创新主体地位，以重大需求或重大问题为导向，推进关键核心技术攻关“揭榜挂帅”项目实施，用市场竞争激发科技人才创新活力。例如2022年，我省立项的28个重大项目，吸引集聚省内外知名高校、科研院所和企业等共50家单位参与揭榜，其中省外31家、省内19家；在18家高校中有985高校6家、在12家科研院所中有中央科研院所6家、在20家企业中有科技型央企4家。通过

“揭榜挂帅”方式已经直接和柔性引进了国内一大批高端科技领军人才和创新团队。

（四）创新团队建设取得新成效

为深入贯彻落实中央和省委人才工作会议精神，进一步凝聚并稳定支持一批优秀科技创新人才团队，结合我省实际，2022年我省修订了《科技创新人才团队专项实施办法》，分领军、重点和青年三个层次建设人才创新团队，大力倡导和培育团队精神，引育优秀创新群体，有组织地开展科研攻关等科研活动，努力促进学科间交叉融合和产学研用深度融合，提升我省科技创新能力和水平。2022年，新建设35个青年人才团队、24个重点人才团队和13个领军人才团队，团队成员有855人。截至2023年末，全省科技创新人才团队共计170多个，团队成员达2600余人。

（五）人才引力持续增强

近年来，我省积极实施外专项目，大力引进人才。我省坚持“聚天下英才而用之”，积极实施外专项目，高效办理外国人来华工作许可手续，组织出国（境）培训，以更加开放的思维和举措推进国际科技交流合作，引进外国人才和项目，在开放合作中集聚创新资源，提升我省科技创新能力。同时，持续加大选拔培育高层次人才力度。吸引更多海内外优秀博士来晋从事研究工作，把更多青年优秀科技人才留在我省创新创业创造。博士后制度是培养高层次创新型青年人才的一项重要制度。近年来，我省持续加大博士后工作站、流动站和博士后创新实践基地建设力度，不断提高博士后工作服务水平，持续发挥博士后设站单位主体作用，推动博士后工作科学发展，培养造就更多具有国际竞争力的青年科技人才后备军。截至2023年末，我省共设立博士后科研流动站、工作站96个，其中流动站51个，工作站45个。建站以来，共有1400余名博士进入我省博士后科研流动站、工作站从事研究工作。现有在站博士后研究人员近700人。我省两站的博士后研究人员在站期间，主持和参与国家及省级各类科研项目超过400个，成果获奖120多项，发表论文和申请专利1500余篇（项），同时积极参加各类国际国内学术交流，产生了良好的社会效益和经济效益，对我省的转型跨越发展起到了积极的促进作用。

（六）高技能人才队伍持续壮大

近年来，我省扎实推进职业技能培训，提高劳动力市场匹配效率，提升就业质量，缓解结构性就业矛盾。一是推动技能山西建设。省委、省政府从实现技能强省战略高度，高位推动技能山西建设，全面推行终身职业技能培训制度。人社牵头、部门协同、市县实施，面向全省城乡各类劳动者开展全劳动周期、全工种门类的职业培训，满足劳动者就业创业和职业生涯各个阶段的培训需求，政策支撑体系、技能培训体系、劳务市场体系和信息管理体系基本建立。二是推进技能人才评价。深化技能人才评价制度改革，先行先试，打破身份、学历、资历等限制，全面推行企业职业技能等级自主认定，加强院校评价机构开展毕业年度毕业生职业技能等级认定工作，遴选社会培训评价机构，面向社会开展职业技能等级认定。推动企业设立特级技师、首席技师岗位，落实新八级工制度，建立评价选拔与使用待遇相结合的机制。三是加大技能人才评选表彰力度。加强国家级高技能人才培训基地和技能大师工作室建设，协调人力资源和社会保障部在享受国务院政府特殊津贴的高技能人才和全国技术能手选拔、高技能领军人才休假、技能大师工作室同业交流等名额分配方面予以倾斜。完善我省高技能人才表彰奖励体系，逐步完善享受省政府特殊津贴高技能人才选拔和三晋技术能手评选、高技能领军人才休假等政策。四是积极组织开展职业技能竞赛。2019年以来，连续组织四届全省综合性职业技能大赛，每年各市县、行业（企业）举办各类大赛平均50个；2021年8月，大同市承办了全国扶贫职业技能大赛。通过以赛促培、以赛促训，全省建立起了以企业岗位练兵和技术比武为基础、以省级和行业竞赛为主体、省内竞赛与全国竞赛相衔接的职业技能竞赛体系。2018—2022年，我省实施“人人持证、技能山西”全民技能提升工程。五年来，全省11个市117个县（区）的10多个厅局、50多家省属企业、900余家职业培训机构，共组织各类政府补贴性培训620万余人次，全省技能人才总量达到546万余人，比2017年增加260万余人，技能人才占从业人员的比例从2017年的15%提高到2022年的31.8%；高技能人才总量达到163万余人，比2017年增加65万余人，占技能人才的比例达到近30%。我省职业技能培训数量和新增技能人才、高技能人才占比均居全国各省前列。

二、山西省在科技人才方面的短板和弱项

虽然我省在人才引育、环境优化、创新能力培养等方面取得了一定成效，但较发达地区而言仍有较大差距，在人才总量和结构、研发能力、引才育才政策体系等诸多方面还存在不少短板、弱项。

（一）研发人员总量仍偏少

根据《中国科技统计年鉴2023》数据，截至2022年，全国科学研究与试验发展（R&D）人员总量940.13万人，山西约有R&D人员10.88万人（图3–1），仅占全国总量的1.16%，居全国第二十位。其中，全时人员5.98万人，占全省R&D人员总数的55%，低于全国（65.9%）10.9个百分点。对比中部地区，山西研发人员总量同样处于末位。并且，从全时人员占比看，湖北65%，湖南66.5%，河南63.3%，安徽62.1%，均远高于山西。

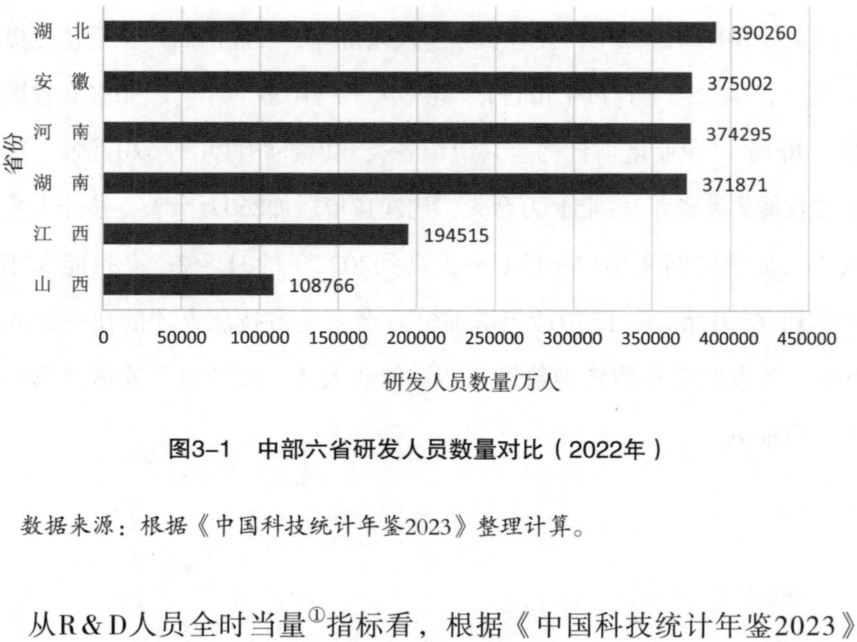

图3–1　中部六省研发人员数量对比（2022年）

数据来源：根据《中国科技统计年鉴2023》整理计算。

从R&D人员全时当量①指标看，根据《中国科技统计年鉴2023》数据，2022年全国为635.36万人年，山西为6.22万人年，仅占全国的0.98%，处于全国第二十一位。从中部六省看，山西的R&D人员全时当量不到湖北、湖南、安徽的1/4，也达不到江西省的一半（图3–2）。

①R&D人员全时当量指全时人员数加非全时人员按工作量折算为全时人员数的总和。该指标为国际上比较科技人力投入而制定的可比指标。

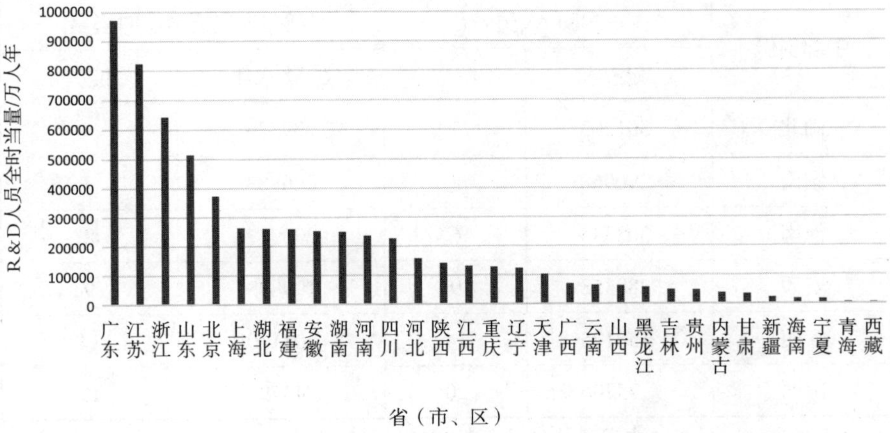

图3–2　全国各省域R＆D人员全时当量对比（2022年）

数据来源：根据《中国科技统计年鉴2023》整理计算。

（二）企业研发人才和研发投入不足

企业是研发的主体，但我省企业研发人才总量和研发投入仍显著不足。从企业研发看，根据《中国科技统计年鉴2023》数据，2022年，山西省全部企业R&D人员共75206人，占全国总量（711.02万人）的1.06%，处于全国第二十位；R&D人员折合全时当量4.38万人年，占全国总量（498.97万人年）的0.88%，居全国第十九位。

对比中部地区，山西企业研发人员、全时当量等指标同样居于末位，而中部其他省份中，湖北、湖南、安徽、河南四省已位居全国前十，研发投入人力和时间位居全国前列，江西省也已达到全国中游靠前水平（表3–1）。对比来看，山西企业的研发投入不足，与中部其他省份的差距可能会越来越大。

表3-1　中部六省企业研发人员数量和全时当量（2022年）

中部省份	R&D人员		R&D人员折合全时当量	
	数量/人	位次	数量/人年	位次
湖北	301203	7	209336	6
湖南	290968	8	206883	7
河南	303345	6	203917	8
安徽	288358	9	199883	9
江西	150125	14	108110	14
山西	75206	20	43793	19

数据来源：根据《中国科技统计年鉴2023》整理计算。

从工业企业研发人员数量看，2022年山西省规上工业企业R&D人员约有6.86万人，占全国总量（598.82万人）的1.15%，居全国第十九位。相较其他指标，这一比重还算是较高的。但是，对比中部其他省份，山西拥有的规模以上工业企业研发人员数量还是处于末位，甚至不到中部第五位江西省的一半（图3-3）。

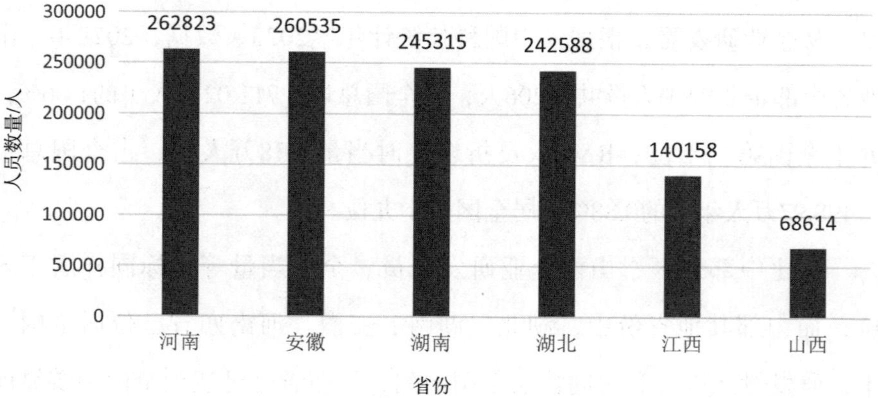

图3-3　中部六省规上工业企业R＆D人员数量对比（2022年）

数据来源：根据《中国科技统计年鉴2023》整理计算。

（三）高等教育人才及科技产出支撑力不足

从高等学校研发人员看，截至2022年末，全国共有高校2760所，山西省有82所，与云南省并列全国第十七位，占全国总量的3%。然而，山西省高校研发人员数（2.78万人）仅占全国（151.9万人）的1.83%，远低于高校数量占比。在山西省高校研发人员中，博士学历人员9546人，占比34.3%，较全国（39.4%）低5.1个百分点，说明从学历结构上看，我省高校研发人员中博士学历人员占比仍然相对较低。对比中部其他省份，山西高校研发人员相关指标同样处于末位（表3–2）。

表3–2　中部六省高等学校研发人员情况（2022年）

省份	学校数/个	R&D人员合计 / 人					R&D人员全时当量/人年
		总量	博士毕业	硕士毕业	本科毕业	全时人员	
河南	156	50209	14100	25258	10227	12352	17027
湖北	130	67283	30605	22211	13892	30845	34676
湖南	130	65336	23070	26421	13783	25473	30043
安徽	121	57896	20162	25769	9996	26147	29174
江西	106	30943	8612	14398	6807	12099	13185
山西	82	27830	9546	12425	5367	12821	13280

数据来源：《中国科技统计年鉴2023》。

从高校科技产出情况看，2022年，山西省高校共发表科技论文25865篇，占全国（165.8万篇）的1.56%；出版科技著作917种，占全国（40646种）的2.26%；申请专利3898件，占全国（35.49万件）的

1.1%；有效发明专利9188件，占全国（72.93万件）的1.26%；专利所有权转让及许可收入3179万元，占全国（34亿元）的0.93%；形成国家或行业标准6项，占全国（1394项）的0.43%。对比中部其他省份，山西除出版科技著作数、专利所有权转让及许可数两项指标优于江西省外，其他指标仍全面落后。

表3–3 中部六省高等学校科技产出情况（2022年）

地 区	发表科技论文/篇	出版科技著作/种	专利申请数/件	有效发明专利/件	专利所有权转让及许可数/件	专利所有权转让及许可收入/万元	形成国家或行业标准数/项
全国	1657992	40646	354852	729348	21566	340014	1394
山西	25865	917	3898	9188	516	3179	6
安徽	49957	975	16849	19460	693	4763	36
江西	30354	912	8186	9414	232	8122	26
河南	53607	2342	14030	19589	649	5487	45
湖北	96144	2596	18821	39468	1190	27677	34
湖南	76243	1798	14508	26466	581	4494	62

数据来源：根据《中国科技统计年鉴2023》整理。

（四）育才体系仍不健全

一是高端人才引领不够。省级人才计划、部门科研项目、市级人才计划之间缺乏衔接配套、上下联动。对院士后备人选等高层次人才的支持方式单一，在经费支持上关注多，在平台搭建、团队建设、联系服务、解忧纾困上下功夫少。二是青年托举乏力。省级层面对青年人才的跟踪培养尚未形成从理念、机制到梯次的培育体系，高校青年科技人才重大科研任务的牵头主持机会少，企业青年科技人才在生产一线凝练科研课题的渠道窄，缺乏导师帮带、团队支撑，特别是实验室平台支持；对青年拔尖人才的破格使用不多，甚至耽误了人才发展；外出研修访学的省级人才项目较少。人才支持多“锦上添花”，少“雪中送炭”，更为紧迫的是没有建立对有培养潜力的人才的发现培养机制。三是特色优势不足。在文物保护、中医药、煤炭清洁利用等我省比较优势领域，人才培养也未形成合力，特色还不够突出，成效也不明显。四是保障不够精准。省级层面缺乏集中统一的人才服务机构，极少数“塔尖”人才在子女入学、配偶就业等方面未形成分级分类保障机制，对广大青年人才保障还不到位。人才公寓统筹利用不够，市县人才公寓空置率高，有的省属单位人才住房比较紧张。五是产科教之间人才流动不畅。目前，我省人才资源配置还存在分散、低效、重复的现象，产教科之间人才流动不充分。受体制机制、门户壁垒限制，难以实现产教科人才跨领域、跨部门、跨区域一体化配置；受身份、学历、人事关系等限制，难以实现高校、企业和科研院所不同单位和不同所有制之间人才顺畅流动；受思想观念、评价考核等限制，难以实现户口不迁、关系不转、身份不变、双向选择、能出能进等柔性流动良性机制。

（五）人才引进总量、结构仍不能适应发展需求

我省人才流失问题突出。面对全国此起彼伏的“抢人”大战，我省人才流失问题愈发突出。据统计，近十年间，我省科技人才净流出超过18万人；近3年，我省约有1/4的山西籍高校毕业生流向省外。从引进人才

方面看，我省总量不足、结构也不优。一是人才专业结构和流向分布不合理。从我省引进的人才专业方向看，通用专业人才多，紧缺专业人才少，引进的人才涵盖了现有全部13个博士学位类型，自然科学类占80%左右，但真正符合我省传统产业转型和战略性新兴产业发展需求的创新型、高层次人才仍然短缺。并且，从人才流向看，2/3左右的高层次人才以及80%以上的留晋就业博士后、“双一流”高校博士和海外高层次人才在省内高校和科研院所就业，流向企业的不足15%。二是人才区域不均衡。省会太原优势明显，而省内其他城市对人才的吸引力不足，根据清华大学发布的2022年中国创新人才指数，我省仅有太原市上榜，排第三十五名。2022年我省引进博士中太原占比超过20%。博士（后）引进呈现“两多两少两集中”，即山西籍博士较多，非山西籍博士较少；毕业于国内高校的多，毕业于国（境）外高校的较少；引进单位主要集中在教育领域，学科专业主要集中在自然科学和工程技术领域。超过67%的高层次人才、84%的留晋就业博士后、82%的“双一流”高校博士集中在教育领域。三是柔性引才、市场化引才模式效果不佳。我省现行的人才招聘、使用、评价、激励等政策，主要是针对全职引进人才制定的，刚性有余、柔性不足，不能适应柔性引才用才工作需要。用人单位反映，仍存在全时双聘人才因未转移人事关系而不能申报人才项目、柔性引进人才享受的待遇不明确、用人单位提供津贴和经费没有依据等问题。关于市场化引才，我省尚无国家级人力资源产业园，省级人力资源产业园仅有1个，全国知名的高端猎头公司入驻少，“猎头引才”“中介引才”等市场化引才奖励政策兑现难，在探索开展机构引才、以才引才、项目引才、大赛引才等市场化引才新模式上“步子不大”“办法不多”。

（六）人才政策集成度不高、吸引力不强

从总的人才政策吸引力方面看，我省人才吸引力还不够强。兄弟省（市、区）纷纷调整引才、用才机制，通过重大创新平台等吸引人才，而我省面临着日益激烈的人才竞争。比如浙江之江实验室，聚焦网络信息技术前沿，一年之内聚集了18名国内院士；深圳鹏城实验室建成后吸引了近2万名科研人员；上海张江实验室建设大科学装置集群，招募全球顶尖科学家加盟。国内发达省份纷纷出台力度很大的优惠政策，大力引进留住紧缺高端人才，对我省引进留住高端创新人才形成挤压。此外，我省的人才政策落地见效不够，特别是在科研政策落实以及与国家政策配套衔接上还存在一些不协调现象，创新力度不够，科研人员获得感不强。

从人才政策集成方面看，一是引才政策的系统性集成不足，覆盖面仍不够宽。教育、科技、人才等部门未建立有关人才的系统性政策，存在多头支持、扎堆支持现象，资金项目申报统筹协调机制不健全。高校和科研院所解决子女入学、家属安置、医疗保障等支持政策的保障范围普遍较窄，仅限于院士、国家杰出青年等有头衔的高层次人才，博士（后）等青年人才群体需求最为迫切，却最难以合理安置。二是引才政策配套跟进不够完善。近年来，我省陆续出台了不少引进人才的新政策，但实施细则在执行中还不完善，导致有的人才政策落不了地。三是引进人才的服务保障仍不健全。我省尚未建立全省贯通的线上人才服务平台，人才办事仍需在多部门间来回跑腿，不能做到“一站式”办理、网上办结，产生引才流程烦琐、效率低下的问题。此外，团队引进落地不畅通，成建制引进急需紧缺专业技术人才团队时，在办理团队成员的编制、人才流动手续上还存在具体困难。

三、持续夯实人才基础、提升创新能力的对策建议

人才是创新的关键核心要素，也是新质生产力形成的基础，我省要针对人才发展的现状，聚焦短板弱项，完善政策体系，推动教育科技人才融合融汇形成合力，加快推动聚焦产业引才育才、建强平台聚才用才、刚柔相济以才引才、优化服务留才助才，为山西实现高质量转型发展和加快发展新质生产力提供强有力的智力支持和人才保障。

（一）聚焦产业发展需求加大引才育才力度

针对我省产业创新人才队伍的短板，紧扣省级重点产业链①、省级重点专业镇②人才需求，提升产业人才引育能力，不断夯实产业新质生产力发展的人才基础支撑。

1. 协同推动产业发展与人才引育

推动人才发展与产业布局同步规划，围绕重点产业发展规划同步谋划、同步推动人才规划，主动把人才发展融入地方产业发展布局，将人

①首批10条省级重点产业链，包括特钢材料、新能源汽车、高端装备制造、风电装备、氢能、铝镁精深加工、光伏、现代医药、第三代半导体、合成生物等产业链。2023年新增6条省级重点产业链，包括新型储能、废弃资源综合利用、碳基新材料、信息技术融合应用、铜基新材料、装配式建筑产业链。

②2022年以来，山西省委、省政府提出实施特色专业镇认定工作，分两批认定了18个省级重点专业镇和119个市级专业镇，覆盖全省99个县（市、区）。

才引进、培养和使用与地方产业发展紧密结合起来，充分发挥人才引领支撑作用。注重研究地方产业发展和分布情况，从“供给侧”和“需求侧”同向发力，全面梳理排查相关资源，建立各类信息平台，包括产业人才数据库、在外学子数据库、在外高层次人才数据库，为精准引才、产业布局提供导航。

2. 同步开展招才引智和招商引资

围绕产业集聚发展建立健全“双招双引”机制，将招才引智纳入招商引资考核，在招商引资中同步安排招才引智活动，推动人才、技术、资金、项目协同发力。坚持人才引进和培养“双轮驱动”“双管齐下”，产业发展需要什么人才，就着力引进和培养什么人才，通过实施各类人才工程，引进能够引领产业升级、优化企业管理、突破核心技术的行业领军人才，以及一大批青年后备人才，加速推动人才向产业集聚，助力新兴产业发展、传统产业升级。

3. 深入实施“科技副总”“企业家进校园”项目

针对民营企业反映的引进高层次人才难、引才成本高等问题，实施精准帮扶，根据企业生产需要，每年从省内高校、科研院所遴选一批具有副高以上职称，能够开展科技创新、解决技术难题的人才，通过双向选择，到企业担任科技副总。组织市县人才工作相关单位，定期主动上门征集企业科技创新需求、工程技术难题和产业人才需求，以市为单位汇总起来，精准联系对接高校或科研院所。由市县人才工作部门定期组织企业家，到与其产业关联度高、山西籍学生相对集中的知名高校，开展“人到山西好风光”人才宣传周活动，精准对接解决生产难题的专家，引进急需紧缺人才。

（二）聚焦平台建设打造聚才用才载体

针对我省引才平台数量偏少、引才作用发挥不充分等问题，坚持产业需求导向，高标准建设一批聚才、引才平台，使得人才能够有施展本领的空间。

1. 加快一流学科建设

目前，高校仍是我省高端人才集聚的主阵地，要加快高校学科建设，汇聚更多更高端的人才。要实施高等教育“百亿工程”，将更多资金用于优势学科建设，引进高端人才团队，提升教学科研质量，力争冲击更多“双一流”及A类学科，产出一流标志性成果，通过一流学科（专科）引育建设强化人才，特别是高层次人才。

2. 切实发挥博士后的人才引领效应

进一步完善政策体系，提高资助标准，扩大招收规模；鼓励支持重点企业和新型研发机构新建博士后工作平台。同时，提高平台层次，积极争取省外“双一流”高校、知名科技企业，在我省设立博士后流动站、工作站分站。一是扩大建站规模。鼓励和支持企事业单位积极申报设立博士后科研流动站、科研工作站（分站）和创新实践基地，加快实现一级学科博士点、博士后流动站全覆盖。聚焦我省战略性新兴产业发展和平台建设，采取“点对点”方式，帮助省属重点企业、链主企业、“高精尖”企业和“小巨人”企业积极申报设立新的博士后工作站。二是增加博士后招收数量。充分发挥设站单位工作积极性和主动性，分站制定博士后招收数量年度考核指标，将博士后招收数量和质量纳入高校、科研院所、企事业单位年度考核内容。发挥省际战略合作优势，和合作省份开展互培工作。三是加大对博士后人才的财政支持力度。积极争取财政支持，提高新设站的建站补助标准，对博士后分类进行专项补助。四是创新博士后培养方式。征集我省企事业单位在生产科研中出现的“高精尖”难题和“卡脖子”问题，面向博士后采取“揭榜挂帅”的方式进行科研攻关，帮助企事业单位解决发展中的难题。五是强化保障措施。设站单位将全职博士后研究人员纳入本单位人事管理范围，其人事关系、职称评定、福利待遇、子女入学等和本单位职工同等对待。鼓励高校建设博士后公寓（青年人才公寓），并实施实物配租、租房补贴、贴息贷款、安家补贴等形式的住房资助，解决在站博士后实际生活问题。

3. 实施“青苗计划”

围绕我省重点产业，面向高校、科研院所、企业新入职博士，以自主立项和公开竞争相结合方式，进一步扩大资助课题的数量，让更多省内博士毕业后留在山西、吸引更多国内外博士来晋就业。

（三）聚焦引才留才优化人才发展环境

针对存在的人才服务不优、“引才难、留才难”、对柔性引才重视不够等问题，全方位加强引才留才服务，解决好人才住房、医疗、子女教育、配偶安置等短板问题，提高人才服务水平，为各类人才构筑舒心工作和生活环境。

1. 完善人才服务保障体系

一是推进人才公寓建设全覆盖。推动各市、县和所有开发区因地制宜建设可拎包入住的人才公寓，简化优化人才公寓申请入住条件和流程，将民营企业引进人才和柔性引进人才都纳入进来；积极通过发放购房补贴、团购或建设人才住房等方式，满足不同类型人才群体的安居需求。二是开设医疗保健服务“绿色通道”。推动各级卫健部门设立高层次人才及其家属医疗保健服务定点医疗机构，建立绿色通道制度，提供“一站式”“全天候”的医疗保障和健康管理帮办代办服务。建立柔性引进人才在晋工作期间的医疗服务保障机制，让高层次人才在山西享受更优质的医疗保健服务。三是保障好人才子女教育需求。从优化教育资源供给入手，推动各级教育部门抓好教育均衡发展，采取引入外地名校资源、集团化办学、优秀教师轮岗交流等方式，更好满足人才子女教育需求。四是妥善做好人才配偶随迁安置。根据“对口对等、双向选择”原则，为人才随迁配偶提供就业岗位，安置在机关事业单位、国企，不受逆向流动、员额等政策限制。

2. 加大柔性引才力度

创新多主体多渠道柔性引才机制，分领域出台柔性引才政策措施，不断丰富顾问指导、挂职引进、短期兼职、候鸟服务、退休返聘、技术入股、以才引才等多渠道引才机制。创新人才引进方式，通过挂职兼职、揭榜挂帅、项目合作、建立“飞地”、设立驻外人才工作站等方式，加大柔性引才力度。强化挂职引才，围绕重点产业、重点学科，加大引进领军人才挂职力度；围绕产业需求，积极邀请全国相关领域的高层次研发型人才、领军型科技创业人才，到我省挂任企业管理职务或首席专家、技术顾问等专业技术职务。强化兼职引才，支持省内用人单位通过协议特聘的方式，邀请省外高层次人才兼任企业外部董事或周末工程师、高校特聘教授等职务。强化合作引才，支持省内用人单位与省外高层次人才或所在单位签订协议，通过成果转化、技术转让、技术指导等形式提供智力服务。强化以才引才，注重发挥已引进高层次人才，特别是领军人才的影响力和示范效应。

3. 完善柔性引进人才保障机制

一是优化完善柔性引才考核评价机制。设立柔性引才量化考核指标，指导用人单位加强对柔性引进人才的考核评价、绩效管理，确保柔性引才成效。建立相应考核激励措施，充分调动柔性引进的“旗帜型人才”、高层次人才的积极性，发挥他们的影响力和示范效应，推动“以才引才”“以才聚才”。二是建设“人才工作站”。在省外“双一流”高校搭建全省各市、县共享的省校合作常态化对接平台，打造集人才政策宣传、招聘信息推送、合作项目对接等于一体的人才工作站，增强柔性引才工作常态化和精准性。

4. 建设人才服务数字化平台

推进人才服务数字化，建设贯通省市县三级的线上人才服务平台，开发推广“晋才卡+晋才码”，实现人才计划申报、人才服务事项“网上办、码上办、限时办”，让人才在山西感受到更多荣誉感、便利感、幸福感，最大限度让引进人才在山西安身安心安业。依托“晋才卡”集中梳理各项优惠政策进行统一管理，推动持卡者在户籍、住房、经费资助、家属就业等各方面享受便捷服务。狠抓人才政策落实，提高政策知晓度，采取专题调研、专项督查、飞行检查、专项考核等方式，强化政策落实跟踪问效。

（四）推动人才与教育、科技融合发展

把人才与教育、科技融合发展作为全省加快形成新质生产力和推动高质量发展的基础性、战略性工作来抓，进一步强化工作领导，加强人才与教育和科技融合发展政策的顶层设计和战略布局，增强产学研协同能力，加快促进科技成果转移、转化。

1. 强化高等教育育人作用

加大全省高等教育投入力度，加快建设高质量高等教育体系，着

力培养引领山西未来发展的卓越拔尖人才，重点抓好学科发展、专业建设、科技创新、人才团队等发展要素，进一步增强高校办学自主权，促进高等教育布局结构、学科专业、科技创新与区域发展、产业发展深度融合，推进教育链、人才链与产业链、创新链全链条衔接，全面提升高等教育服务支撑全省高质量发展的能力和水平。

2. 推动职业教育提质培优

落实国家《职业学校办学条件达标工程实施方案》要求，建议省市校三级联动，持续强化职业学校基础能力建设，推动职业学校办学条件全面达标；进一步优化职业学校和专业设置布局结构，扩大高职学校校均在校生规模，基本解决职业学校“小、散、弱”问题；深化产教融合，借鉴省外先进经验，推动政府、企业与学校共建大型共享性实习实训基地，提升学生实践实训能力。

3. 全面推动省校合作提质增效

以全面提升教育科技人才发展质量为目标，着力建设省校合作基地，推动省校在人才培养、引进、使用等方面开展深度战略合作。通过省校合作联络站、人才宣传周、党政干部访名校等活动，推动人才工作开放发展。通过实习实训、红色教育和国情教育等基地建设，加快引进优秀青年人才和优质科教资源。建立完善项目管理、研判会商、量化考核等工作机制，扎实推进省校合作落地见效。

4. 推动省属高校与驻地融合协同

采取省市共建、以市为主的建设模式，每个市至少联合共建一所应用型本科高校，鼓励和引导高校围绕驻地市发展战略布局、重要产业和重点工程等做好学科和专业建设，组织开展科研工作和人才培育，走出各具地方特色的“政产学研”一体化发展路径。建议省市按照一定比例投入专项经费，并联合开展干部交流和挂职任职工作，将共建高校建设成为地方经济社会发展的人才主阵地、创新技术研发地、决策咨询服务地、干部培训进修地。

5. 完善人才与教育、科技融合发展的体制机制

一是要完善科技企业梯次培育机制，建立企业、高校、科研院所技术需求对接平台，开展创新需求座谈、企业技术评价、联合上门“问诊”；推动企校合作提档升级，企业牵头，联合高校、科研院所等共同组建体系化、任务型创新联合体，全面构建企业主导的产学研深度融合机制。二是完善科技成果转移转化配套服务机制，贯通基础研究和应用研究、成果转化，加快推进科技成果评价改革，健全产学研成果对接和产业化机制；补齐成果转化链条短板，一体化布局建设区域综合类中试基地、产业领域类中试基地，形成纵横联动的成果转化立体网络；建立全要素集聚、全链条贯通的“互联网+”技术转移综合服务平台，提升技术转移机构和技术转移人才队伍专业化服务能力，加速推动高校、科研院所等产生的科技成果在企业转化并产业化。三是发挥重大人才计划牵引作用，围绕全省重点产业、重点领域、重点学（专）科发展需要，编制急需紧缺人才目录，采用全职和柔性相结合方式，面向海内外精准引进一批德才兼备的高层次人才及团队，稳定支持一批省内优秀人才和团队。

（五）实施科技人才分类评价

要继续深入推进我省科技人才评价机制改革，加快建立以创新价值、能力、贡献为导向的科技人才评价体系，科学评价基础研究类、应用研究与技术开发类、社会公益研究类三类人才，充分激发科技人才创新活力，全面提升科技人才创新能力，针对我省实际创造性开展科技人才分类评价。

1. 科学确定人才分类和评价标准

坚持党管人才、问题导向、分类推进、使用牵引、协同实施原则，遵循科技创新规律和科技人才成长规律，将科技人才分为承担国家和省重大攻关任务、基础研究、应用研究与技术开发、社会公益研究等不同类型人才，制定与岗位特点、研究性质相适应的科技人才分类评价体系。

坚持共通性与特殊性、实际业绩与发展潜力、定性评价与定量评价相结合，以职业属性和岗位要求为基础，根据不同任务和职责，分类建立科学合理、各有侧重的科技人才评价标准。坚持德才兼备，把品德作为各类科技人才评价的首要内容和通用指标。加强对科技人才政治素养、爱国情怀、科学精神、职业道德、科技伦理、科研诚信等方面的考核评价。强化社会责任，倡导诚实守信，抵制心浮气躁、急功近利等不良风气。实行学术造假“一票否决制”。

对于承担国家和省重大攻关任务类人才，要建立以关键技术突破为核心的评价体系。重点评价完成国家和省重大科研任务情况、突破关键核心技术情况、解决经济社会发展重大问题的实际贡献和创新价值等。对于基础研究类人才，要建立并优化完善以代表性成果原创价值为核心的评价体系，重点评价其提出和解决重大科学问题的能力，原创成果的科学价值、创新水平和学术影响力，以及在人才培养、创新团队建设、学科水平提高等方面的贡献。对于应用研究和技术开发类人才，要建立以技术突破和产业贡献为核心的评价体系，重点评价技术标准、技术解决方案、高价值专利、自主知识产权、成果转化产业化、产学研深度融合成效等代表性成果，体现产学研和团队合作、技术创新与集成能力、技术合同交易额、市场估值、市场预期占有率，以及在促进产业转型升级、支撑引领行业产业发展中的实际贡献等。对于社会公益研究类人才，要建立以服务能力和社会效益为核心的评价体系，根据卫生、安全、农业、水利等不同行业特色和岗位特点，重点评价服务公共管理、应对突发事件、保障民生和社会安全等共性关键技术开发、服务科技成果转化的能力与效果，探索建立对突发事件的响应速度、服务受益人数、服务对象满意度、成果被采纳应用等体现成果应用效益、科技服务满意度和社会效益的评价指标。

2. 坚持以用人单位为主体进行评价

用人单位结合自身功能定位和发展方向，细化评价标准、量化评价指标，自行确定评价标准和方式，自主开展评价聘用（任）工作。高等院校、科研院所、医疗机构、企业及其他组织切实承担主体责任，提升专业能力，客观公正开展科技人才评价活动。在用人单位内部建立相应的监督机构，完善内部监督机制，建立健全评审专家选用、动态调整、信用记录、责任追究等制度，确保评价程序客观公正。根据不同领域、不同类型和不同成长阶段科技人才的特点，创新分类评价方法，科学灵活地采用专家评估、面试答辩、实践操作、业绩展示、实地调研、调查问卷、服务测评、信用体系查询、大数据分析等方法进行评价。

对于承担国家和省重大攻关任务类人才，采取用户评价为主的方式。坚持“谁委托谁评价”“谁使用谁评价”，充分听取任务委托方、成果采用方意见。注重个人评价与团队评价相结合。

对于基础研究类人才，采取同行评价为主的方式，探索引入学术团体等第三方评价。可采用评审、答辩、业绩展示等方式，支持采用网络评审、视频答辩等信息化评价手段。

对于应用研究和技术开发类人才，采取市场评价为主，市场、用户、专家等第三方深度参与的评价方式。可采用调研座谈、专家评估、实地调查等方法进行评价。

对于社会公益研究类人才，采取社会化评价为主的方式。充分听取行业用户和服务对象的意见，注重政府和社会评价。可采用专家评估、实地走访、业绩调查、服务测评等方法，实行年度考核评价，鼓励采用网络等信息化技术评价服务对象认同情况，支持委托第三方开展社会评价。

3. 优化完善评价方式

要注重个体评价与团队评价相结合，适应科技协同创新和跨学科、跨领域发展等特点，实行以合作解决重大科技问题为重点的整体性评价。对科技创新团队负责人的评价，主要以把握研究发展方向、学术造诣水平、组织协调和团队建设等为评价重点；对团队成员的评价，主要以在团队中的贡献和协同创新能力等为评价重点，由团队负责人评价。对于领军科技人才团队，可以单独组织评价，赋予团队更大人才评价自主权。对作出突出贡献的团队，在项目申报、人才计划申报、人才引进、创新平台和学科建设等方面给予一定的倾斜支持。

4. 优化科技人才评价结果运用机制

要贯彻评用结合、评为所用的思维，合理运用科技人才评价结果，促进人才评价与培养、使用、激励有效衔接，适当发挥评价结果在评奖评优、职位晋升、薪资调整等方面的作用。同时，不把论文、专利、头衔等作为人才承担科研项目、职称评聘、评奖的限制性条件。

一是完善科技人才考核激励机制。对于在考核评价中表现优异的科技人才，强化正向激励，支持用人单位设立专项奖励，对贡献突出的优秀人才给予激励。二是完善科技成果转化奖励机制。探索建立与技术合同成交额、科技成果转化成效等相匹配的科技人才岗位聘用、职称评聘制度，落实科技成果转化奖励政策。三是建立优秀团队稳定支持机制。支持优秀人才组建科研团队，对创新能力强、成果显著、发展潜力大的优秀创新团队给予适当的奖励和稳定滚动的经费支持。四是建立完善青年科技人才培养机制。通过对评价结果的分析，发现科技人才的薄弱项和不足处，针对性地提供相应培训。五是要探索实行青年科技人才“举荐制”。鼓励用人单位选拔培养战略科学家等顶尖人才，探索由一线科学家举荐优秀青年科技人才担任重要基础研究岗位、承担“从0到1”基础研究任务，作为基础研究领域的重点培养对象。六是完善以增加知识价值为导向的分配政策。落实科研事业单位和国有企业薪酬分配自主权，建立符合不同岗位特点的收入分配机制。落实并完善符合科研事业单位特点的绩效工资水平动态调整机制，完善国有企业重大科技创新薪酬激励机制。引导和鼓励用人单位实行以知识价值为导向的分配模式，保障科技人才科技成果转化权和收益权。七是深化“揭榜挂帅制”和“赛马制”等项目管理模式。完善项目组织实施中的科技人才评价机制，发现、遴选有实力、能攻关、出成果的优秀科技领军人才和创新团队承担重大科技攻关任务。八是完善动态评价机制。坚持动态评价、动态调整、动态监管，克服评价结果终身化，用人单位可探索建立优胜劣汰的动态考核、评价、奖惩等管理机制。完善人才称号能进能出的动态评价管理机制，不贴“永久牌”。

（六）加强产教融合人才引育

要持续强化产教融合方面的人才培育和引进，筑牢筑实产教融合的智力支撑。持续深化职业教育、高等教育综合改革，引导各类职业学校和高等学校在不同方向和领域分类发展、办出特色，培养大批高素质创新人才和技术技能人才，实现人才培养供给侧和产业需求侧结构要素全方位融合。

1. 强化人才培养需求导向

加快推进教育“放管服”改革，注重发挥市场机制配置非基本公共教育资源作用，完善人才培养结构调整机制，强化就业市场对人才供给的有效调节。建立人才需求预测预警机制，推动人力资源和社会保障数据与教育数据共享，强化大数据分析应用，健全高校、职业学校毕业生就业质量年度报告发布制度，把就业质量作为学校办学水平考核的核心指标。严格实行专业预警和退出机制，把市场供求比例、就业质量作为学校设置调整学科专业、确定培养规模的重要依据，定期发布职业学校、高校专业结构与产业结构吻合度状况报告，公布扩大招生的新兴专业、限制或停止招生的专业目录，建立第三方调查评估机制。

2. 全面推进产教协同育人

健全高等教育学术人才和应用人才分类培养体系，加大应用型人才培养比重。在推动高水平大学加强创新人才培养的同时，大力支持应用技术型本科和行业特色类高校建设，构建应用型人才培养体系。推进专业学位研究生“产学结合”培养模式改革，加强复合型人才培养。深化全日制职业学校办学体制改革，推进职业学校和企业联盟、与行业联合、同园区联结。在技术性、实践性较强的专业，全面推行现代学徒制和企业新型学徒制，推动学校招生和企业招工相衔接，明确学生学徒“双重身份”，强化学校和企业“双主体”实施，推进学历与技能并重的人才培养模式。开发现代学徒制和企业新型学徒制省级管理服务平台，制定推广学徒制工作规范和教学标准。大力发展校企双制、工学一体的技工教育。强化教学、学习、实训相融合的教育教学活动，推行项目教学、案例教学、工作过程导向教学等教学模式。对接企业生产服务智能化流程，加快职业教育专业教学内容和方法智能化改造。强化实践教学，应用型本科院校学生在校期间参加实习实训时间累计不少于1学年，职业学校实践性教学课时不少于总课时的50%。

3. 校院融合推动高校与科研院所协同发展

加强制度创新，推动具有学科相似性、资源互补性的大学和科研院所，通过合并、整合、联合、合作等方式，实现资源集聚和要素汇聚，打造“高校+科研院所”融合发展新范式。健全完善政策机制，支持高校和科研院所联合申报国家和省部级创新平台，联合承担重大科研任务，联合开展关键技术攻关，联合组建创新团队，联合培养研究生，实现资源共享、人员互聘、兼职取酬。

4. 积极构建企业、院校协同育人新模式

聚焦我省重点产业链的创新需求和人才需求，建议分层分类布局建设一批卓越工程师学院和现代产业学院，培养适应和引领现代产业发展的高素质应用型、复合型、创新型人才；填补空白，组建省级技师学院，培养打造先进制造业基地急需的现代化高技能人才。引企入教，建议在不改变选聘人员人事关系、不占用高校现有人员岗位的基础上，从行业企业中兼职聘任一批产业教授，参加学科专业建设、改革教学方式、共建创新平台、开展联合攻关、共同协同育人；引导有条件的高校开设“第三学期”，集中邀请行业企业专家进校园，组织专题创新创业辅导和实习实训指导，强化学生实践实训能力，构建“通识+专业+实践”的多元人才培养模式。送技进企，从高校、科研院所选派优秀科技人员赴企业担任科技副总、科技特派员等，开展技术咨询、技术开发、技术转让、技术服务。

5. 创新教育培训服务供给

鼓励教育培训机构、行业企业联合开发优质教育资源，大力支持“互联网+教育培训”发展。依托职业学校、高校建设区域技术技能人才培训中心。鼓励职业学校和职业培训机构广泛开展非学历教育和技能培训，积极参与省农民工学历能力双提升计划、城乡社区教育培训活动和新型职业农民培育等工作。支持有条件的社会组织整合校企资源，开发立体化、可选择的产业技术课程和职业培训包。推动探索职业学校、高校和行业企业课程学分转换互认。鼓励职业学校、高校向行业企业和社会培训机构购买创新创业、前沿技术课程和教学服务。

第四章

切实提高山西制造业创新发展能力

本章聚焦高端新材料、重大技术装备、智能制造与机器人、新能源汽车和智能汽车、高端医疗装备和创新药、农业机械装备等山西六大制造业重点领域，分析短板弱项，分领域研究提出关键技术产业化和创新发展的路径，并围绕加快优化创新环境、完善创新支持体系、推动科技成果转移转化等方面提出相关政策建议，力求为制造业加快培育形成新质生产力提供参考和借鉴。

制造业是立国之本、强国之基，是国家经济命脉所系，加快建设制造强国对于加快形成新质生产力具有重大意义。习近平总书记指出："制造业高质量发展是我国经济高质量发展的重中之重，建设社会主义现代化强国、发展壮大实体经济，都离不开制造业，要在推动产业优化升级上继续下功夫。"党的二十届三中全会通过的《中共中央关于进一步全面深化改革 推进中国式现代化的决定》指出："加快推进新型工业化，培育壮大先进制造业集群，推动制造业高端化、智能化、绿色化发展。建设一批行业共性技术平台，加快产业模式和企业组织形态变革，健全提升优势产业领先地位体制机制。"近年来，我省始终把发展壮大制造业放在实体经济发展和资源型经济转型的重要位置，一批关键技术取得突破，行业和产品竞争力持续提升，产业链条更加完善，集群式发展达到新水平。为我省全方位推动高质量发展不断积聚创新动能。

"十四五"时期，山西省制造业以打造四个"地"为发展目标，即传统产业集约绿色发展新高地、新兴产业规模集群发展引领地、先进制造业创新转型示范地、制造业数字化转型先行地。其中，对打造先进制造业创新转型示范地的具体要求是：以创新牵引制造业质量变革、效率变革、动力变革，以科技创新促进制造业转型发展持续见效，推动市场主体倍增，建立一流产学研用融合的创新体系，产业基础高级化和产业链现代化水平明显提高。

一、制造业创新发展的关键——科技成果产业化

制造业是国家经济命脉所系，是实体经济的重要组成部分。加快山西制造业创新发展，其重点是推进科技成果产业化，也就是通过技术创

新不断促成科技向现实生产力的转化，这一过程同时也是制造业领域加快形成新质生产力的过程。

（一）关键技术产业化

关键技术是对某一领域至关重要的技术，是由一项或多项科技成果形成的技术能力，是在一个系统，或一个环节，或一项技术领域中起到重要作用且不可或缺的环节或技术，可以是技术点，也可以是对某个领域起到至关重要作用的知识。关键技术产业化即指关键技术通过研究开发、试验、生产、营销等实践活动，将科学技术知识和技术成果进行商品化、产业化和社会化的过程。它以技术研究成果为起点，以市场为终点，经过技术开发、产品开发、生产能力开发和市场开发等阶段，使知识形态的科研成果转化为物质财富，其最终目的是技术产品进入国内外市场，获得高经济效益。科技成果产业化强调科技成果的首次商业化应用、规模化生产和社会化普及，强调科学技术与经济社会之间良性互动和一体化发展。关键技术产业化的各阶段相互联系，相互依存，构成了依次递进的路径，使关键技术不断由产业点向产业链，进而向产业群延伸和扩展。

与技术产业化紧密相关的一个概念是科技成果转化。科技成果是一个带有明显中国特色的概念，按照《中华人民共和国促进科技成果转化法》的界定，科技成果指的是“通过科学研究与技术开发所产生的具有实用价值的成果”。“科技成果转化”，按照《中国科技成果转化2018年度报告（高等院校与科研院所篇）》给出的定义：科技成果转化指为提高生产力水平而对科技成果所进行的后续试验、开发、应用、推广直至形成新技术、新工艺、新材料、新产品，发展新产业等活动。

根据前文对关键技术的定义可知，科技成果是关键技术形成的基础和前提，对关键技术产业化的研究离不开对科技成果转化的研究和分析。

在日常使用和当前研究中，关键技术常与“核心技术”一起使用，称为“关键核心技术”。核心技术可分为技术核心和设计核心。技术核心是在基础理论基础上在确定技术路线情况下支撑产品实现的技术选择中的关键部分，完成这条思路的技术和工艺就是核心技术。可见，关键技术与核心技术联系紧密，二者连用时可以概括关于生产制造至关重要的一系列技术以及其中的核心技术环节。分开来看，关键技术的概念覆盖范围更广，一项关键技术中有若干核心技术，而一项核心技术也可以是多项关键技术的重要组成部分。

（二）科技成果产业化的特征

认识科技成果产业化的主要特征，有助于有效把握科技成果产业化过程中存在的关键问题和主要影响因素。

1.系统性

科技成果产业化是一个复杂的系统工程，主要包含产业化主体系统、条件支持系统、环境系统和宏观调控系统。科技成果产业化主体通常是指直接承担科技成果产业化任务的组织和人员，主要包括企业、高校和科研院所，有时也包括政府、金融机构、科技中介机构等组织；条件支持系统是指直接支持科技成果产业化的资源要素，硬件方面主要包括科技创新基础设施、试验和生产设备等物理要素，软件方面主要包括科技创新活动中的组织管理和内部文化价值观念；环境系统是对科技成果产业化带来直接或间接影响的各种外部条件，主要包括政策法规、经济形势、产品市场需求、科技金融、风险投资、人力资源市场、技术交易市场、科技中介服务机构、社会文化、自然环境等方面；宏观调控是确保科技成果产业化有序开展的不可或缺因素，通过政府的发展规划和公共政策进行合理干预和规制，为科技成果产业化整合创新资源、弥补市场缺陷、营造良好环境，激励和扶持重大科技成果产业化。

2. 耦合性

耦合是指两个或两个以上的要素或体系间彼此影响、相互作用、相互兼容的关系。耦合性就是系统内部各个组成部分或要素之间相互依赖或相互作用于对方的一种属性。科技成果产业化要素构成主要包括主体、知识、管理和环境等方面，要素耦合贯穿于“科学研究—技术开发—产品开发—生产制造—市场营销”过程的各个环节，要素耦合的强度、兼容度、互动程度将影响产业化绩效水平。

3. 能动性

科技成果产业化的根本动力在于健全的市场机制，市场机制能够为科技创新和产业发展创造活力，在激励创新主体从事研究开发和科技成果产业化方面具有自调节、自组织、自适应的功能，能够有效促进人才、技术、资金等要素自由流动、优化配置。但是，如果市场机制不健全，市场结构不成熟，特别是要素市场化配置比较滞后，可能会导致资源配置的随机性、外部性和局域性，甚至出现寻租等不良行为，达不到帕累托最优。基础性研究开发、重大科技工程项目，也可能会存在市场失灵。

4. 多样性

科技成果产业化可以采取多种模式，例如自行转化、技术转让、产学研合作开发、中介服务机构转化、高技术园区转化、孵化器转化模式等。科技成果需求方或供给方，根据外部环境的变化，按照市场经济运行规律，选择合适的产业化模式，有效配置和重新组合创新要素，进行科技成果产业化活动。

5.效益性和风险性

企业家或投资者推进科技成果产业化是为了追求商业成功，获取经济效益，甚至是为了获得潜在的超常规的效益。效益的获得者是成功转化的行为主体和投资主体。同时，技术创新从研发到生产的各个环节均存在一定的风险性和收益的不确定性，科技成果产业化是新产品、新工艺形成和实现的过程，风险始终贯穿于技术研发、成果转化和生产应用的各个环节。

（三）科技成果产业化的阶段划分

从产业化过程看，科技成果产业化大体经过研究开发、工业化生产、市场化推广3个阶段。与此相应，科学技术知识首先通过研究开发、应用性试验开发形成新技术、新工艺，然后通过工程化、工业化形成新产品、新材料，最后通过商品化、市场化形成新产业，实现产业化绩效目标。从产业化活动看，我国统计部门将科技活动分为研究与试验发展、科技成果转化与应用、科技服务等三大类活动。科技成果产业化是其中的一个环节、一个阶段，更是一个关键环节。从转化形态看，科技成果产业化是科学技术转移的过程，既包括科学形态“科技原理—技术原理—技术发明”的转化，也包括技术形态“技术原理—技术发明—生产技术”的转化，还包括物化形态“具有市场前景的、先进的、成熟的应用技术成果—物化为产品—转化为生产力—实现经济和社会效益”的转化。从技术转移界面看，科技成果产业化的技术转移界面是科技成果由科研开发单位转移给企业时的技术状态，存在于“基础研究—应用研究—开发研究—生产技术”这一链条上的任何环节。在不同的国家和地区，技术转移界面是不同的。

例如，我国的技术转移大多发生在开发研究之后，日本的技术转移主要发生在应用研究阶段，而欧美的技术转移则力图从应用研究向基础研究上移。

科技成果转化和产业化都是科技创新活动中的关键环节，二者在内涵上基本一致，但是科技成果转化的外延更加宽泛。科技成果转化包括了“科学—技术—生产”各个阶段以及“基础研究—应用研究—开发研究—社会生产”各个环节中的一切变化和转化；科技成果产业化更加强调科技成果要最终转化为生产力，推出具有市场竞争优势的新产品、新产业，实现创新链、价值链与产业链协同发展，也就是说，科技成果产业化要打通科技成果转化的“最后一公里”。

（四）我国科技成果产业化的主要模式

科技成果产业化模式是合作主体之间在协作过程中共同遵循的合作方式、程序规则和运行方式，科技成果产业化的系统复杂性和要素耦合性特征，决定了产业化模式呈现多样化、耦合化、演进化的特点。

理论上，从转化方式、主导力量、紧密程度等维度可将科技成果产业化模式划分为不同的组织形式。现阶段，我国科技成果产业化模式选择仍以“技术转让”“委托研发”为主，而“联合攻关”“共建实验室”“共建技术中心”“创新企业”等模式则相对较少，高校、科研院所仍然是中国最主要的科技创新成果来源。不同的科技成果产业化模式各具特点，只有适合，没有最优。在科技成果产业化实践中，不同类型的产业化模式通常相互交叉、相互融合，并不存在绝对冲突，模式的选择通常考虑自身资源禀赋、发展战略、基础条件、主体间的合作和利益关系，选择适用性、可行性和可接受性较强的产业化模式。根据不同的分类方式，科技成果产业化可以分为如下模式（表4–1）。

表4–1 科技成果产业化的一般分类

维度	类型	主要特点
转化方式	技术转让	高校（科研院所）将技术成果有偿转让给生产企业，实现科技成果产业化。
	委托开发	企业委托高校（科研院所）开发指定领域或方向的技术成果，再进行产业化。
	自行投产	高校（科研院所）创办企业，将技术成果自行转化，实现科技成果产业化，也叫科技创业。
	产学研合作	产学研各方建立契约式合作关系，共同投资（含技术入股）、分工协作、协同创新，合同期内可共同经营、共负盈亏。
	一体化开发	横向一体化是指产学研主体之间紧密结合，共同研发、共同转化、共同经营，形成一个统一体；纵向一体化是指主体通过内部扩张，发展成兼具研发、生产、经营的各项功能。
主导力量	政府导向型	政府主动引导并促成产学研合作，还提供相关服务，如下达科研计划、规划科技园和孵化器等空间载体、优化创新环境等。
	企业主导型	企业主导科技创新和成果转化，通过委托开发、建立合作关系等形式促成产学研深度合作。
	产学研主导型	高校或科研院所主导产学研合作，利用自身专业技术和人才优势进行科技创业，或者与企业建立合作关系，共同进行技术开发和成果产业化。
	中介主导型	科技中介机构通过提供社会托管、专利信托及孵化服务，将科技成果从供给方转移到需求方，实现成果产业化。
紧密程度	松散型	合作主体之间的关系比较松散，通常以短期任务合作为主。
	紧密型	合作主体之间的关系比较紧密，通常以长期任务合作为主。
	依赖型	合作主体之间的关系比较密切，通常在研发、生产、经营、技术、人才等某个环节或功能上互补，彼此高度依赖，也叫互补型。

《中华人民共和国促进科技成果转化法》第十六条规定：科技成果持有者可以采用自行投资实施转化、向他人转让该科技成果、许可他人使用该科技成果等转化方式进行转化。

科技成果产业化的模式或者路径与科技成果转化大致相同，可以分为自主转化模式、中介机构帮助转化模式、产学研合作转化模式等类。

1. 自主转化模式

自主转化模式主要是指科研院所、大专院校或企业将自身掌握或研制的技术成果进行市场化转化的转化模式。以高校为例，自主转化模式指高校以现有政策和环境为依托，自己兴办企业、创造条件将研究成果转化为生产力，从这类转化方式设立的企业有清华同方、北大方正、工大高科等。

2. 中介机构帮助转化模式

《中华人民共和国促进科技成果转化法》第二十二条规定：企业为采用新技术、新工艺、新材料和生产新产品，可以自行发布信息或者委托科技中介服务机构征集其所需的科技成果，或者征寻科技成果转化的合作者。第三十条规定：国家……鼓励创办科技中介服务机构，为技术交易提供交易场所、信息平台以及信息检索、加工与分析、评估、经纪等服务；科技中介服务机构提供服务，应当遵循公正、客观的原则，不得提供虚假的信息和证明，对其在服务过程中知悉的国家秘密和当事人的商业秘密负有保密义务。这类科技中介服务机构参与的科技成果转化就是中介机构帮助转化模式的核心要义。这种模式主要是企业根据自身需求，通过科技中介服务机构开展的技术交易获取符合自身需要的技术；科技成果拥有者通过技术市场把科研成果部分或全部许可或转卖给企业实施转化。

3. 产学研合作转化模式

产学研合作转化模式是当前阶段全球科技成果转化的重要途径和模式，也是我国力推的主要模式。

首先，我国大力促进产学研合作，推动科技成果由技术向现实生产力和市场效益转化。《中华人民共和国促进科技成果转化法》第二十五条、二十六条和二十九条明确规定：国家鼓励研究开发机构、高等院校与企业相结合，联合实施科技成果转化；国家鼓励企业与研究开发机构、高等院校及其他组织采取联合建立研究开发平台、技术转移机构或者技术创新联盟等产学研合作方式，共同开展研究开发、成果应用与推广、标准研究与制定等活动；国家鼓励农业科研机构、农业试验示范单位独立或者与其他单位合作实施农业科技成果转化。

其次，我国也积极支持研究机构与企业联合培养人才，从而推动科技研发和推广应用的结合。《中华人民共和国促进科技成果转化法》第二十七条和第二十八条规定：国家鼓励研究开发机构、高等院校与企业及其他组织开展科技人员交流，根据专业特点、行业领域技术发展需要，聘请企业及其他组织的科技人员兼职从事教学和科研工作，支持本单位的科技人员到企业及其他组织从事科技成果转化活动；国家支持企业与研究开发机构、高等院校、职业院校及培训机构联合建立学生实习实践培训基地和研究生科研实践工作机构，共同培养专业技术人才和高技能人才。上述法律的规定属于产学研合作转化模式。产学研合作转化模式的特点是科学研究、产品开发和人才培养等活动均是由科研院所、大学和企业以合作、合资、一体化的方式共同转化，以实现产、学、研三方优势互补、资源共享。

4. 协议转化模式

协议转化模式主要是指科研机构、企业、团队或个人等科技成果完成单位或技术发明权利的拥有人，将所持有的发明专利、关键技术等采用协议的方式出让给技术成果的需求方，从而实现技术成果向现实生产力转化的过程。协议转让可以是成果权利的全部转让，也可以是部分转让或授权。协议转化模式也可以是科技成果的拥有方与合作方以合股或利润分成方式进行合作开发，设立新的企业或经营实体实现成果转化。在这种情况下，协议转化的核心问题是协议方在合作过程中将风险共担和利益共享，防止资源闲置。为促进供需双方有效对接，减少信息不对称，政府推动设立促进技术成果交易的平台或市场，并综合引入中介服务机构，提供全方位的服务，达到提高成果协议转让效率的目的，这就涉及发展技术交易市场的转让途径。《中华人民共和国促进科技成果转化法》第三十条规定，国家培育和发展技术市场，鼓励创办科技中介服务机构……科技中介服务机构提供服务，应当遵循公正、客观的原则，不得提供虚假的信息和证明，对其在服务过程中知悉的国家秘密和当事人的商业秘密负有保密义务。总而言之，技术市场或交易平台的引入，归根结底还是为了促进科技成果的协议转让。

5. 公共研发平台或成果孵化模式

为了促进科技成果转化，由政府成立公共研发机构或者科技孵化机构，为技术研发和成果转化提供资金支持、设备和中试支持、孵化服务等是较为普遍的做法。《中华人民共和国促进科技成果转化法》第三十一条规定：国家支持根据产业和区域发展需要建设公共研究开发平台，为科技成果转化提供技术集成、共性技术研究开发、中间试验和工业性试验、科技成果系统化和工程化开发、技术推广与示范等服务；第三十二条规定：国家支持科技企业孵化器、大学科技园等科技企业孵化机构发展，为初创期科技型中小企业提供孵化场地、创业辅导、研究开发与管理咨询等服务。此外，政府也普遍直接出资或引导社会资本成立各类科技转化基金，引导加大研发投入、加大金融支持、促进成果转化等。可见，政府的统筹和政策支持，可以有效降低信息不对称，降低研发成本，降低技术产业化过程中的风险。

二、科技成果产业化的相关理论

科技成果产业化的相关理论主要涉及创新理论和产业发展理论两大方向，具体如熊彼特的创新理论、技术经济学理论、产业竞争力理论、创新扩散理论等。

（一）创新理论

1912年，美籍奥地利政治经济学家约瑟夫·熊彼特（Joseph A.Schumpeter）在其著作《经济发展理论》中首次从经济学角度对创新理论进行了研究。熊彼特认为，所谓“创新”，就是建立一种新的生产函数，也就是说，把一种从来没有过的关于生产要素和生产条件的“新组合”引入生产体系。他还认为，“创新”是促进经济发展的内在动力，创新在经济发展过程中的变动都可能改变经济发展状态。在熊彼特创新理论研究的基础上，创新理论后来出现了两大分支。一是技术创新学派。以曼斯菲尔德（E.Mansfield）、施瓦茨（N.L.Schwartz）等最具有代表性，他们研究了技术创新与模仿、技术创新与推广、技术创新与转移的关系。通过对这些关系的深入研究，产生了一些具有代表性的理论：

如曼斯菲尔德的技术模仿论、门斯（G.Mensch）的技术创新论、卡米恩（M.L.Kamien）和施瓦茨的市场结构论等。二是制度创新学派。道格拉斯·诺思（Douglass C.North）等最具有代表性。他们把制度、技术创新和经济效益三者结合起来进行关系研究，并指出在经济发展的过程中制度应该如何安排以及制度环境怎样是非常重要的。如诺思的制度创新论、拉坦（V.W.Latan）的诱致性制度变迁理论等。

熊彼特创新理论认为，创新是为了把一种新的生产要素和生产条件的“新组合”引入生产体系，引入生产体系的主体是企业，动力是社会存在的潜在利益，创新过程离不开的是信贷。创新是需要企业家发挥创造力对生产要素和生产条件重新调整和改造，起着创造性的破坏作用。在这一过程中，企业家发挥了不可替代的作用，只有企业家才具有这种能力，实现“新组合”的顺利完成。因此，在现阶段的科技成果转化与产业化过程中一定要重视企业家的作用，加强对企业家精神的引导，使企业家发挥最大的潜力为技术创新作出自己最大的贡献。创新的动力是社会的潜在利益，因为潜在的利益具有一定的隐蔽性和神秘性，所以企业家要想发现这一潜在的利益，就一定要具备高素质、专业化知识和超强的“嗅觉”，进而在潜在利益的引导下发挥自己最大的实力，实现技术创新，促进科技进步。熊彼特创新理论还提到信贷与创新有密切的联系，信贷可以使企业进入市场进行原始资源的购买，同时可以使企业家聚集闲散资金，实现企业的大发展。因此，在实现科技成果的转化与产业化时要注重信贷的作用，解决科技成果转化与产业化过程中的资金问题。

（二）技术经济学理论

20世纪50年代，我国学者首创了技术经济学这门独立的应用经济学科，其理论来源于工科的管理工程与技术分析，并在随后的几十年发展之中，融入了经济效果理论、技术转移理论、技术选择理论、技术扩散理论等现代经济学理论。技术经济学作为一门应用型的经济理论科学逐渐发展壮大起来。20世纪90年代，经济水平的不断提高和科教兴国战略的实施为技术经济学的发展提供了绝佳的机遇，使技术经济学进入全面发展时期。目前，关于技术经济学的学科定义大致有三种观点：一是以重点工科院校为代表的技术创新论，二是以重点综合大学为代表的经济分析论，三是以专业教育大学为代表的综合论。正是由于研究者所处的视角与所站的位置不同，对技术经济学的理论结构会产生各自相对独立的看法。当下，对技术经济学学科最权威的解释是：它是融合了技术和经济两门学科的交叉学科，是在自然科学和社会科学的联盟汇合下形成的边缘学科；它对技术领域的经济问题和经济规律进行了研究，研究技术进步与经济增长的相互关系。综合各类文献参考资料，我们认为技术经济学是运用经济学的理论和方法，研究技术生成规律性、新旧技术替代过程的规律性、技术进步和创新的规律性以及技术资源配置与经济增长之间关系及其运动规律的科学。技术经济学理论明确指出，技术在促进经济增长、技术资源的配置方面是有规律性的，能为科技成果转化与产业化过程遇到的技术问题提供解决的方法，为科技成果转化与产业化过程中的技术探索提供路径指导。

（三）产业竞争力理论

产业竞争力的研究兴起于20世纪八九十年代，其出现是为了应对国际市场带来的竞争压力。通过对相关文献的搜索发现，对产业竞争力的研究是多角度、多层次的，对产业竞争力的阐释出现了国家环境学说、生产力学说、效率学说、要素资源配置学说、区域环境学说等五种说法。产业竞争力理论又叫国家竞争优势理论，是由哈佛商学院的著名学者迈克尔·波特教授提出的。他认为，一个国家的竞争力最主要的是体现在它的产业和企业竞争力上，好的产业和企业竞争力离不开好的国家环境。中国社会科学院工业经济研究所原所长金碚对产业国际竞争力作出了定义：在排除国际贸易壁垒的情况下，一个国家的特定产业相比其他国家具有更高的生产力和市场适应能力。中共浙江省委党校盛世豪教授认为，产业竞争力是一个地区或国家的综合能力，其中包括其产业供给能力、价格优势能力、盈利能力，而这一切能力的比较都必须在一个合理公正的市场环境下进行。

技术产业化的目的实际上就是形成一定的产业竞争力，提升科技和经济竞争力。在产业竞争力的引导下，能更顺利地实现科技成果转化与产业化。一是通过产业竞争力理论可以知道科技成果转化与产业化过程中外部环境对转化和产业化效果有一定的影响。二是产业竞争力理论为科技成果转化与产业化过程获得竞争优势提供理论指导。

（四）创新扩散理论

创新扩散在国内学术界一直被翻译为技术创新扩散。技术创新扩散理论源自熊彼特的创新理论，其发展历程大体可以分为以下三个阶段：第一，概念阶段，在一些经济理论中隐含了一些技术创新扩散的思想，一些学者开始将其独立出来作概念界定；第二，模型研究阶段，主要是对技术创新扩散模型的研究；第三，应用阶段，美国经济学家斯通曼（P.Stoneman）的《技术变革的经济分析》把技术创新扩散带上了一个全新的高度，使得创新扩散理论真正运用到经济建设中。

技术创新扩散的过程是创新成果经过一段时间，在一定的渠道上，通过某一社会系统的成员传播的过程，即一项技术创新成果在技术创新扩散过程中，通过不同的途径，向社会其他领域转移和渗透。同时，它又是一个受社会系统及其环境影响的社会化过程，是实现生产技术进步、推动社会发展的重要手段。创新扩散主要强调的是范围的扩大、受众的增加。

技术创新扩散的层次可分为三层：第一，企业内部的扩散，创新成果在企业内部应用范围得到扩大，即不同部门之间的扩散；第二，企业间的扩散，一项技术创新成果从一个企业向其他企业传播，在产业内得到更多应用；第三，总体扩散，应用水平得到提高，应用范围得到扩大。

技术创新扩散获得成功的评判标准，通过对国内学者的相关研究进行统计可知，主要有以下指标：有创新扩散的投入、预期收益、该企业对待风险的态度、起初使用新技术所带来的不确定性、调整成本和收益的协方差等。可以看出，这些指标都是站在单个企业视角给出的，这一点可以理解为单个企业的经济追求是创新扩散的原动力，产业价值、社会价值在这些企业对各自价值追求的基础上实现，两者是内在统一的。

三、山西省高端新材料领域创新发展路径

首先，总结山西省高端新材料产业发展的总体情况；其次，分析产业关键技术发展的现状，谋划提出可对接的产业化方向和技术清单；最后，确定产业创新发展的具体路径。

（一）产业发展现状

山西结合自身资源优势，经过多年发展，新材料产业呈现良好发展态势，初步形成以先进金属材料、新型化工材料、新型无机非金属材料、前沿新材料、生物基新材料五大特色领域为主的产业体系。山西新材料产业发展现状可概括为五个方面：一是产业发展具有一定规模。部分行业领域产能和产量居全球或全国前列，其中不锈钢产量规模亚洲最大，煤系高岭土深加工产品年产60万吨，居国内第一，山西成为全球主要产地。钕铁硼永磁材料产量占全国的1/7。二是细分领域结构优化。高性能特殊钢在高铁、核电等多个领域占有较大市场份额，镁合金材料及制品研发应用居国内前沿水平，钕铁硼永磁材料国内市场占有率在15%以上，煤系高岭土、化工合成新材料处于国内领先水平，新型电子信息材料、高性能纤维复合材料、功能陶瓷材料等约占行业总产值的30%。三是龙头企业优势明显。企业综合发展能力不断提升，涌现出一批产品特色鲜明、企业知名度高、竞争力强的骨干龙头企业，如太钢不锈、山西钢科、中条山有色、阳煤太化新材料、银光华盛镁业等。初步形成了大型骨干企业引领、中小企业协同发展的良好局面。四是创新体系支撑有力。大力推进高性能碳纤维及复合材料制造业创新中心、中国科学院碳材料重点实验室、先进不锈钢材料国家重点实验室等技术研发平台建设，引导省内科研院所与企业开展产学研合作，建立国家级企业技术中心20余个、省级企业技术中心300余个。五是区域布局特色明显。特殊钢、镁铝合金深加工、“煤焦化—烯烃—精细化工产品、矿渣、炉渣、粉煤灰、煤矸石等工业废弃物—新型建材”等全产业链条基本成形，形成了以龙头企业为核心的多条新材料特色产业经济带，集群式发展态势初步显现。

虽然山西省新材料产业基础已初步具备，但在产品档次、集群效应、研发水平等方面，仍与自身资源禀赋不相匹配，一定程度上制约了新材料产业的发展。一是产业链条较短，产品档次偏低。全省新材料产业以基础材料或中间体为主，资源性特征明显，产品档次偏低，下游、精深加工、高附加值产品开发不足。二是集群优势不突出，带动能力不强。全省新材料产业布局分散，专业化分工和差异化经营格局尚未形成，如铝合金加工产业，板带箔、工业型材等高终端高附加值产品精深加工企业少、占比低，集群带动作用不明显。三是高科技人才缺乏，技术创新不足。全省新材料企业中，科研人才、高职称专业人才相对缺乏，新产品开发能力弱，对新材料公共关键技术联合创新不足，高技术、高附加值等关键材料受制于人。四是品牌建设滞后，市场开拓能力不足。近年来，山西省材料产业领域陆续研发生产了一批特色产品，但由于产品品牌知名度不高、产品应用实例较少甚至空白等问题，导致市场开拓难。

（二）关键技术发展现状

山西省在碳材料领域起步较早，具有较为深厚的研发积累和技术优势。目前，山西省在碳基新材料领域拥有煤转化国家重点实验室、碳纤维制备技术国家工程实验室、省部共建煤基能源清洁高效利用国家重点实验室、国家煤基合成工程技术研究中心、炭材料山西省重点实验室等近20个国家及省部级创新平台，拟建设煤炭绿色低碳清洁利用国家实验室等国家级一流平台。全省拥有碳纤维及其复合材料、石墨烯储能技术研究、二次电池关键材料及系统等十余个山西省科技创新团队，拟引进北京大学彭练矛院士团队建立碳基薄膜电子创新团队。山西省的"手撕钢"产品，已广泛应用于折叠屏手机、柔性显示屏、储能电池等项目；碳化硅产业基地已位居国内第一，世界前十；高性能碳纤维材料，已经成为航天重点型号研制生产的保障材料和航空领域的优选材料；国产T1000级碳纤维等一大批核心关键技术得到了有效突破，逐步形成支撑带动全省新材料产业技术迭代、实力壮大的重要力量。

（三）山西可对接产业化方向和技术清单

根据我省制造业发展实际情况，结合国家发展和改革委员会高端新材料重点领域技术产业化实施要点，梳理提出我省高端新材料可对接产业化方向和技术清单。

1. 高性能钢铁材料

发展方向。重点发展汽车及汽车零部件用钢、高铁关键零部件用钢、航空航天关键装备用钢、海洋工程及高技术船舶用钢、核电关键装备用钢以及其他高端装备用钢等品种，加速推广应用。布局发展急需的新能源和高效节能、环保、高速列车、国防和国家重大工程等特殊领域用高性能、高功能型不锈钢、薄规格无取向硅钢、高钢级管线钢、高铁轮轴钢、高铁齿轮钢及高温耐蚀合金钢材料，实现关键材料替代进口。

技术清单。低温加热制造高磁感取向电工钢（Hi-B）技术研发；煤矿机械刮板运输机中部槽用新型中锰耐磨钢；二氧化碳捕集及在不锈钢冶炼中应用新技术开发；高级别热轧磁轭、磁极钢系列产品及工艺开发；生活饮用水系统工程用高耐蚀不锈钢焊接关键技术开发；垃圾焚烧锅炉用TP310S/H钢管关键制备技术；5G高端电子用超精密极薄带材制备技术；高品质不锈钢箔带精密微成型技术及装备研发。

2. 铝镁合金材料

发展方向。向高强高韧合金材料生产、高端精深加工延伸，逐步形成以合金板带箔、铸件、型材、锻件、板材为主体，终端产品相配套的全产业链体系。重点发展汽车轻量化结构件，轨道交通用大型铝镁合金型材，航空航天、国防用高强度大尺寸复杂精密合金铸、锻件，太阳能发电用铝材，高纯高压电子铝箔等高端材料，打造全国最大的铝镁合金全产业链聚集地和华北地区最大的汽车轻量化结构件加工基地。

技术清单。高塑性镁合金板制备与专用设备开发；轻质高模镁基材料制备与成型技术；大规格高强、耐热稀土镁合金铸锻成型关键技术；高性能难变形金属无缝管材精密冷轧成型关键技术与装备；特种金属材料复合板成型技术；高性能铝锂合金板材细晶轧制成型及形变热处理技术。

3. 铜合金材料

发展方向。推进原铜向下游延伸，开发广泛用于高铁输电接触线、牵引电机转子部件、输配电变压器等领域的高强高导高韧性铜合金材料。重点发展5G高频高速铜基应用材料、高精度铜板带箔、覆铜板、高强高导引线框架材料、高精度异型铜合金材、铜镍硅合金、超细毛细管等高性能铜合金，力求在电子、电力、汽车、高铁、船舶、军工、航天和新能源等关键领域替代进口。依托正威集团、北方铜业、春雷铜材等龙头企业，打造晋南国防用铜及铜合金研发生产基地和高端铜及铜合金研发和生产基地。

技术清单。新能源汽车用电连接器件高性能铜合金带材的开发及应用研究。

4. 钕铁硼永磁材料

发展方向。支持山西省磁材产业协会与省内高校、科研院所合作，共建技术研发团队，联合培养专业技术人才，扶持企业建立研发检测中心，构建“产学研用”一体化战略合作联盟。重点发展一致性高、稳定性好、适用性强的低稀土含量永磁材料和各向异性粘结钕铁硼永磁材料，推动我省钕铁硼生产与加工由初级产品向终端产品转变，产品销售渠道由中间环节向终端用户转变。拓展在新能源汽车、手机、医疗器械、风电、磁选、消费类电子产品等高端领域应用，加快推进耐高温基体抗腐蚀性和低失重产品的产业化步伐，将山西打造为中部最大的核磁共振磁钢、轮毂电机磁钢产品生产加工基地。

技术清单。重点开展低成本、高性能钕（铈）铁硼烧结磁体的研发与产业化，攻克低含量或不含重稀土的高性能钕（铈）铁硼烧结磁体开发与产业化关键技术。

5. 新能源材料

发展方向。重点发展以晶硅和薄膜为主的太阳能电池材料和铜铟镓硒、铜铟硫、碲化镉等新型薄膜光伏材料，开发功率型和容量型新能源关键产品，拓展产品在电动汽车和风力发电、光伏发电等新能源领域的应用，推进高能效、低成本光伏材料产业化。

技术清单。异质结太阳能电池用导电材料、PERC单晶电池制备技术等。

6. 煤系高岭土材料

发展方向。依托产业重点企业推动颜料级超微细煅烧煤系高岭土示范工程、功能型高岭土生产线等重点项目，加快实现煤系高岭土材料产业化。

技术清单。重点突破立式湿法球磨机全湿法磨矿技术、超细研磨技术、大型多炉膛立窑煅烧工艺等关键技术。

7. 新型耐火材料

发展方向。依托重点企业，以白云石替代菱镁矿制备镁钙砂技术等关键技术为支撑，立足阳曲县转型发展产业园区、阳泉经济技术开发区、孝义经济开发区等重点园区，推动重点项目，加快实现新型耐火材料产业化。

技术清单。重点推进白云石替代菱镁矿制备镁钙砂技术、特种不定型热修补系列耐火材料技术取得关键突破。

8. 新型建筑材料

发展方向。依托重点企业，立足万荣县荣河建材工业园区、山阴经济技术开发区等重点园区，推动硅酸钙保温板、喷膜防水涂料及硫酸铝生产线项目等重点项目，加快实现新型建筑材料产业化。

技术清单。重点开展建材石料制备技术、新型干法水泥熟料生产技术、石灰石清洁化制备特种纳米碳酸钙技术等关键技术研发。

9. 特种玻璃材料

发展方向。依托重点企业，立足长治经济技术开发区、交城经济开发区、黎城西仵新材料工业园等重点园区，重点推动太阳能玻璃深加工项目、特种玻璃生产线技改项目等重点项目，加快实现特种玻璃材料产业化。

技术清单。以太阳能光热发电反射镜玻璃、超白压延光玻璃、在线低辐射镀膜玻璃等特种玻璃材料技术等关键技术为支撑，在特种玻璃材料关键技术研发上取得突破。

10. 新型陶瓷材料

发展方向。依托重点企业，立足晋城经济技术开发区、朔州经济开发区、河津经济技术开发区等重点园区，重点推动汽车轻量化材料项目、精细陶瓷项目等重点项目，加快实现新型陶瓷材料产业化。

技术清单。重点开展微晶耐磨陶瓷制备技术、超深度加氢脱硫催化剂制备技术等关键技术研发。

11. 高端炭材料

发展方向。结合山西省煤焦油沥青资源丰富、含碳量高、聚合度高的特点，积极开发高性能石墨烯粉体、特种石墨、沥青中间相炭微球、硅碳负极材料、沥青基碳纤维等沥青高附加值利用产品。充分利用无烟煤含碳量高、储量丰富的特点，开展无烟煤的梯级开发利用，制备煤基石墨烯、超级电容炭、煤基碳化硅等高端炭材料。

技术清单。着力突破石墨烯导热薄膜、石墨烯储能、大面积单晶石墨烯等关键工业制备和应用开发技术，重点推进超级电容器、触摸屏、结构材料、导电油墨、热管理材料、电磁屏蔽等石墨烯下游领域的技术研究。

12. 碳基复合材料

发展方向。加快煤制油、煤制高端烯烃、煤制芳烃等现代煤化工材料发展，大力发展高熔点费托蜡、微粉蜡、氧化蜡、异构蜡、高碳醇、单烷烃、烷基酚、乙酸酯、无芳溶剂油、低凝柴油、全合成润滑油、聚乙（丙）烯、聚酰胺、聚烯烃弹性体等；积极发展各类助剂、催化剂、添加剂等高附加值专属化学品和工程塑料、聚酯切片、聚氨酯等新型材料。

技术清单。煤基合成高端基础油技术、煤基费–托合成高端化学品技术等。

13. 高性能纤维及复合材料

发展方向。大力推动T300、T700、T800级碳纤维及连续玄武岩纤维等高端纤维制品的产业化和工程化应用，积极开发沥青基碳纤维、高性能玻璃纤维、连续玄武岩纤维、无机矿纤维、硅酸铝陶瓷纤维及下游产品。布局开发在航空航天、新能源汽车、高速列车、风力发电、压力容器、建筑补强和高压输电等领域的应用产品。依托太钢千吨级全国一流碳纤维生产基地和大同晋投玄武全球最大规模玄武纤维生产基地，打造太原、晋北两大高性能纤维及复合材料产业集聚区。

技术清单。高性能低成本碳纤维产业化制备关键技术；高性能碳纤维复合材料应用制备技术；玄武岩连续纤维均化、熔制与复合成型技术；长玻纤增强热塑性复合材料制备技术等。

（四）具体路径

1. 优化产业创新生态

统筹利用各级各类财政资金和社会资本，加大投入力度，支持太原市申报建设高端碳纤维制备与综合利用国家级科技创新基地，支持国际领先前沿新材料项目和技术研发。落实高新技术企业税收优惠等政策，鼓励金融机构创新知识产权质押贷款等金融产品和服务，拓宽产融合作渠道，为企业争取获得更多、更优惠的金融支持。建立对重大新材料项目的定期调度机制，及时掌握项目进展情况，加强协调服务，确保项目顺利实施。

2. 强化人才支撑

加大两院院士等高端人才的引进力度。加强与海内外优秀企业、研发机构合作，积极引进拥有自主知识产权、掌握核心技术的高端领军人才和研发团队。推动企业和高校联合建立各类创新平台，加快人才队伍培育速度。

3. 完善质量认证

加强质量、标准、认证、品牌培育，推动新材料产业向高端、高质、高效发展，全面提升产业核心竞争能力。落实国家新材料标准领航行动计划，推动全省具有自主知识产权的核心技术上升为行业标准、国家标准和国际标准，提升关键材料的质量检验检测能力。

4. 加强开放合作

支持企业融入“一带一路”建设，深化与京津冀、环渤海创新协同，促进人才团队、技术资本、标准专利、管理经验等交流合作。鼓励国外企业和科研机构在山西省设立新材料研发中心和生产基地。加强与新材料产业发达省市的园区、企业交流合作，形成战略发展同盟，实现地区差异、协同发展。

四、山西省重大技术装备领域创新发展路径

首先，总结山西省重大技术装备领域产业发展的总体情况；其次，分析产业关键技术发展的现状，谋划提出可对接的产业化方向和技术清单；最后，确定产业创新发展的具体路径。

（一）产业发展现状

山西省装备制造业历经多年发展已初具规模，是继煤炭、冶金之后第三大支柱产业，整体实现了稳步较快发展，规模稳定扩大。近年来，全省装备制造业发展迅速，营业收入持续稳定增长，支柱作用不断凸显。“十三五”期间，山西省装备制造业营业收入由“十二五”末的1500亿元左右增长到2020年的2700亿元左右，年均增长约13%；利润由61亿元增长到近百亿元，年均增长约10%，规模以上装备制造企业数由不足

600家增至近千家。

山西省重大技术装备产业重点聚焦在轨道交通装备、智能煤机装备、通用航空装备以及海洋装备四个产业。

一是轨道交通装备制造业。近年来，山西省加快轨道交通基础设施建设，带动了整车及零部件制造业发展。初步形成了自主研发、规模制造、规范服务的产业体系，具备了向全产业链发展的实力，成为全国电力机车、货车、车轮、车轴、轮对、牵引电传动系统重要生产基地，部分产品技术及市场占有率位居全国前列。

二是智能煤机装备制造业。作为煤炭资源大省，煤机装备一直是山西省装备制造业的优势产业。近年来，以规模化、专业化、集群化为方向，产业规模逐年扩大，创新能力明显增强，形成了以“三机一架”、提升设备、洗选设备、煤化工设备、辅助运输设备、矿井安全设备为主体，研发与制造并举的产业体系，智能煤机产品规格齐全、质量稳定、可靠性高，生产规模和销售规模均全国领先。

三是通用航空装备制造业。山西省通用航空发展有着悠久的历史，是我国通用航空产业的发源地，在机场设施、通航业务、产业园区等方面具有一定的产业基础。原材料方面，太钢集团高性能T800H碳纤维产业化项目已投产，成为国家航空航天碳纤维主力供应商。制造方面，省内现有太航仪表等航空制造企业，在研制航空仪表及相关传感器、野外隐身防护装置、无人机等方面具有一定优势。产业园方面，有大同通用航空产业园和介休青云通用航空产业基地。

四是海洋装备产业。近年来，山西海洋装备产业实现了多个突破，部分细分产业领域初具产业规模。船舶用发电机、空气分离系统、板式换热系统实现在船舶重大型号上的应用，无人水下航行器（潜行器）产品实现系列化，船舶用电力推进系统实现批量应用，技术达到国际领先水平。海上风电系统等产品技术水平已走在全国前列，大型海上液压打桩锤等重点产品成功实现国产化。海下无舵矢量推进无人潜航器、海洋探测传感器等多项技术自主创新，技术指标领跑国际。

在取得诸多成绩的同时，应清醒地意识到，山西重大技术装备发展在产业规模、市场竞争力、制造业服务化、市场开拓能力等方面仍存在发展瓶颈。

一是产业规模较小。与发达省份相比，山西省重大技术装备制造业规模依然偏小、行业集中度低、整体关联度不高、龙头企业带动性不强、产业链条薄弱，没有形成专业化协作体系和优势互补的发展模式。

二是缺乏核心竞争力。产学研协同创新能力不足，科技成果转化率较低，拥有自主知识产权和自主品牌的技术和产品少，对外依存度高。专业技术人才不足，高层次创新型人才严重匮乏，难以助推生产力的快速发展。

三是装备制造服务业发展滞后。企业整体缺乏服务意识，对增值服务环节的重视和投入不足，为用户提供系统设计、运维服务、回收再制造等服务能力还需进一步提升，从制造到服务的延链拓链进程缓慢。

四是市场开拓能力不足。部分企业产品技术含量低、市场开发意识薄弱、营销管理粗放、抗风险能力不足，缺少对细分市场的研究和对服务质量的分析，企业走出去难，尤其是开拓海外市场极为困难。

（二）关键技术发展现状

从“一煤独大”到“装备名片”，山西装备制造不断转型发展，技术水平大幅提高，重点装备取得突破。轨道交通装备领域，中车大同掌握了HXD2、HXD2B等多款机车的核心技术；太重轨道的车轮、车轴和轮对技术均处于国内领先水平；智奇铁路高速动车组轮对技术国内领先；中车永济的350公里标准动车电传动系统和“中国芯”大功率机车电传动系统实现了动车、机车电传动核心关键技术的突破；晋西车轴已成为美国西屋制动、SCT公司全球摇枕、侧架最大供应商。智能煤机装备领域，同煤集团研制的“特厚煤层大采高综放开采成套技术与装备研发”获得国家科学技术进步奖一等奖；天地煤机的重叠式快速掘进系统和EBZ220M双锚掘进机、阳煤集团直角转弯重型刮板输送机为世界首创；太重煤机研制的MG300/730-WD半煤岩电牵引智能采煤机成功替代进口。新能源与节能环保装备领域，阳煤化机自主研发的“晋华炉”在水煤浆水冷壁气化技术方面处于国际领先水平；太锅集团的循环流化床锅炉实现了超低排放，循环流化床（CFB）燃烧技术处于国际领先地位；中国科学院山西煤炭化学研究所的碳基催化剂干法烟气多种污染物一体化脱除技术，解决了工业散煤烟气集中度低、污染物治理成本高等问题；江淮重工研制的“核级阀门”通过了美国机械工程师协会（ASME）和国家有关部门阀门设计制造资质认证，拓展至核电装备领域；山西柴油机公司的燃气发电机组是目前国内唯一单机功率超过1000千瓦的燃气发动机。电子信息装备领域，中电科风华在精密运动控制、机器视觉、图像处理等共性技术上实现了突破，达到国际先进水平；汾西重工突破了鼠笼异步发电机技术壁垒，研制成功了5兆瓦级鼠笼异步海上风力发电机，整体性能指标达到国际先进水平。

（三）山西可对接产业化方向和技术清单

根据我省制造业发展实际情况，结合国家重大技术装备重点领域产业化发展方向，梳理提出我省重大技术装备领域可对接产业化方向和技术清单。

1. 轨道交通装备

发展方向。以智能化、绿色化、轻量化、系列化、标准化、平台化为发展方向，聚力打造“原材料—关键零部件—整车修造”的全产业链条，充分发挥核心企业带动作用，通过整车总成和关键部件的自主创新、技术引进和消化吸收再创新，提升地方铁路装备配套协作能力，打造配套完善的铁路装备制造产业体系。关键材料方面，着力发展高速、重载轨道交通不锈钢材料和轻量化铝镁合金材料。关键零部件及系统方面，以动车组轮对、城市轨道交通用轮对、新型电机、重型货车轮对、铁路货车卸货机构及控制系统、铁路货车顶盖等高附加值产品为主导，加快新材料、新技术和新工艺在轨道交通走行系统中的应用，大力争取国家扩大我省轨道交通装备产业布局，打造全球最大的动车组轮对制造基地。整车总成强化机车造修方面，以推进重载电力机车、新型客运机车、铁路货车、工程作业车、大型养路机械为主导，打造国内最大的重载电力机车制造世界级基地。

技术清单。重点围绕原材料、关键部件、信号系统、安全检测和整车集成等发展方向，开展关键共性技术攻关。

上游产业技术：高铁齿轮钢产品关键生产工艺技术开发及产品应用；新型双金属复合制动鼓系列产品研发及产业化应用；轨道交通用低成本、高性能镁合金产品研制与管形结构件制备技术；快速电动液压转辙机研究与产业化运用。

中游产业技术：大直径复杂结构机车车轮制造技术；轨道交通大型车轴高效轧制关键结构设计理论及先进数字化成套装备；轨道交通车轴及钢坯制造与检测技术；轨道交通大型关键复杂铸件绿色制造工艺及先进数字化成套装备；高速动车组智能轮对开发及服役行为研究；高铁轮

轴生产智能工厂建设项目；宽轨电力机车关键技术及系统集成；永磁直驱大功率电力机车；氢燃料电池应用技术研究及机车研制；基于新型碳化硅功率器件的城市轨道交通节能牵引系统；基于故障导向安全的车载永磁辅助同步牵引系统；基于5G系统的无人驾驶技术研发；电力机车受电弓碳滑条研发及产业化项目；高铁车轴用水性抗冲击消音涂料研发。

下游产业技术：新型快捷装卸多式联运装备技术研究；和谐号大功率交流传动电力机车C6修技术研究；铁路车辆部件智能管理、检修平台的研发；基于大数据技术的智慧停车运营平台技术。

2. 石油化工装备

发展方向。以优化结构、技术创新、全链配套为目标，加快推进产品大型化、高端化，加快推进海上油气勘探钻采装备研制和产业化应用。大力发展现代煤化工装备，实现高压隔膜泵、高压煤浆泵、煤浆切断阀等关键零部件国产化，开拓煤炭清洁高效利用渠道，为我国煤炭利用实现清洁高效、绿色环保提供国际领先的煤气化技术。

技术清单。海上油气勘探钻采装备技术：重点发展自升式钻井平台、半潜式钻井平台和浮式生产储卸油装置（FPSO）、浮式液化天然气生产储卸装置（FLNG）、浮式储存及再气化装置（FSRU）建造，提升钻井船及海上作业保障装备的研发建造能力，推进深水、超深水半潜式生产平台、大中型液化天然气浮式生产储卸油装置（LNG-FPSO/FSRU）、浮式钻井生产储卸装置（FDPSO）、张力腿平台（TLP）、深吃水立柱式平台（SPAR）等油气生产装备及水下生产系统和水下立管等生产辅助装备的研制。现代煤化工装备技术：重点研发煤炭直接液化、煤炭间接液化、煤气化、煤制烯烃、煤制乙二醇等一批具有代表性的煤化工装备，实现高压隔膜泵、高压煤浆泵、煤浆切断阀等关键零部件国产化的技术突破，研发耐高压、耐高温、耐腐蚀、绝热深冷特种承压设备，突破高通量换热器、大型绕管式换热器、能源转化显热回收率达80%以上的大型高压全热回收气化炉等煤化工装备技术。

3.冶金装备

发展方向。重点发展高精度热卷箱设备、大型板坯连铸机、无缝管轧机、热连轧机、宽厚板轧机、快速自由锻设备、短行程铝挤压机生产线等冶金装备。充分发挥以中厚板矫正机、油膜轴承为代表的山西特有优势产品聚集效应，带动相关上下游产业，打造管板带冶金产业集群。

技术清单。重点研发高效、节能冶金装备，加快高品质节能高效冶炼技术、高精度薄带冷轧及控轧控冷技术、精密管棒轧制矫直技术、风机主轴空心锻造技术等关键技术攻关。

4.纺织装备

发展方向。创新发展新型纺织装备，重点发展智能型超高速及超宽幅喷气织机、智能化针织圆纬机等创新纺织装备，改变我国高端气流纺、细纱机依赖进口的局面。提高传统纺织机械智能化水平，发展全流程智能纺纱系统，打造大数据智能服务中心，建立全方位的分析管控服务平台，实现设备运行、维护、故障、预警、产量、效率、能耗等多方面大数据分析，为开拓新型且持续增长的服务型制造业奠定基础。重点布局晋中纺织机械制造产业集群，将榆次智能纺机工业园打造成全球领先的大型纺织机械制造基地。

技术清单。重点突破喷气涡流纺技术、电锭细纱机技术、高速全自动精梳机技术、数码纺智能纺纱技术等核心关键技术，大力提高高速新型精梳机及其配套设备、集聚纺纱设备、细络联络并捻设备、高速剑杆织机系列装备、高性能经编机等传统纺织装备的数字化、智能化水平。

5.重型矿山装备

发展方向。大力发展煤炭综合采掘装备，借助山西煤矿资源整合和大型矿井建设机遇，重点发展矿井建设机械化凿井装备、薄煤层机械化开采装备、多功能低污染无轨辅助运输装备、大型露天煤矿成套装备等重大装备，将山西煤炭资源优势有效地转化为煤机装备竞争优势。重点开发煤炭智能化高效分选技术装备，集成开发灰水热实时检测仪器仪表，研发机电一体化大型重介、跳汰、浮选等分选设备，建设自动化生产和信息化管理技术平台，全面提高国产装备大型化、自动化、节能化技术水平。延伸发展井下安全装备，提升煤矿安全装备和煤机配套产品制造能力，重点发展矿用防爆电机、防爆风机、防爆开关、隔爆矿灯、个人自救装备等煤矿安全生产和应急防护装备。聚焦发展高端矿山机械，重点发展大型露天矿半连续开采成套设备关键技术与装备、超大能力移动破碎站关键技术及装备、超大型振动筛分技术与设备、大型矿用液压挖掘机等高端主机装备。巩固强化关键配套部件，提升山西矿山装备产业的整体配套能力，打造配套完善的全产业链。

技术清单。以煤矿智能采掘技术创新为引领，在智能化技术与装备水平方面，加强精准地质探测、智能综采设备、煤矿机器人、煤炭智能化高效分选等领域共性关键技术研发，提高智能装备的成套化和国产化水平；重点突破大型露天矿半连续开采成套设备、超大能力移动破碎站、超大型振动筛分等关键技术；突破新型露天矿开采成套装备与智能控制系统，深井、超深井大型提升装备与智能控制系统，中大型H型钢生产线液压控制系统，重点开发具有高结构强度辗钢整体机车轮轴、高承载能力及高运转精度的薄板坯连铸连轧油膜轴承、无键薄壁优化型轴承、高端液压柱塞泵等关键部件技术研发。

6. 工程机械装备

发展方向。依托太原重型机械集团有限公司等一批工程机械重点企业，加强整机和关键零部件的正向设计能力，加大核心零部件产品性能、可靠性和稳定性的关键技术攻关力度，着力破解制约行业发展的瓶颈。抢抓太原地铁建设发展契机，持续推进盾构机技术攻关和产业化，研制一批高端地下工程装备。强化研发设计和市场开拓，推进大型工程起重机和建筑起重机、大型挖掘机、装载机、推土机、平地机等重大及新型装备研发及产业化。

技术清单。开展核心重大技术研究，强化前瞻性基础研究和关键共性技术研究，如数字化智能控制技术，混合动力、电动化和能源多样化技术及安全、环保、健康技术。强化关键零部件研发，着力突破液压系统部件、传动系统部件、电控系统部件和动力系统部件等核心基础零部件（元器件）技术瓶颈，增强产品性能、可靠性和稳定性。

7. 海洋装备

发展方向。以高端化、系列化为重点，围绕蓝色经济发展，重点打造海洋船舶关键零部件、海上风电能源装备、深海深地探测装置等产业链。“十四五”期间，基本形成海洋装备系列产品，并在部分领域实现领先。未来15年，在海洋矿产资源、天然气水合物等开采装备、海上综合实验船等部分领域实现突破。未来30年，在部分优势领域形成若干世界知名品牌。

技术清单。大力推动海洋船舶装备技术研发，实现船舶航行动力、控制系统、警戒防务系统、照明系统、空气分离系统、换热系统等新能源驱动，改善海洋深潜器等深海探测与作业装备的航行作业性能；积极参与各类先进海洋工程装备的总体设计、核心技术攻关、装备性能研究等，重点推进海上风力发电系统总成、海上施工装备、港口机械等向大型化、系列化方向发展；加强产学研用深度融合，加快实现深海探测、极地探测领域的技术研发及产业化。

（四）具体路径

1. 构建创新生态体系

打造高端装备全生命周期服务的创新生态，为企业生产和创新活动提供体系完备、功能齐全、优质高效的服务。坚持应用导向，积极争取布局国家重点实验室，建设重大科研基础设施，以一流平台、一流课题，吸引一流人才、一流团队。坚持成果导向，创新体制机制，实行重点科研项目攻关“揭榜挂帅制”，突破一批共性关键技术。重视科技成果转化，支持科技成果产业化形成的新技术、新产品、新业态在我省装备行业率先应用。

2. 打造旗舰企业

积极培育一批拥有自主知识产权、核心竞争力强的高端装备制造旗舰企业，发挥集聚带动、产业辐射、技术创新和市场营销优势，强化示范引领作用，促进行业技术进步和效益提升。鼓励对上下游配套企业进行并购重组，形成专业化分工、配套化生产的发展格局。加强自主品牌培育，推动产业集群领域品牌建设工作，提升品牌形象和价值。

3. 提高“三化”水平

加快装备制造业转型升级，开发一批处于价值链高端、具有核心竞争力的重点产品和重大装备。组织开展应用试点示范，支持智能制造关键技术装备和核心支撑软件在装备产业的推广应用，加快发展智能装备。支持有条件的企业建设智能工厂和数字化车间，不断提高生产智能化水平。大力研发推广绿色工业技术装备，提高资源利用效率，推行循环经济、绿色制造和服务型制造，推动装备产业向高端化、绿色化、智能化发展。

4. 加大政策扶持力度

统筹利用各级各类财政资金，对高端装备制造业给予倾斜支持。落实高端装备高新技术企业税收优惠、研发费用加计扣除、固定资产加速折旧及企业研发投入后补助、设备关键零部件进口免关税、首台（套）保险补偿等优惠政策。拓宽产融合作渠道，力争为企业争取获得更多、更优惠的金融支持。积极做好产供销对接工作，鼓励主导建设项目在同等条件下优先采购本省产品。

五、山西省智能制造与机器人领域创新发展路径

首先，总结山西省智能制造与机器人领域产业发展的总体情况；其次，分析产业关键技术发展的现状，谋划提出可对接的产业化方向和技术清单；最后，确定产业创新发展的具体路径。

（一）产业发展现状

随着经济和科学技术的快速发展，智能制造已然成为我国实体经济发展的内在动力，对我国制造业转型升级起到了重要的推进作用。近年来，山西省响应国家有关安排，出台多项科技创新政策以保证山西省智能制造业的顺利发展。但是由于条件及资源限制，山西省智能制造能力水平在全国仍处于中下游，与发达省（市、区）相比仍存在一定差距。目前，全省智能制造与机器人产业发展的基础主要有以下几个方面：

1. 云计算与工业互联网产业

云计算与工业互联网产业主要包括上游核心硬件（CPU、闪存等）、中游IT基础设施（服务器、网络设备等）与工业软件（CAD、MES等）以及下游云生态（工业互联网平台、工业互联网安全等）三个部分。山西省发展云计算与工业互联网，具备了一定的产业基础。全省云计算产业生态初步形成，包括一批国内一流的云计算服务商和百度数据中心、秦淮数据中心、“天河二号”、国科晋云先进计算中心等一批重大产业示范项目。在工业互联网领域，已建成煤炭行业节点（同煤）、综合型节点（清控数联）、道路货物运输（快成）三个国家工业互联网标识解析二级节点，太原市建成了首个工业互联网平台。

2. 电子信息装备产业

电子信息装备产业主要包括计算机设备、通信与网络设备、电子元器件及电子专用设备仪器，以及软件、数据库开发等信息系统开发业。目前，山西已形成太原—忻州、长治—晋城两大电子信息装备产业集群。太原—忻州产业集群集聚了太原富士康、烁科晶体、北纬三十八度、中电科2所、中电科风华以及中电科33所、百信科技、罗科佳华、清华网络等电子设备、信息系统开发龙头企业。长治—晋城产业集群汇聚了晋城富士康、潞安太阳能、山西高科集团、中科潞安紫外等龙头企业，为电子信息装备产业的智能化发展以及打造电子信息装备全产业链提供了产业基础。

3. 人工智能产业

人工智能产业主要包括计算系统技术、计算硬件、数据处理等基础支持层，算法理论、开发平台、应用技术等中间技术层，以及智慧教育、智慧医疗、智能制造、智能交通、智慧金融、智能家居等应用层。山西省人工智能产业主要集中在应用层，在智能制造、人工智能芯片基础材料、无人驾驶车路协同等方面取得突破，华为、百度、字节跳动、长城智能制造、中科曙光等知名企业和一批创新创业优秀人才团队汇聚山西，中国长城智能制造（山西）基地、华为（大同）人工智能创新中心、百度云计算（阳泉）中心、阳泉自动驾驶车路协同示范区等一批重点创新平台、应用场景加快建设。

4. 智能传感及物联网产业

智能传感及物联网产业主要包括硬件、软件、系统集成、运营与服务四大核心领域，涉及各类传感器、新型传感网芯片设计、制造和封装、软件/中间件、系统集成、网络服务、内容服务、物联网技术应用等产业。山西智能传感及物联网产业具有一定发展基础，拥有百度云计算（阳泉）中心、东杰智能物流、罗克佳华、南自晋能等一批骨干企业，以及山西大学大数据学院、物联网行业技术中心、太原理工大学新型传感器与智能控制教育部重点实验室等一批高校、创新平台，并在传统产业、新兴产业智能化改造上为产业的发展提供了应用场景和广阔市场。

（二）关键技术发展现状

近年来，智能制造成为加快山西转型发展的突破口。中电二所、复晟铝业、大运汽车、太钢不锈、智奇铁路、科达自控等一批企业入选国家智能制造试点示范。其中，中电二所实现了国家智能制造试点示范、新模式应用和综合标准化三类项目全覆盖，大运汽车建立了集研发、生产、供应、销售、服务五位一体的智能制造管理平台，太钢不锈将冷轧、退火、酸洗、平整、拉矫、剪切六大工序集成在一条智能生产线上，智奇铁路实现了管理、生产、决策等方面的全数字化和智能化，科达自控利用物联网技术和矿山装备远程运维服务平台，实现了装备全生命周期管理。

煤矿智能化成为山西数字化转型、智能化升级的突破口。煤矿智能化是煤炭工业高质量发展的核心技术支撑，山西具备煤矿智能化建设的先天优势。一是以标准体系建设为根本，规范煤矿智能化建设。完成了《智能煤矿建设规范》地方标准的发布，省内煤炭企业如华阳、焦煤、晋能控股、潞安化工等大型煤企以标准为指导进行了智能化规划和改造，有效促进了煤炭行业高质量发展。二是以5G应用为引领，赋能煤矿智能化建设。全省5G基站开通率居全国第一方阵，全省工业互联网标识和二级节点建设数量也进入全国前十名。华阳新材料集团新元煤矿开通了国内首个煤矿5G井下网络。全省十余座煤矿也在大力推进基于5G应用的煤矿智能化建设。三是以智能煤机装备为支撑，保障煤矿智能化建设。全省煤机装备制造业已形成以“三机一架”、提升设备、洗选设备、辅助运输设备、矿井安全设备为主体，制造与研发并举的产业体系。大型矿井掘进机器人项目已列入国家重点研发计划，煤矿人工智能创新实验室正在建设中。

（三）山西可对接产业化方向和技术清单

根据我省制造业发展实际情况，结合国家发展改革委智能制造和机器人重点领域技术产业化实施要点，梳理提出我省智能制造和机器人领域可对接产业化方向和技术清单。

1. 智能制造

发展方向。积极迎接智能制造带来的重大变革，把智能制造作为制造业转型升级的战略基点，围绕重点优势领域，实现各种制造过程自动化、智能化、精密化、绿色化，带动整体智能制造水平的提升。

精密和智能仪器仪表与试验设备。重点发展高精度、高稳定性、智能化压力、流量、物位、成分仪表与高可靠执行器，智能电网先进测量仪器仪表AMI，材料分析精密测试仪器与力学性能测试设备，新型无损检测及环境、安全检测仪器，国防特种测试仪器等各类试验设备。

智能控制系统。重点发展综合性分散型控制系统DCS，具有与现场总线设备实现动态数据交换功能的现场总线控制系统FCS，逻辑控制、运动控制、模拟控制等功能有机集成的可编程控制系统PILC，先进高效发动机及其智能控制系统、新能源、新材料、节能环保等新兴产业所需要的专用控制系统。

关键基础零部件、元器件及通用部件。重点发展高可靠性力敏、磁敏等传感器，新型复合、光纤、MEMS、生物传感器、仪表专用芯片，色谱、光谱、质谱检测器件，高参数、高精密和高可靠性轴承、液压/气动/密封元件、齿轮传动装置及大型、精密、复杂、长寿命模具，电力电子器件及变频调速装置。

高档数控机床与基础制造装备。重点发展高速、精密、复合数控金切机床、重型数控金切机床、数控特种加工机床、大型数控成型冲压设备、重型锻压设备、清洁高效铸造设备、新型焊接设备、大型清洁热处理与表面处理设备、非金属成型设备、新材料制备装备、高档数控系统、数控机床功能部件、数字化工具系统及量仪。

智能专用装备。重点发展以矿山用智能自卸电铲、智能化全断面掘进机、快速集成柔性施工装备为代表的智能化大型施工机械。

自动化成套生产线。重点发展百万吨级及以上大型碳基新材料自动化生产线的系统集成，大型煤化工自动化关键装备，大型煤炭井下自动化综合采掘成套设备及大型露天矿自动化成套设备。

技术清单。在关键零部件领域，针对主机配套的液压件、轴承、齿轮、传感器等关键零部件性能水平低、可靠性差等问题，加强基础工艺研究，重点突破新型传感器重载齿轮传动装置，高强度紧固件高速精密镦锻成型技术，高速精密重载轴承，高可靠性液压、液力、气动和密封元件及系统所涉及的关键核心技术。在智能仪表和控制系统领域，重点突破智能精密仪表、控制系统等关键技术，需要自主创新可编程控制器、智能模块、先进执行器等核心设备，摆脱对外技术的依赖。在数控机床与基础制造装备方面依托国家高档数控机床方面的重大专项，进行专项开发并使成果产业化。在智能专用设备方面，掌握动态仿真和模块化设计技术，完成主要机种的整机集成研发技术，形成智能专用装备研发体系。重点突破智能工程机械、工业机器人、智能环保装备、煤炭采掘装备等涉及的核心关键技术。

2. 智能机器人

发展方向。聚焦机器人整机和关键零部件产品研发、产业化应用、集成应用示范、公共服务平台建设等，打造典型机器人产业园区，引进机器人骨干企业并培育孵化初创公司，给予入园企业在厂房建设、税收、办公环境、居住环境、资源对接等方面的优惠便利条件，为区域内机器人产业发展提供强劲的全要素支撑。

着重发展井下专用工作机器人。立足山西煤机整体技术和产业规模优势，大力发展掘进、采煤、运输、安控和救援等机器人产品；突破机器人机群协同作业控制技术，力争实现掘进全过程全方位智能化作业，走具有山西特色的差异化发展道路。

积极发展工业机器人生产配套。聚焦电子信息产品生产线“机器换人”需求，大力发展精密焊接、自动搬运上下料等工业机器人。依托省内军工企业的技术优势，重点发展机器人专用智能传感器和仪器仪表，完善山西省工业机器人产业链条。

引进培育生活服务机器人。有重点地鼓励发展建筑业机器人、农业机器人、智能伴侣机器人、专用服务机器人、家庭清洁机器人、助老助残机器人等产品。积极引进国内外机器人企业落户，逐步打造链条完整、技术先进、优势突出的机器人产业链。

技术清单。喷漆机器人技术；特种机器人技术；排爆机器人技术；卡车无人驾驶技术；智能掘进技术；智能采煤技术；搬运机器人技术；辅助运输智能化机器人技术；危险区域打钻机器人技术；井下重载作业机器人技术等。

（四）具体路径

1. 培育智能制造整体解决方案提供商

支持制造企业、自动化和信息技术企业，针对制造业智能化技术改造、智能工厂（车间）建设需求，发展智能制造系统集成业务，培育发展一批具有全国视野和高端规划能力的智能制造系统解决方案供应商。推广应用企业资源计划系统（ERP）、分布式控制系统（DCS）、供应链管理系统（SCM）、客户关系管理系统（CRM）、产品数据系统（PDM）等信息化管理软件，为实施智能制造提供软件支撑。引导和支持系统解决方案供应商为企业制定智能化改造方案，针对企业生产管理薄弱环节提出优化建议。

2. 加速传统产业生产过程智能化升级

利用5G与工业互联网技术，加速推进生产过程智能化，鼓励企业在相关环节增加机器人、智能监测系统、嵌入式专用控制器、在线智能检测系统等装备。开展新一代信息技术与制造业融合创新和工程应用，建成一批数字化生产线，推动制造业加速向数字化、网络化、智能化发展，促进工业互联网在装备制造中实现全面贯通。

3. 实施智能制造试点示范工程

深入开展省级智能制造试点示范创建工程、智能制造专项支持工程、关键核心技术攻关工程、骨干龙头企业对标赶超、智能制造创新平台搭建。以全省战略性新兴产业为重点领域，循序渐进培育省级智能工厂、数字化车间、智能生产线等，加快制造业重点领域智能化转型步伐。深入开展智能制造试点示范和标杆评选认定工作，让更多已经在智能化建设方面形成一定成效的企业成为行业或地域的示范和标杆，调动更多行业内及周边企业的积极性。加强应用示范引领，每年选择若干个特色块状经济行业，以行业骨干企业的技术改造为切入点，开展智能化成套装备首台（套）的研制和系统集成，推动智能制造技术和装备的广泛应用。

4. 健全智能制造产业创新体系

依托山西大学、太原理工大学、中北大学、华为等优势资源，积极推动建设智能矿山创新中心、智能制造云平台、智能医疗开放协同创新平台、无人运载工具试验服务平台，组建山西省人工智能产业技术研究院等新型研发机构，深化智能制造前沿基础理论研究，突破机器视觉、机器学习、自然语言处理等一批关键共性技术，促进创新成果产业化。

六、山西省新能源汽车和智能汽车领域创新发展路径

首先，总结山西省新能源汽车和智能汽车领域产业发展的总体情况；其次，分析产业关键技术发展的现状，谋划提出可对接的产业化方向和技术清单；最后，确定产业创新发展的具体路径。

（一）产业发展现状

山西省新能源汽车产业链主要集中在动力电池和整车制造两个环节。其中新能源汽车整车生产企业有7家，工信部核定产能约32万辆/年。

近年来，山西省以电动汽车、甲醇汽车、燃气汽车为产业发展重点，逐步构建起创新能力强、产业化水平高、市场应用规模大的新能源汽车产业发展格局。电动汽车在单体电池、电池管理、电控技术等领域具备一定产业基础，甲醇汽车研发处于全国领先水平，晋中、长治两市获批开展甲醇汽车试点，太原、晋城两市成为国家新能源汽车推广应用试点城市，专用车形成晋中重型专用车基地和运城、大同、长治三个专用车基地的产业布局，而汽车零部件产业初步形成了大同、长治、运城、临汾、太原、晋城等多个汽车零部件产业集聚区。新能源汽车产业集群建设以省内龙头企业为核心，整合省内优势资源，依托汽车工业园区和产业集聚区建设新型产业示范基地，以扩大整车和零部件生产能力为重点，加快布局推进整车设计、高效储能电池、关键零部件制造等重

点项目，打造太原、大同、长治、运城新能源汽车产业集群。太原新能源汽车产业集群以吉利晋中基地、江铃重汽等企业为核心，形成涵盖电动汽车、氢燃料电池汽车和甲醇汽车的太原晋中新能源汽车产业集群。大同氢燃料电池汽车产业集群以雄韬氢能产业园和华熵氢能产业园为载体，建设大同氢燃料电池汽车产业集群。长治新能源汽车产业集群以潞安集团、成功汽车等企业为龙头，建设涵盖纯电动汽车和氢燃料电池汽车的新能源汽车产业集群。运城新能源汽车产业集群以大运汽车为龙头，建设涵盖纯电动汽车、天然气汽车和氢燃料电池汽车的新能源汽车产业集群。

从新能源汽车核心三电系统来看，山西省新能源汽车产业基础在电池、电机和电控领域均有涉及，主要以电池生产为主，上游材料产业环节缺失。整车生产以客车和专用车的生产为主，乘用车有吉利汽车等龙头企业。下游充电基础设施、新能源汽车运营、车联网平台、销售等运营服务及后市场等产业环节，山西省产业基础非常薄弱。

（二）关键技术发展现状

山西省正积极探索建立面向智能网联汽车的产品测试评价体系。由阳泉市政府、百度公司、山西交控、中国移动山西分公司四方合作的自动驾驶车路协同示范区项目，将成为国内首个开放式测试示范区，引领国内自动驾驶开放应用。

在氢能源汽车方面，山西基础优势突出，如焦炉煤气全部制氢产能可达到150亿立方米，能满足全国氢燃料电池汽车使用。同时，山西制氢成本优势明显，有多家企业制定了相关规划或已开展制氢运氢项目。山西已运营多座加氢站。大同雄韬氢雄站是全国首个制氢、加氢一体的加氢站；长治潞宝集团建设运营的集加油、加氢、充电等多项功能为一体的综合示范站；晋煤集团投资建设的撬装式加氢站。潞安集团与美国AP公司合作，已成立合资公司，将在长管拖车、液氢槽车、管道氢气、加氢站，形成上下游一体化联合体。

（三）山西可对接产业化方向和技术清单

根据我省制造业发展实际情况，结合国家发展改革委新能源汽车和智能汽车重点领域技术产业化实施要点，梳理提出我省新能源汽车和智能汽车领域可对接产业化方向和技术清单。

1. 发展方向

以网联化、智能化、电动化为方向，重点推进新能源汽车产业升级、智能网联汽车应用场景搭建和建立“人—车—路—云”高效协同机制。支持整车企业通过技术改造，提升智能网联新能源汽车及相关产品生产制造能力，提升产业规模。推动汽车产业电动化，融合5G、大数据、人工智能等多种变革性技术，打造智能网联汽车，从单纯交通工具向移动智能终端、储能单元和数字空间转变，带动能源交通、信息通信基础设施改造跃升。推动新能源汽车产业生态由整车研发生产、零部件及营销服务企业之间的“链式关系”，逐步演变成汽车、能源、交通、信息通信等多领域多主体参与的“网状生态”。鼓励省内信息化企业或国内能提供智能驾驶解决方案、车辆网联服务方案的优秀企业积极参与智能网联新能源汽车感知系统、集成与运营、基础技术研发，引进培育一批行业内龙头企业，加快建链、补链、强链、固链。重点推动阳泉市智能网联车路协同示范区建设，推广与应用智能网联、智联交互技术，提高车辆车联网渗透率，优化不同场景的车辆驾驶体验。

“十四五”期间，山西新能源汽车品牌的市场竞争能力得到显著提升，阳泉市智能网联车路协同示范区升级为国家级示范区。未来15年，全省建成全国性的智能网联大数据中心和智能网联商用车、载重车运营示范基地。未来30年，山西成为全球智能网联新能源汽车研发生产高地。

2. 技术清单

电池技术：纯电动车用高比能量电芯及电池系统研发与产业化；退役动力电池梯次利用和再生利用生产技术研究；长寿命硅碳负极材料及高能量密度锂离子电池技术；新型高容量锂离子电池正极材料、耐低温快充型锂离子电池技术及关键材料；长循环寿命锂硫电池技术；高能量密度固态锂电池技术；长循环锂空气电池技术。

氢动力系统：低成本高效率氢燃料电池关键技术及工程示范；高活性低成本的燃料电池催化剂制备技术；加氢关键部件安全性能测试技术及装备研发；宽温区金属板氢燃料电池客车关键技术；车用甲醇重整氢燃料电池系统制备及应用技术；低温高海拔环境氢燃料金属板电堆技术；氢燃料电池物流车关键技术与示范；燃料电池高传输性质子交换膜材料制备技术。

电动车能源管理技术：新能源汽车用电连接器件高性能铜合金带材的开发及应用研究；大功率智能快速充换电技术；智能快速车用换电技术；电动汽车三元动力电池系统全寿命周期智能管控技术；高能量密度超级电容器技术。

智能网联技术：智能网联新能源汽车大数据平台建设技术研究；智能网联重型车辆远程排放监控及超标溯源技术。

甲醇燃料汽车：中型甲醇燃料商用车发动机技术；重型甲醇燃料商用车发动机技术；中重型甲醇燃料商用车整车技术与示范。

整车集成技术：先进驱动电机与一体化电驱动系统、高效一体化变速传动系统、多源动力系统融合、智能化电子电气架构、线控底盘一体化设计、整车热管理与能量管理、整车故障诊断与容错控制、多材料轻量化车身等系统技术；电动乘用车、专用车，氢燃料电池重卡、客车、物流车、特种车、机车，甲醇燃料商用车等新能源车辆集成技术；新一代模块化高性能整车平台技术。

（四）具体路径

1. 构建创新生态

围绕“卡脖子”关键共性技术，引进培育研发机构、领军团队、龙头企业，推动智能网联新能源汽车与国内外知名高校、科研院所建立产学研用创新机制。建设平台载体，创建山西氢燃料电池汽车产业创新中心等一批产业发展和技术创新平台。建立和优化新能源整车开发流程，攻关整车设计、动力总成、整车匹配等关键共性技术。加强新能源汽车关键零部件创新与研发，重点支持智能网联新能源汽车产业链的延伸，推进智能网联新能源汽车的产业化发展。

2. 优化集群布局

以阳泉市数据中心产业园为重点，建设阳泉智能网联汽车及零部件产业集群。以山西转型综改示范区、长治上党开发区为重点，建设氢燃料电池汽车产业集群。依托大同资源优势，建设储氢、氢燃料电池、整车、加氢综合站等氢燃料汽车产业一体化基地。以运城开发区、晋中开发区为依托，建设运城市、晋中市纯电动汽车产业集群。

3. 提升产业支撑能力

通过引进、吸收、补链、培强等方式，深挖现有产业链资源，构建智能网联新能源汽车基础设施配套服务平台、整车生产平台、示范应用平台、技术孵化平台和协同管理平台。充分发挥龙头企业的产业集群带动作用，吸引电池、电机、电控、充电设施等一批关键核心零部件优势企业投资建厂，加快重点项目建设，加快产业集群发展，推动新能源汽车产业快速健康发展。优化关键零部件生产工艺，重点发展新能源汽车电池、电机、电控设备等关键部件，提升自主研发能力，提高产品质量与可靠性。强化发展汽车轻量化材料加工，优化“冶炼—铸造—机加—零部件”产业链。

4. 推进智能汽车基础设施平台建设

推动建立智能驾驶计算平台，支持整车、互联网、零部件企业，建设智能驾驶计算平台，推动软硬件协同发展，打通智能汽车数字化产业链条，提升平台计算能力，开发系统软件、功能软件和中间件，满足安全性、实时性和稳定性要求，支持自动驾驶技术向更高级别演进。支持大数据云控基础平台建设，对车路协同数据、驾驶场景数据等进行分级、分类管理，保障数据存储和使用安全，形成面向全行业的智能汽车基础数据监管和共享平台，为自动驾驶算法训练和车路协同通信提供支撑。

七、山西省高端医疗装备和创新药领域创新发展路径

首先，总结山西省高端医疗装备和创新药领域产业发展的总体情况；其次，分析产业关键技术发展的现状，谋划提出可对接的产业化方向和技术清单；最后，确定产业创新发展的具体路径。

（一）产业发展现状

当前，山西省拥有生物医药和大健康产业行业龙头企业20余家，集中于太原、大同、朔州、晋城、晋中、长治、运城等市，建设了11个重点开发区（园区）。通过规划布局引导，山西省生物医药产业布局进一步优化。晋北原料药及制剂（以国药威奇达、仟源为代表的同朔原料药及制剂集聚区）、晋中中成药（以广誉远、中远威、德元堂为代表的晋中中成药集聚区）、太原仿制药及创新药聚集区（以华元、锦波为代表）、晋南新特药（以亚宝、石药银湖为代表的运城中药提取物及注射剂集聚区，以振东、康宝、海斯为代表的晋东南生物医药及中药注射剂集聚区，以旺龙、云鹏为代表的临汾中药材及现代中药集聚区）等产业基地集聚效应逐步显现，企业协同发展态势逐步形成。

山西省虽拥有丰富资源，却未充分开发，生物医药产业仍面临着产业规模较小、企业自主创新能力不强、核心技术和拳头产品少、产品结构不合理、产品档次和市场占有率不高、产业创新链上下游关联不紧密、人才供给不足等问题。目前急需加大科技研发力度，探索形成现代生物医药和大健康产业科技异军突起的“山西模式”。

（二）关键技术发展现状

全省拥有山西大学、山西医科大学、山西中医药大学、山西农业大学等重点高校和山西高等研究院等组成的生物医药产业创新网络。近年来，在全面落实创新全覆盖的工作部署，强化企业创新主体地位，更好发挥政府的协调推动作用，指导企业加大创新投入等举措的带动下，全省创新药研制不断取得突破。研发出人源胶原蛋白系列产品、抗肿瘤脂质体药物、苯甲酸阿格列汀、药茶产品、新型疫苗产品、微量矿物元素补充剂共6项创新产品。突破了人源胶原蛋白规模化制备技术，山西道地中药材标准研制及标准体系建设研究，基因药物、蛋白药物、单克隆抗体药物、治疗性疫苗及诊断试剂和血液制品的研制，中成药超临界萃取技术等核心关键技术。以亚宝药业、振东药业、康宝药业等一批行业龙头企业为依托，培育了碳酸钙D3、复方苦参注射液、比卡鲁胺胶囊、克拉维酸钾、人血白蛋白、丁桂儿脐贴等十余个年销售额超过亿元的拳头生物医药产品。

（三）山西可对接产业化方向和技术清单

根据我省制造业发展实际情况，结合国家发展和改革委员会高端医疗装备与创新药重点领域技术产业化实施要点，梳理提出我省高端医疗装备和创新药重点领域可对接产业化方向和技术清单。

1.推动医疗装备产业化

发展方向。在基础零部件及元器件方面，通过重点研发计划重点专项予以支持，持续推进诊疗装备与生物医用材料、生育健康及妇女儿童健康保障、主动健康和人口老龄化科技应对、中医药现代化等领域前沿基础技术研究。鼓励医疗装备与新材料、电子信息、航空航天、核工业、船舶等行业跨领域合作，加强材料、部件、整机等上下游协同攻关，加快补齐制约产业发展的基础零部件及元器件、基础软件、基础材料、基础工艺等瓶颈短板。

技术清单。具有生物功能3D打印组织器官的研究，人源化生物材料研发，人工智能生物医学组织再生技术与3D生物打印装备产业，具有光学分子影像成像功能外科手术术中导航设备研制，辐睿智配，重大和重要传染病诊断、检测与治疗新技术前瞻性研究。

2. 大力发展急需应急药品和先进制药技术

发展方向。深入挖掘现代医药和大健康产业发展潜力，重点打造以原料药精深加工、新药创制、仿制药生产为主的化学原料药及制剂全产业链。重点研发化学药、生物药创制新技术，攻关具有新靶点、新作用机制的原创新药，创制新型抗体、蛋白、多肽等生物药。研究化学仿制药一致性评价新技术。开发便携式智能化现场快速检测系统，研制重大疾病早期诊断试剂，开展智能化诊断系统和高能beta核素快速筛查技术研究，研发人源胶原蛋白规模化制备技术。研发药食同源功能食品，组织推进药食同源产品生产试点，加快把药茶、特医食品、保健功能食品等大健康产品推向市场，提高医药、健康产品供给品质。

技术清单。生物制品：耐高温聚酰胺产业化技术及轻量化应用开发、人源胶原蛋白规模化制备技术、功能蛋白（重组人/狒狒嵌合尿酸酶蛋白）创新药物研发、靶点明确的多肽创新药研发、注射用重组人血白蛋白与干扰素α-2b融合蛋白（生物制品1类新药）、注射用人血白蛋白—白细胞介素—2融合蛋白（生物制品1类新药）、口服幽门螺杆菌基因工程活菌载体疫苗（生物制品1类新药）、慢性阻塞性肺疾病新型口服疫苗（HI-164）（生物制品1类新药）、痢疾福氏2a/宋内双价疫苗（生物制品1类新药）。新型制剂和创新化学药：聚乙二醇单甲醚聚乳酸嵌段共聚物（mPEG-PDLLA，纳米创新辅料）、新型紫杉醇、多西他赛两亲性聚合物纳米胶束制剂（化学药品2类新药）、利普韦肽LP-98（化学药品1类）、利普韦肽LP-80（化学药品1类）、全新化学结构类型的小分子创新药ZD03的研发、抗胃癌小分子靶向治疗创新药ZD09的研发、治疗房颤复方药物ZD12的特色改良型新药研发、特色改良型新药恩杂鲁胺纳米晶制剂开发。生物治疗前沿技术：CAR-T细胞技术转化及应用、干细胞定向高效分化及无排他性细胞制剂制备技术。大健康产业方向：功能性食品与特殊医学用途配方食品研发、化妆品等护理产品研发、替代抗生素的中兽药产品研发、山西“药茶”专项。

3.创新发展特色中医药学

发展方向。重点围绕“十大晋药”全产业链开发、中药新药（经典名方）研发、山西名优中成药二次开发、中医药诊疗技术创新、中医基本理论科学内涵研究、中医药理论传承与创新、中医药系统生物学研究、中医个体化辨证论治诊疗能力提升、中医诊疗设备研发等重点优势领域，推动具有山西特色的中医药研发及产业化。

技术清单。治疗脑卒中中药创新药研发；古代经典名方中药复方制剂的研发；具有全国优势的独家中药大品种复方苦参注射液的深度研究、二次开发；具有全国优势的独家中药大品种脑震宁颗粒的深度研究、二次开发；具有全国优势的独家中药大品种芪蛭通络胶囊的深度研究、二次开发；道地中药材大品种全产业链创新研究；中药（道地中药材）对照提取物及其质量标准研究；稀缺濒危动物类药材替代品的研发。

（四）具体路径

1.培育大型龙头企业

积极吸引和支持内外资企业发展，通过完善政府服务和土地、税收、市场等优惠政策，吸引国内外生物医药及装备制造企业来晋发展，支持在晋外资、民营等相关企业进一步发展。继续跟踪高科技中小生物企业，关注若干有技术特色、机制灵活的中小生物企业发展，重点扶持特色产品的生产。推动和支持我省生物医药及装备产业加快资源整合和产品结构调整，支持其生产基地的扩建、新产品产业化、做大产业规模。

2. 培育知名拳头产品

按照市场需求、重点品种引领、产能带动的发展思路，通过政府资金和各类扶持政策支持，实施一批具有较强带动作用的医疗装备和生物医药高新技术产业化项目，以新产品产业化和重点产品技术改造为重点，进一步挖掘和重塑山西医疗装备及生物医药产业著名商标与传统品牌。把已有的著名品牌做优做强，培育一批富有时代气息的创新型品牌产品，为产业发展奠定坚实的基础。

3. 加快高端技术引进

实施“高位嫁接”，重点引进对接“国家重大新药创制”和“重大传染病防治”重大专项指南目录品种，不断提升山西省生物医药产业自主创新能力。以引进、嫁接和申报国家重大专项为契机，加速提升山西在生物医药产业中原创能力和产业化转化能力。围绕生命科学、生物技术、创新药物和中药现代化技术产品等创新前沿和关键技术，加强基础和应用研究。前瞻布局一批生物医药产业重大科研项目，积极推进建立以企业为主体的自主创新技术体系，推进生物医药产业创新和工程化技术平台建设，支撑全省生物医药产业发展实现高点起步。

4. 优化产业集群布局

加快晋北、晋中、晋南三大医药产业基地建设，持续推动医药健康产业集群集聚发展。依托大同经济开发区、怀仁经济技术开发区等核心开发区，建设晋北原料药及制剂产业集群。依托山西转型综合改革示范区、太谷医药园区、榆社经济技术开发区等核心开发区，建设晋中中成药产业集群。依托长治屯留经济技术开发区、上党经济技术开发区、运城盐湖高新技术产业开发区、风陵渡经济技术开发区等核心开发区，建设晋南新特药产业集群。

八、山西省农业机械装备领域创新发展路径

首先，总结山西省农业机械装备领域产业发展的总体情况；其次，分析产业关键技术发展的现状，谋划提出可对接的产业化方向和技术清单；最后，确定产业创新发展的具体路径。

（一）山西可对接产业化方向和技术清单

根据我省制造业发展实际情况，结合国家发展和改革委员会农业机械装备重点领域技术产业化实施要点，梳理提出我省农业机械装备重点领域可对接产业化方向和技术清单。

1.发展方向

重点打造晋南智能农机产业集群，促进智能农机产业集聚式发展，构建优势智能农机装备产业创新体系。

培育发展智能化农业机械。针对山西省农业生产特点，重点研发精准变量复式作业机具、高效能联合收获机械、精量低污染大型自走式施药机械、种子繁育与精细选别加工设备、健康养殖智能化装备，玉米、黄花采收机械等特色农机产品和丘陵地形专用轻便农机等装备。发展基于农业生产的作业、服务、信息等多方位支持的全程解决方案，制造具有信息获取、智能决策和精准作业能力的新一代农机装备，促进农作物耕、种、收全周期的农业智能化。

做精做强农机配套零部件。重点突破农机重型柴油机、适应坡地作业的无级变速系统、电控系统、高性能液压驱动等装置。重点研发动植物对象识别与监控系统等先进农机关键零部件和智能化装置。全面提升现有农业机械箱体类、半轴类机械零部件产品性能和可靠性水平，整体提高农机装备附加值水平。

2. 技术清单

高效智能拖拉机技术：集成高效低排放柴油机、拖拉机动力换挡、动力换向+动力高低档传动系、无级变速传动、悬浮桥、拖拉机整机智能综合控制系统等关键技术，开发高效低排放柴油机、动力换挡和无级变速传动系、大马力拖拉机悬浮桥及智能控制等关键系统部件，研制系列动力换挡拖拉机、无级变速智能重型拖拉机。

精准施肥施药除草机械技术：突破多功能通用型动力平台技术，集成低阻仿生切根、深位定株施肥技术，研制果园履带式施肥机。研究液体粪污喷洒、吊灌、牙式埋土等施用技术，研制液体有机肥施用装备。集成液压驱动底盘、基于苗带探测的对行行走、精量喷雾控制等技术，研制大型自走式施药机械。集成路径智能规划、终端实时操控、自动识别与定位、传感避障等技术与系统，研制避障仿形割草设备。

丘陵轻便农机技术：重点突破轻便高效农机技术、山地节力物运技术、小型履带多功能底盘的爬坡与稳定技术，研发适合丘陵地区主要粮食作物、经济作物等生产的农机装备，以及轻便化、小型化设施设备。

农业机械专用传感器技术：重点发展施肥播种机械作业深度、速度、质量等测控传感器，植保机械喷量、压力、喷洒面积等测控传感器，收获机械喂入量、清选损失、产量流量等测控传感器。

农业机械导航与智能化控制装置技术：重点突破联合收割机用厘米级导航定位装置、对象跟踪装置、种苗运输与栽播自动化识别装置技术。

农机物联网与大数据应用技术：面向智慧农业发展需求，突破环境控制、水肥药精准施用、精准种植、农机智能作业与运维，以及农业大数据融合分析、决策等关键技术。

（二）具体路径

1. 构建现代农机装备创新体系

鼓励支持农机制造企业对标国际先进水平开展关键技术攻关和高端装备赶超研发，组建一批高水平的省级技术创新中心和重点实验室等研发平台。孵化培育一批技术水平高、成长潜力大的农机高新技术企业。承接沿海发达地区产业集群式转移，加大核心企业培育，打造一批“专精特新”特色农业装备产业集群。鼓励企事业单位积极创造条件，依托重大创新平台和专项，吸引和集聚现代农机领域高层次创新人才、国际领军人才和团队。加强相关高校农机学科建设，支持和推动高职院校加强农机装备高技能人才教育与培养。

2. 加大农机装备发展政策支持力度

加大对农业机械装备行业重大研发平台、试验检测平台、龙头企业、骨干企业研发投入以及创新能力建设的支持力度。实施农机装备首台（套）重大技术装备保险、首批次新材料补偿机制，加快农机装备、新材料应用推广速度。充分利用科技重大专项，重点支持一批高端农业机械装备和前沿产品研发。

3. 推广绿色先进适用农机装备与机械化技术

大力支持大马力、高性能、绿色和复式农机新装备和新能源农机产品的应用研究和示范推广，结合现代农业产业园、农业对外合作试验区、科技园、创业园建设，支持创建一批高端农机装备机械化、智能化示范区（场点、车间）。大力发展无人驾驶机械、农业机器人及智慧农业相关装备，推动北斗导航、智能监控等在重点农业机械整机及机具上装载，为实现精准农业、智慧养殖等创造条件。强化农业机械化技术推广机构能力建设，建设一批试验示范基地，加大现代农机新技术、新机具试验验证力度，提高农机从业者专业技术水平，促进成果转化和推广应用。

第五章

培育壮大战略性新兴产业和前瞻布局未来产业

新质生产力本质是先进生产力。习近平总书记强调，要及时将科技创新成果应用到具体产业和产业链上，改造提升传统产业，培育壮大新兴产业，布局建设未来产业，完善现代化产业体系。因此，要加快科技创新成果向现实生产力转化速度，从而让科技赋能产业发展，推动产业深度转型升级。其重点一方面是改造提升传统产业，另一方面就是培育壮大新兴产业、前瞻布局未来产业。其目的是用先进生产力赋能产业发展，最终形成现代化产业体系。本章聚焦山西战略性新兴产业和未来产业重点领域，总结梳理发展现状和成效，深入分析制约因素和存在的关键问题，研判未来发展形势，并提出相关对策建议。应当说明的是，战略性新兴产业与未来产业存在一定交叉，在本章中将进一步说明。

一、战略性新兴产业发展成效

近年来，山西省大力推动战略性新兴产业发展。“十三五”时期，全省工业战略性新兴产业增加值年均增长7.8%，快于规上工业3.2个百分点[①]。2018—2022年，全省工业战略性新兴产业、高技术制造业增加值年均分别增长11.6%和11.7%[②]。2023年，全省工业战略性新兴产业增加值同比实现10.9%的增长[③]。截至2024年11月，全省有效期内的创新型中小企业4356户，省级以上专精特新企业2903户，其中国家级专精特新“小巨人”企业132户，制造业单项冠军企业18户[④]。山西省战略性新兴产业发展势头良好，信息技术应用创新、大数据、半导体、新能源汽车等产业不断发展壮大，高端装备制造、生物医药、新能源等国家级创新平台加快建设，战略性新兴产业正成为全省高质量转型发展的核心引擎和关键支撑。

---

①山西省人民政府关于印发山西省“十四五”14个战略性新兴产业规划的通知（晋政发〔2021〕17号）［EB/OL］.（2021-04-30）［2023-12-03］. https://www.shanxi.gov.cn/zfxxgk/zfcbw/zfgb2/2021nzfgb_76606/d7q_76613/202107/P020220814844668601380.htm.

②政府工作报告——2023年1月12日在山西省第十四届人民代表大会第一次会议上［N］.山西日报，2023-01-19（1）.

③政府工作报告——2024年1月23日在山西省第十四届人民代表大会第二次会议上［N］.山西日报，2024-01-29（1）.

④“推动高质量发展 深化全方位转型”系列主题第十一场新闻发布会举行（省工信厅）［EB/OL］.https://www.shanxi.gov.cn/ywdt/xwfbh/szfxwbxwfbh/202411/t20241104_9685078.shtml.

（一）信息技术应用创新产业

我省信息技术应用创新（以下简称“信创”）产业持续加强国产操作系统、计算机整机及服务器等新产品研发和信创示范基地建设，开辟信创产品应用新业态，加快其在能源、教育、医疗、交通等领域的应用。当前，信创产业已初步形成软硬件相互适配、云应用全面覆盖的信创产业格局。一是产业体系日趋完善。华为、龙芯、长城、曙光、统信、麒麟、中软等一批软硬件领军企业均已落地我省，本地信创龙头山西百信、云时代持续加强技术研发，产业化能力稳步提升。二是先进产品应用加速。整机产品层面，以长城、百信、曙光等为核心力量，全省整机产能达260万台。其中，百信与华为共同推出面向行业的太行220桌面台式机、恒山F30服务器，均纳入国家信创产品目录，在专业测试中名列前茅。操作系统层面，国产最主流的两大操作系统——统信UOS和麒麟操作系统均在山西成立子公司，依托山西研发中心参与核心研发，辐射周边地区，并提供相应支持服务，全面拓展信创市场。应用层面，山西省积极推进行业领域信息技术应用创新，按照“试点先行、示范引路、渐次推进”的思路，聚焦教育、医疗、能源、交通、金融、制造、通信、文博等八大关键领域，遴选出二十余个行业应用试点项目，通过行业应用带动技术升级，不断拓展市场空间，全方位构建信创产业生态。三是创新平台加速构建。中国工程院倪光南院士、沈昌祥院士工作站等一批高端科研平台落地了。与国家工业信息安全发展研究中心合作共建山西信息技术应用创新发展中心。2020年7月，山西华为鲲鹏生态创新中心正式揭牌运营。同时，积极推动龙芯、长城、百信等企业与太原理工大学、中北大学等高校开展产学研合作，加强信创领域创新人才培养，提升产业创新发展活力。

（二）半导体产业

我省半导体产业重点发展砷化镓第二代、碳化硅等第三代半导体材料，依托重点实验室等平台，积极开发领域内新产品，稳步推进半导体产业集群生态建设。一是产业体系不断健全。依托太原中国电科（山西）电子信息创新产业园、忻州半导体产业园两大园区，以烁科晶体、北纬三十八度、国惠光电、中电科风华、中科潞安等龙头企业为支撑，形成了“半导体衬底材料—芯片设计—制造—封装—应用”产业链，培育了一批具有行业竞争力的优势创新产品。二是技术能力实现提升。烁科晶体第三代半导体碳化硅，占国内市场50%以上份额，在国内率先实现了8英寸导电型碳化硅晶片的研发和小批量生产，形成了4—8英寸导电型及高纯半绝缘碳化硅衬底材料产品体系，产品性能达到国际先进水平；国惠光电短波红外芯片及短波红外相机，填补了国内空白，已应用于长光一号卫星；中电科风华信息装备股份有限公司研制了国内首台套第三代半导体晶圆微缺陷快速检测设备；山西中科潞安紫外光电科技有限公司深紫外LED芯片功率突破120毫瓦，达到行业领先水平。三是积极打造半导体产业集群。省级层面出台推动半导体及集成电路产业健康发展的指导意见，明确我省半导体产业的发展路径及推进重点，加快推进一批重点项目建设，注重完善要素保障体系，优化半导体产业集群生态。

（三）大数据融合创新产业

全省持续加快5G基站、大数据中心建设，不断拓展融合创新应用场景，充分发挥数据赋能效应，推动工业互联网快速发展。加强信息基础设施建设。截至2022年底，全省累计建成5G基站6.7万个，加快推进高铁、高速公路沿线通信网络覆盖。布局了秦淮数据中心、“天河二号”、国科晋云先进计算中心等一批重大项目。百度在综改区建立全国最大的单体数据标注基地；精英数智与华为联合打造“煤矿大脑”，成为行业示范。截至2023年末，全省已建、在建数据中心设计标准机架达到近24万架，服务器能力近240万台，年均增长率、上架利用率均超过60%，显著高于全国平均水平。以太原、大同、阳泉、吕梁等市为核心，初步形成大数据产业集群。依托山西百信、龙芯中科（太原）、中标软件（山西）、国科晋云、中国长城等行业龙头企业在软硬件设计集成方面形成了较好的基础能力，在打造引领性大数据产品、培养引领性大数据企业、打造国家级大数据产业集群方面取得了积极成效。培育出云时代、科达自控、精英数智、山西知网等一批领军企业，研发的大数据产品涵盖政务、能源、工业等20余个领域。加力发展工业互联网。加快工业互联网标识解析二级节点应用，推动我省企业成功申报建设二级节点10余个，其中超过50%接入国家顶级节点，全省企业级工业互联网平台数量达到60余个。加快完善数据基础服务体系。建立我省数据要素市场体系，确定试点场景先行、完善服务链条、延伸产业链条的“三步走”发展路径。全面普及推广数据管理能力成熟度评估（DCMM）标准体系，遴选代表性企业开展DCMM贯标评估，我省多家重点企业通过认证并获得等级证书。我省成为国家首批DCMM试点省份，太原成为“十四五”期间全国首个申报获批的互联网骨干直联点。深入实施数字化融合发展应用。开展全省数字化场景拓展遴选工作，在全省范围内征集数字化转型优秀项目700多个参评“山西省数字化转型应用拓展场景”，最终形成具有山西特色的应用场景100余个，复制推广数字化产品和解决方案，为助力企业开拓产品市场提供优质平台。

（四）光电产业

依托光电龙头企业，先后实现多项关键核心技术突破，并在LED显示及照明、导光板等领域形成产品优势，打造产业集群创新高地。大功率深紫外芯片产品获突破性进展，达到行业先进水平；全彩LED灯珠封装产能达到2300亿颗，全彩LED显示屏产能达到1800万张。新型LED显示屏、显示面板等项目进展较快，山西正在加快形成新型显示生产装备产业链。围绕蓝宝石晶体生长、蓝宝石平片等项目，初步建成半导体晶体材料产业基地。依托长治光电产业园，推动山西省第三代半导体紫外光电子工程研究中心建设，打造以LED照明、紫外LED为主导的国家级LED照明产业集群和全球紫外LED产业集群创新高地。成立晋城市光机电产业研究院，加速推进晋城光电产业集群发展，实现光机电科技成果快速转化。

（五）光伏产业

我省依托太阳能资源优势，近年来积极推进光伏领跑者基地建设，实施光伏扶贫试点工程，光伏产业发展态势强劲，产业链条更加清晰，发展潜力得到不断释放，目前光伏产业发展已形成长治、晋中、朔州和综改示范区四大产业集群。我省光伏产业链16户企业中，链主企业1户，规模以上企业12户，全省形成以东明科技为产业链上游企业，山西中来、潞安太阳能、晋能光伏等为中下游企业，日盛达太阳能、中电科风华、山西建投安装公司等为产业链侧链企业的相对完整的光伏产业链条。从技术水平看，光伏产业链处于国内中游水平，发展潜力较大。全省光伏产业已达到年产光伏电池片7.5吉瓦左右、光伏组件4.5吉瓦左右、光伏铸锭/拉晶1.5吉瓦左右、光伏玻璃2000万平方米的产能，形成“铸锭/拉晶—切片—电池片—组件”产业链条。

（六）碳基新材料产业

我省依托煤炭资源基础优势，积极推进煤炭由能源向材料转型，碳基新材料产业化、规模化取得积极进展，已形成晋东南、晋中、晋北三大碳基新材料产业集聚区，创新生态正在加快完善。焦化和煤化工产业是碳基新材料产业发展的重要基础。多年来，我省焦化产能产量位居全国前列，煤焦油、焦化苯、焦炉煤气产能分别为300万吨、100万吨、200亿立方米。焦炉煤气综合利用、煤焦油深加工、粗苯精制三大产业链可生产产品超过50种。煤制油、煤制甲醇、煤制乙二醇产能也较大，为发展碳基新材料产业奠定了较好基础。碳基新材料制备技术不断取得突破，优势产品不断涌现。高端碳材料方面，中国科学院煤化所碳纤维主体力学性能达到国际先进水平，已突破超高强度碳纤维核心技术，打破国际垄断。美锦能源电容炭解决了国内超级电容器行业“卡脖子”难题，实现进口替代。太原理工大学特钢材料产业链链核企业自主研发的煤层气制金刚石制备实现国内首创。碳基合成新材料方面，潞安化工、华阳新材、潞宝集团等企业积极开展碳基复合材料、新型煤气化、煤基浆态床合成液体燃料、煤基油蜡加氢精制等技术研究，拥有相关技术专利百余项。产业创新能力建设方面，我省也取得了积极进展，形成了以中国科学院山西煤化所、太原理工大学等为引领的碳基新材料创新团队，建设“煤转化国家重点实验室”“中国科学院炭材料重点实验室”等5家国家级和省级重点实验室，“国家煤基合成工程技术研究中心”“山西省碳纤维及复合材料工程技术研究中心”等10家国家级和省级工程技术研究中心。北京大学山西碳基薄膜电子研究院落户山西大学，共同开展碳基半导体和碳基薄膜电子技术研究。

（七）特种金属材料产业

我省依托能源和资源优势，在特种金属材料方面强龙头、延链条、建集群，已形成太原、临汾、吕梁、运城、晋东南等五大千万吨级钢铁基地，运城、吕梁两大百万吨级铝工业基地，太原、运城两大镁产业基地。我省工艺装备绿色化、智能化改造进度加快，产业基础能力得到有效提升。企业在工艺装备、节能低碳、绿色环保等方面投资和升级改造步伐加快，全省3户钢铁企业达到环保绩效A级，4户钢企获评“绿色工厂”。太钢集团成为全球不锈钢行业领军企业，也是全国首批全流程超低排放A级钢铁企业，形成以不锈钢、冷轧硅钢、高强韧系列钢材为主的高效节能长寿型钢铁产品集群，不锈钢产品涵盖板带型线管全系列、笔尖钢、手撕钢、核电用钢等高精尖产品，不锈钢、耐热钢等20余个品种在市场占有率位居第一，“手撕钢”填补了国内空白，笔尖钢打破国外垄断。我省镁合金产能突破20万吨，深加工能力突破5万吨。铝合金材料产业已形成铝土矿、氧化铝、电解铝、铝合金及其深加工等较完整的产业链，铜合金材料产业链更加完善。创新能力方面，山西银光华盛镁业股份有限公司拥有中国镁行业唯一的国家级企业技术中心和镁合金关键工艺技术国家地方联合工程研究中心；山西省镁铝合金创新中心成功运行，为行业重大关键共性技术研发提供了支撑。

（八）生物基新材料产业

我省依托丰富的生物质资源和深厚的煤化工原料基础，培育壮大生物基新材料产业，已形成山西转型综合改革示范区、吕梁市孝义经济开发区、大同市云冈经济技术开发区三大核心产业集中区域，技术水平不断提高，龙头引领作用逐步显现。金晖兆隆生物降解塑料合成技术处于行业领先水平，锦波生物在全球首次实现100%人源Ⅲ型胶原蛋白大规模产业化，凯赛生物生物法长链二元酸全球市场份额占比超80%。我省“玉米加工—戊二胺—生物基聚酰胺—工业丝、民用丝”和“农林废弃物—纤维素—乳酸—聚乳酸—生物降解塑料”等两条产业链日趋完善，产业链现代化水平正在加快提高。

（九）先进轨道交通装备产业

近年来，山西省先进轨道交通装备产业作为山西优势特色产业，现有规模以上企业40户左右，依托本地地铁、轻轨等轨道交通基础设施建设以及重载货运线路发展需求，积极发展电力机车、高速列车、城轨车辆，构建起相对完整的“轮轴—高速轮对、摇枕侧架—走行、电传动系统—整车”等产业链。龙头企业引领的企业梯队逐步清晰，已形成以中车太原、中车永济、太重、智奇、晋西等大中型企业为主，一批中小型企业为辅的整车组装、零部件和原材料相互配套的企业“雁阵”。产业研发能力持续提升，我省已重点推进高速动车组车轴车轮批量示范应用，积极研发电传动系统、受电弓碳滑板、高性能转向架等关键零部件，引入刹车片、减速机等延链补链项目，攻克列车控制系统、轨道交通检测与维护设备技术等，承担了国家超高速磁悬浮试验线基础设施建设。全省已形成整车组装、零部件和原材料等相互配套的产业体系。中车永济公司350公里标准动车电传动系统实现了核心关键技术突破，已成为国内主流供应商；晋西车轴发展成为全球产品谱系最全、工艺装备最优的车轴专业化生产企业；太重时速350公里动车组轮轴核心技术实现国产化；中车大同公司永磁直驱大功率交流传动电力机车实现永磁直驱技术在大功率机车上的应用。

（十）煤机智能制造装备产业

我省煤矿数量多、产能大，煤机智能装备制造产业比较优势突出。经过多年发展，我省形成以智能芯片、核心零部件、成套产品等为主的煤机智能制造产业链。晋能控股装备、天地煤机、太重煤机、山西煤机、平阳煤机等龙头企业带动效应凸显，积极推进科研院所与煤机领军企业开展深度合作，突破了一批煤矿工作面装备智能化控制系统成套、复杂煤层安全高效开采等关键技术。掘锚机、大型矿用挖掘机、铲板式支架搬运车等优势产品市场占有率较高，太重75立方米大型矿用挖掘机与135吨单斗、短臂机械化及快速掘进系统等先进产品的市场应用不断拓展。

（十一）智能网联新能源汽车产业

“十四五”以来，我省以网联化、智能化、电动化为方向，重点推进新能源汽车产业升级、智能网联汽车应用场景搭建和建立“人—车—路—云”高效协同机制，推动汽车产业从单纯的交通工具向移动智能终端、储能单元和数字空间转变，有效带动能源交通、信息通信基础设施改造跃升。目前，全省形成以电动汽车为主，氢燃料汽车、甲醇汽车、燃气汽车为辅的产业格局，集群建设方面形成了以晋中吉利、大运重卡、成功纯电动物流车等为代表的产品品类和以太原—晋中、运城、长治、临汾、大同等五个产业集聚区。一是产业格局基本形成。全省形成以电动汽车为主，以氢燃料汽车、甲醇汽车、燃气汽车为辅的产业格局。2022年，在吉利汽车、大运汽车、成功集团等龙头企业牵引下，全省新能源汽车产量突破13万辆，同比增长147%；大运汽车新能源载货汽车制造产能达到业内领先水平；江铃氢燃料电池重卡全国首家通过公告；美锦氢能科技氢燃料电池电堆和大同氢雄云鼎氢燃料电池发动机系统性能达到国内领先水平。二是产业链逐渐完备。2022年，我省新能源汽车产业链总营收约为330亿元，现有链上企业60余户，链主企业2户。大运汽车是国内十大重卡品牌中唯一民营企业，具备全品类生产资质；吉利汽车山西基地是省内第一家乘用车生产企业，是吉利品牌唯一纯电动汽车生产基地；“链核”企业5户，其中50亿元量级企业1户（比亚迪），30亿元量级企业1户（尚太锂电），5亿元量级企业3户；成功汽车长期行销海外，电动物流车遍布全国主要城市；太原比亚迪是比亚迪集团主要的EHS动力总成生产基地；尚太锂电是我省招商引资的典范，目前已成为国内前三大负极材料企业；同誉轮毂、亨泰荣和是我省传统产业转型发展的代表。三是打造示范应用高地取得成效。依托我省自然资源和道路运输优势，新能源汽车产用结合加速推广应用，截至目前全省新能源汽车保有量超25万辆；太原是全球首个公共领域车辆全部电动化城市；晋中、长治通过国家甲醇汽车试点验收；大同、临汾成为北方重要的氢燃料电池公交车、重卡应用基地；朔州开创百吨级矿卡换电先河；不同技术路线的实践应用，为全国乃至全球新能源汽车产业发展提供了可借鉴的样本范例。四是氢能汽车产业走在全国前列。山西孝义发布全球首套单堆250千瓦氢燃料电池发动机系统，山西美锦氢燃料商用车核心零部件生产线建成投产。在低成本高纯度氢气提取、氢燃料电池电堆、燃料电池发动机等技术方面取得突破，正向着建设全国智能网联大数据中心和氢燃料电池商用车运营示范基地阔步前进。积极推广应用新能源汽车，截至2023年末，全省公交车中新能源汽车实现全覆盖，全省已实现高速公路运营服务区充电桩全覆盖。

（十二）通用航空产业

山西紧抓国家大力支持通用航空产业和推进空域管理改革的有利时机，依托我省获批“国家通用航空业发展示范省”契机，积极发展通用航空制造产业，拓展运营支线航空，积极打造通用航空展会品牌，初步形成太原、大同、晋中、长治四大通用航空产业集聚区。我省通用航空设备制造以小型涡扇（涡桨）公务机、多用途小型飞机、中型特种飞机等为重点，大同轻飞形成较强整机制造能力和研发创新能力，禧佑源航空科技飞机拆解项目落地投产，迪奥普等十余家企业开展无人机制造，太钢集团TG800H、TG300碳纤维、无取向硅钢系列产品成为国家航天航空碳纤维主力供应产品。我省连续成功举办太原国际通用航空博览会，建设太原清徐尧城、尖草坪崛围山、大同云州南六庄、长治屯留沙家庄、晋中平遥天外天等9个航空飞行营地。持续提升产业协同创新能力，太航仪表、太原支点科技等企业生产的机载和地面设备具有较强市场竞争力，太原理工大学设立航空航天学院，中北大学设立航空航天科技教育研究院和山西通用航空职业技术学院，人才培养体系更加健全。成立山西省通用航空产业联盟，推动产业链上下游整合优势资源，完善创新生态。

（十三）现代生物医药和大健康产业

山西省现代生物医药和大健康产业主要以原料药、中成药、生物药为发展重点，全省现有医药企业130余家，发展形成晋北原料药及制剂、晋中中成药、晋南新特药三大产业集群。原料药领域，我省土霉素产量全国第一，克拉维酸钾产销量全球第一，半合成青霉素出口量全国第一。化学制剂领域，注射用的10余种复合维生素、银杏达莫注射液等产品在全国占有较高的市场份额，尤其是普德药业的银杏达莫注射液，其市场占有率达1/3以上。中成药领域，发展形成了以定坤丹、复方苦参注射液、丁桂儿脐贴、消肿止痛贴等市场占有率较高的产品。我省不断完善生物医药产业链，积极发展免疫疗法、细胞疗法和人血白蛋白、丙种球蛋白、人源胶原蛋白等特色产品。培育化学原料药及制剂、现代中药、生物制药、医疗器械等细分领域产业集群，打造我国重要的原料药、中成药与新特药产业集聚区，建设中医药强省。

（十四）节能环保产业

近年来，在国家、山西省政策的大力推动下，我省积极推进节能减排，发展循环经济，建设资源节约型、环境友好型社会，为节能环保产业发展创造了巨大需求，我省节能环保产业得到较快发展。在产业规模方面，根据山西省统计局数据，2022年全省节能环保产业实现增加值769.3亿元，较2020年的335.6亿元增长了1.3倍，占战略性新兴产业增加值总量的比重接近30%。在产业链条方面，已形成包括煤粉锅炉、循环流化床锅炉、锅炉燃烧器、太阳能光伏、LED照明等节能低碳产品，大气、水、土壤等污染治理及环保智能监管、碳排放智能监测等先进环保技术装备，综合能源服务、合同能源管理、第三方环境污染治理等节能环保服务的产业链条，全省节能环保产业链逐步完善。新型环保建材以朔州、长治、晋城国家级工业资源综合利用基地建设为抓手，形成“技术研发—设备制造—产品开发—服务提供”节能环保产业链，打造国家级节能环保产业示范基地。长治、晋城工业资源综合利用基地顺利通过国家验收。在产业集聚方面，主要依托工业园区和产业集群实现节能环保企业的集中布局和功能集合。目前，全省有8个省级开发区主导产业包含节能环保产业。朔州、长治和晋城3个工业资源综合利用基地，以及大同、临汾、阳泉、吕梁、河津、保德6个大宗固废综合利用基地的建设正加速推进。太原、晋中环保产业集群，太原、忻州高效锅炉制造集群，太原、运城节能电机制造集群等产业集群效应初步显现。

二、未来产业重点领域发展成效

“十四五”以来，山西省委、省政府深入贯彻落实党的二十大精神，牢牢把握高质量发展要求，按照“优中培精，加速直道冲刺”“有中育新，推进弯道超车”“新中求变，助力换道领跑”“无中生有，着力赛道竞赛”四大路径，培育发展未来产业重点领域，推动形成未来产业发展矩阵，加速形成产业竞争新优势，厚植转型发展新动能。

（一）先进功能材料产业

我省生物基新材料产业企业数量少，总体规模小，整体仍处于培育发展阶段。但龙头企业已初具规模、核心技术突出、产学研协同加速，构建起“植物秸秆—木质素—生物树脂—生物碳纤维复合材料”“农林废弃物—纤维素—乳酸—聚乳酸—生物降解塑料”两大生物基材料产业链。从关键核心技术发展情况看，金晖兆隆作为国内生物降解塑料合成的龙头企业，生物降解塑料合成技术处于行业领先水平；锦波生物人源Ⅲ型胶原蛋白，全球首次实现100%人源Ⅲ型胶原蛋白大规模产业化，填补了国际空白。凯赛生物生物法长链二元酸，全球市场份额占比超80%，生物法戊二胺合成的“超纺棉”尼龙56打破了高档尼龙的国外垄断；生物质研究院利用秸秆发酵提取木质素和乳酸，乳酸制生物塑料完全可降解；山西钢科公司突破了国产T800级碳纤维关键制备技术以及T1000碳纤维实验室制备技术，实现量化生产，且已部分应用于航空航天领域；中国科学院山西煤炭化学研究所掌握了石墨烯等储能材料规模化生产核心技术，实现了在电动汽车、无人机等领域的示范应用；潞安化工集团研发突破了聚烯烃弹性体、茂金属聚-α烯烃等核心关键技术，打破国外垄断；宝武太钢、中国科学院山西煤炭化学研究所联合承担建设国家“全流程碳纤维国产化装备研究示范平台”。

（二）氢能产业

实施氢能产业链链长制，推动氢能产业规模快速壮大。一是技术创新加速突破。山西鹏飞集团与清华大学、北京大学等高校建立了紧密的校企合作关系，牵头共建“氢能源汽车先进制造联合实验室”“绿色智慧煤焦化工产业科技研究院”等创新平台，推动氢能技术加快突破。晋能控股集团山西科学技术研究院双创中心自主设计的多联产循环耦合煤制氢实验平台进入调试运行，自主设计的流化床气体阻隔器实现了循环过程中气固自发分离。美锦能源集聚了氢能“制—储—运—加—用”各个环节的头部企业，掌握了膜电极、电堆、动力系统、制储—运—加等关键核心技术，持续打造具备自主知识产权的氢能产业集群。二是产业示范应用全面开展。晋能控股、京能集团、国新能源、美锦能源、山西鹏飞等骨干企业依托各自优势深入开展示范项目应用。晋南钢铁发展成为集钢铁、焦化、高端化工、新能源等于一体的钢化联产示范企业，联合美锦能源推广100辆49吨氢燃料重卡，开展钢厂零碳物流示范，创造了国内钢铁行业最大规模的氢能应用案例。美锦能源集聚了十余家细分领域高成长性企业，形成了包括氢能源车整车制造、燃料电池上下游产业链、综合能源供应网络、碳资产、大数据管理运营中心、氢能汽车智运平台的氢能发展战略体系，牵头筹建的中国首个氢能交易平台启动运行。山西鹏飞集团制氢、储氢、运氢、加注、燃料电池、氢燃料动力、加氢站、氢燃料电动汽车、碳中和研究院等全链条发展格局已初步形成。

（三）航空航天产业

我省大力推动航天产业和通用航空产业发展，积极融入国家航空航天产业布局，航空航天业务版图不断拓展。一是产业基础设施加快完善。2022年，全省民用运输机场达到7个，起降架次共计9.6万架次，日均起降架次达到260多架次。太原以尧城机场为中心，打造了集短途运输、应急救援、通航维修、无人机试飞、航空物流于一体的通航产业园，示范引领全省通航产业快速发展。二是关键技术攻关实现突破。通用航空智慧运营及无人机技术山西省重点实验室获批建设，新一代航空碳纤维技术、互联网精密导航运营技术、北斗高精度定位技术等行业应用技术加速突破，实现商业化应用。恶劣环境下智能装备技术山西省重点实验室研发的精密高效深孔加工机床性能达到了国际先进水平，研制的高温电磁超声腐蚀检测仪等系列化监（检）测仪器，成功实现国产替代。三是产业集聚效应开始显现。山西北斗信息产业园打造国家级专业孵化器，已签约入驻北斗和卫星遥感企业20余家，无人机研发和应用企业10余家。禧佑源航空科技集团飞机再制造、维修和航空服务等业务加快发展。山西新华防化装备研究院全程参与、自主研发、深度定制了“神舟五号”到“神舟十六号”所使用的空气净化和生命保障装备。太重集团生产的航天发射塔架，承担了我国全部的火箭发射任务。山西通用航空无人机有限公司积极拓展无人机在物流、应急、5G+无人机等领域的产业合作，打造多种运行场景。全省通用航空短途运输、低空旅游业务常态化开展，通航产业呈现出强劲发展势头。

（四）量子产业

“十四五”以来，我省量子产业围绕元器件及设备制造、量子通信领域及干线、网络运营及应用服务三个层次，聚焦量子计算、量子保密通信和量子精密测量三大领域，以强化基础研究，推动应用突破为方向，着力构建量子基础研究、量子应用研究、量子技术应用产业链。依托山西大学量子光学与光量子器件国家重点实验室、中北大学量子传感与精密测量国际联合实验室、量子传感与精密测量仪器山西省重点实验室等科研平台，在“智创城”、太原中北高新技术产业开发区引进、培育一批量子产业研发平台和重点企业。

（五）区块链产业

“十四五”以来，结合我省特色优势和行业痛点，以区块链领域典型应用场景为基础，按照“特色行业、精准切口、实际需求、多方共赢”的思路和“大产业寻找小切口、长链条把握核心端”的原则，推动区块链技术在能源、文旅、政务、智慧城市等领域加快示范应用。在能源领域，以技术创新引领能源革命排头兵建设，围绕全省域能源革命综合改革试点工作，建设能源区块链，推动重点煤炭生产企业、电力企业、新能源生产企业、能源交易平台、用能企业、金融服务企业等的数据上链，加强链上和链下数据治理，推动区块链技术在能源领域的融合应用，在能源清洁生产、交易服务、资产投融资、结算、安全保障等方面进一步增强精准性、高效性、安全性和可靠性。在文旅领域，加快开展基于区块链技术的文化旅游服务，从吃、住、行、游、购、娱各要素环节开展分销渠道管理、欺骗行为监督、行为不当警示、服务跟踪评价、文创产品溯源、版权存证等服务，积极构建基于用户方、平台方、服务商共同参与、共同治理的公开透明、安全可信融合应用。在政务领域，聚焦治理体系和治理能力现代化建设，加快推动区块链技术在政务服务领域的应用；支持区块链技术与政务服务平台、政务数据共享交换平台相融合，实现省内政务数据跨部门、跨地区共同维护和利用，保证各级政府之间、各部门之间的数据共享透明可信，显著提高数据共享开放水平，有效降低行政成本，为公众带来更好的政务服务体验。在智慧城市领域，坚持区块链底层技术服务与新型智慧城市建设相结合，运用区块链和物联网等技术搭建溯源服务平台，推进区块链技术在商品防伪、食药溯源、精准扶贫、智慧养老、交通物流等领域的应用，为人民群众提供更加安全、更加优质的公共服务，进一步提高了城市管理和社会服务的智能化、精准化水平。

（六）碳基芯片产业

“十四五”以来，我省加强与北京大学在碳基芯片领域的合作，碳纳米管CMOS（互补金属氧化物半导体）集成电路、超低功耗晶体管等先进技术落户我省。在产业承载布局方面，依托山西综改示范区，开展碳基芯片产业布局，推动北京大学彭练矛院士团队等与山西大学、有关企业合作，在山西大学设立研究院，开展了碳基半导体材料和碳基薄膜电子技术攻关及技术成功转换，布局了碳基芯片产业。

（七）高速飞车产业

“十四五”以来，我省与中国航天科工集团合作，初步在我省布局研发时速1000公里及以上运行速度的下一代交通系统，积极推进低真空磁悬浮试验线建设。依托太原铁路装备工业园，布局了高速飞车装备生产、维修产业基地；依托大同市高速飞车中试线，打造了高速飞车线路轨道产业基地；依托永济经济技术开发区，形成了以高速飞车牵引系统为主导的运城产业基地，在企业间联合开展技术研发、咨询设计、工程总包、系统集成、试验检测、上下游配套等方面的增值服务，不断夯实我省高速飞车产业发展基础。

（八）人工智能产业

我省加大政策供给、加强企业服务、落实激励政策，推动新一代人工智能技术产业化与集成应用，人工智能产业发展进入“快车道”。一是加快构建高水平创新平台。中国长城智能制造（山西）基地、华为（大同）人工智能创新中心、百度云计算（阳泉）中心、阳泉自动驾驶车路协同示范区等一批重点创新平台成效显现。山西大学大数据学院、华为软件信息学院等创新平台建成运行。二是加速推广应用新技术、新产品。百度山西数据标注基地成为国内标注人员和产值规模领先的单体数据标注基地。国家超级计算太原中心采用全栈国产设备，实现从核心硬件到软件平台的自主研发和安全可控，核心产品“太行一号”的理论峰值计算性能已达到国际领先水平。山西云时代所属的数字政府建设运营有限公司开发的山西省领导驾驶舱社会态势感知项目入选工信部大数据产业发展试点示范项目。全国一体化算力网络国家枢纽节点山西枢纽（太原）项目加快建设，助力我省积极融入国家“东数西算”战略，打造中部地区算力网络新高地。阳泉市成为全国首个全域开放自动驾驶的地级市，树立自动驾驶与智能网联示范应用新标杆。三是人工智能产业集聚发展水平明显提高。华为、百度、字节跳动、长城智能制造、中科曙光、秦淮、中联、山西云时代等知名企业在我省集聚发展，太原成为信创领域全产业链布局的重点城市，山西综改示范区人工智能产业核心发展区加快建设，阳泉、大同、吕梁人工智能产业发展集聚区快速发展。

（九）数字孪生与虚拟现实产业

我省积极发展推广数字孪生前沿应用产品，推动数字孪生与虚拟现实产业发展壮大。一是产业发展平台加速涌现。山西虚拟现实产业技术研究院与百度、山西大学、中国电信联合打造5G+云+AI联创中心，与太原理工大学、国网山西省电力公司共同成立5G+XR联合实验室，为山西布局数字孪生等未来产业提供了重要抓手。二是数字孪生与虚拟现实技术产品在能源、城市建设、制造、水利等行业领域加速推广应用。山西省引沁入汾和川引水枢纽工程数字孪生试点研发了具有自主知识产权、符合创新要求的软件平台，全方位构建和川引水枢纽数字孪生系统，为水资源精准引调和区域优化供水提供决策依据。晋南钢铁集团通过数字孪生将远程控制、智能化控制、视频AI监控等场景引入作业现场，在全国同行业中首开“一键炼焦”先河。全省依托数字孪生技术促进智慧工厂、智慧矿山建设，太钢代县峨口铁矿实现5G+井底机车无人驾驶，阳泉冀东水泥5G矿山自动驾驶、北方铜业铜矿峪矿井下5G+4K高清监控、5G+智能矿灯等应用不断深化。数字孪生技术与新型智慧城市建设交互深入推进，晋城、阳泉等市全力打造“城市大脑”，提升城市综合管理服务能力。

（十）下一代互联网产业

我省充分发挥太原国家级互联网骨干直联点作用，加快发展以IPv6（互联网协议第6版）、移动物联网（NB-IoT）等新技术新应用为支撑的新一代通信基础设施，推进下一代互联网产业发展壮大。一是基础设施

IPv6承载能力不断增强。持续深化网络基础设施和数据中心IPv6改造，推动千兆光网、5G网络等新建网络同步部署IPv6，IPv6网络性能和服务质量持续提升。省内基础电信企业数据中心、公有云和域名解析系统等应用基础设施已深度支持IPv6服务。二是IPv6用户规模、流量规模持续加大。2022年，全省IPv6活跃用户已达4650万人，其中移动网络已分配IPv6地址用户数占移动网络用户总数的近94%，省内IPv6流量规模稳步提升。省内物联网IPv6连接数已超过30万个，发展速度显著加快。三是IPv6典型应用示范项目不断拓展。山西省农村信用社入选全国IPv6技术创新和融合应用试点，构建了IPv6安全防护和运维体系。运城市政府网站已全部实现了IPv6改造，并通过了“国家IPv6发展监测平台”的监测。

三、战略性新兴产业和未来产业创新能力提升取得积极进展

“十四五”以来，我省聚焦打造“政产学研金服用”七大主体相互贯通、共生演进的战略性新兴产业（以下简称“战新产业”）和未来产业创新发展生态，扎实推进平台建设、人才培育、技术突破、交流合作、产业孵化、金融支持等工作，总体进展情况顺利。

（一）有效推进创新平台建设

聚焦战新产业和未来产业关键技术攻关方向，积极谋划“顶天立

地”的重大创新平台布局，国家级、省级重点实验室、重大技术创新中心建设提速，创新能力进一步增强。一是国家重点实验室和大科学装置建设步伐加快。积极建设和引进队伍强、水平高、学科综合交叉的国家实验室，目前已在未来产业领域布局6个国家级实验室、2个省部共建实验室以及90多个省重点实验室。在碳基新材料产业领域建设了“煤转化国家重点实验室”“中国科学院炭材料重点实验室”等国家级和省级重点实验室；太钢集团拥有国内唯一的先进不锈钢材料国家重点实验室；推动量子、碳基芯片、高速飞车等未来产业重点领域发展，北大科创基地等创新平台建设工作顺利推进。国家引力波探测大型地基观测大科学装置落户我省，有效推动了全省量子科技领域实现重大创新突破。二是重大技术创新中心建设成效明显。持续推进国家级技术创新中心、制造业创新中心、产业创新中心等国家级顶端创新平台建设。碳基新材料产业领域，建成“国家煤基合成工程技术研究中心”“山西省碳纤维及复合材料工程技术研究中心”等10家国家级和省级工程技术研究中心，北京大学山西碳基薄膜电子研究院落户山西大学；信创产业领域，中国工程院倪光南院士、沈昌祥院士工作站等一批高端科研平台落地，与国家工业信息安全中心合作共建了山西信息技术应用创新发展中心。企业技术中心加快布局，特钢材料产业链布局了1个国家级、4个省级企业技术中心；新能源汽车产业链布局了1个国家级、21个省级企业技术中心；高端装备制造产业链布局了8个国家级、32个省级企业技术中心；氢能产业链布局了1个国家级、3个省级企业技术中心。三是技术创新联合体建设力度加大。引导相关高校、科研院所、骨干企业围绕目标长期攻关，打造跨行业、跨区域、跨单位的重大创新团队。例如，在新材料产业领域，对省内重点高校、科研院所专家团队进行摸底，遴选出60多个新材料领域专家团队、60多个创新合作项目、近70个创新平台和100余项拟产业化的技术成果。加大培育创新主体力度，开展了省级技术创新示范企业认定工作，太航仪表、银光华盛镁业等成功申报国家技术创新示范企业。以10户国家技术创新示范企业和27户省级技术创新示范企业为核心，推动大中小企业融通发展，共同研发对我省未来产业竞争力整体提升具有全局性影响、带动性强的重点关键技术。

（二）扎实推进人才队伍培育

围绕未来产业发展需要，强化人才精准引育，完善人才激励机制，为培养结构合理、数量充足、素质优良、充满活力的未来产业创新人才奠定了基础。一是专业技术人才培育模式不断创新。实施未来产业专业技术人才培育计划，深化校企合作，推动建设未来产业产教融合试点，开展产教融合型企业遴选工作，已培育产教融合型试点企业120多家。积极推动龙芯、长城、百信等企业与太原理工大学、中北大学等高校开展产学研合作，加强信创领域创新人才培养。山西数据流量生态园开展了虚拟现实专业技术能力提升高级研修班，围绕虚拟现实、数字孪生、元宇宙等领域，为全省未来产业发展培养了一批核心人才。二是战新产业和未来产业创新人才引进水平有效提升。建立完善晋商晋才未来产业信息数据库和招商项目数据库，及时发布人才需求和未来产业项目需求目录，吸引各类人才加速回流。推进未来产业聚才行动，引进了一批掌握核心技术、拥有自主知识产权的院士、国际顶尖科学家、青年科学家等高层次人才和创新团队。三是未来产业创新人才使用生态不断优化。通过打造未来产业大学生实习实训基地、大学生就业创业基地、高校科研平台延伸基地、高校科技成果转化基地、校友招商引才基地等，进一步完善了人才培养、引进、使用生态。依托目前未来产业重点领域的技术创新中心、制造业创新中心、产业创新中心、重点实验室、工程研究中心和企业技术中心等各类创新平台，为未来产业高层次人才和创新团队提供了良好的发展空间和载体。

（三）未来技术有望加快突破

聚力打造未来产业发展创新策源地，加强基础研究统筹布局，积极突破行业关键共性技术，研发具有自主知识产权的技术和产品，集中力量抢占未来产业制高点，产生了一批重大创新成果。一是基础理论研究取得重要进展。加强基础研究统筹布局，依托山西大学、太原理工大学、中北大学、山西农业大学等高等院校，在未来产业量子力学、区块链、人工智能、新材料、新能源、生命科学等领域深化前沿基础理论研究，着力解决未来产业发展和生产实践中的共性基础问题。组织实施了一批国家大科学计划和大科学工程，在未来产业的战略性领域实现率先突破。二是关键技术攻关取得重大突破。确定重点行业百项关键共性技术、百项技术创新项目导向目录和计划，推动160多项重大关键技术研发和创新项目实施。三是先进技术成果推广应用取得重要成效。开展关键共性重大技术产业化应用示范行动，未来产业先进技术成果在我省的市场化步伐逐步加快。碳纤维关键制备技术已实现突破，且应用于航空航天领域；石墨烯等储能材料规模化生产核心技术，已实现在电动汽车、无人机等领域的示范应用；山西太钢不锈钢股份有限公司的储氢用不锈钢材料制备及关键技术研究项目，产品批量应用于中集、东锅、查特等国内氢容器生产企业，极大地推动了我省氢能产业链融入国家氢能产业布局。

（四）稳步拓展国际国内合作

积极对接国家重大发展战略，持续深化与共建“一带一路”国家，长江经济带、粤港澳大湾区、京津冀等地区以及与中部省份、沿黄省份在未来产业上的互补合作，政府引导、民间参与、机构互动、产学研结合的合作架构初见雏形。一是与共建“一带一路”国家的合作进一步深化。推动与共建“一带一路”国家和地区在未来产业领域的合作交流，积极融入国际大通道和经济大走廊，扩大经贸合作规模。制定《山西省落实区域全面经济伙伴关系协定（RCEP）行动计划》，为我省未来产业企业在共建“一带一路”国家建设境外合作园区、生产加工基地、营销网络以及对外承包工程等方面提供了方向和指南。二是国际交流合作进一步强化。支持企业参与中欧碳中和创新合作示范项目，参加第三届促进金砖工业创新合作大赛、德国汉诺威工业博览会等活动，太原重工股份有限公司大型矿用挖掘机智能化远程操控系统获工业互联赛道优秀项目奖、太原重工股份有限公司基于数字化的无缝钢管智能化生产线获智能制造赛道优秀项目奖、中北大学干式切削润滑技术与装置获绿色循环赛道优秀项目奖，提高了我省企业国际化经营水平。加强与工信部国际经济技术合作中心对接，争取工信部对我省企业国际化经营提供支持、充分利用太原能源低碳发展论坛国家级平台，加大与世界500强企业的交流合作力度，先后邀请特斯拉、通用电气、霍尼韦尔等国际知名企业来晋交流合作。三是区域协同创新进一步加深。采用“招商推介”“项目对接”“专题座谈”等形式，举办各类招商会、推介会，覆盖环渤海、长三角、珠三角等重点区域。

（五）加速推进未来产业孵化

我省积极推进创新成果孵化和产业化发展，进一步完善全产业链培育模式。一是孵化平台建设次第展开。围绕战新产业和未来产业等重点领域创新创业需求，支持建设各级各类众创空间。全省共建成省级及以上众创空间300多家，省级及以上科技企业孵化器80多家。山西智创城成为聚焦新一代信息技术产业、光机电产业、智能物联网和新材料等产业的创新生态新平台。由山西绿谷生物科技有限公司运营的绿谷众创空间、太原智慧产业园管理有限公司运营的食药专用设备科技企业孵化器已成功转型；潞安太阳能光伏智创谷众创空间瞄准新能源光伏行业，为入驻企业提供专业化指导服务。二是战新产业和未来产业服务载体建设卓有成效。以搭建产业链公共服务平台为核心，开展省级制造业创新中心、新型研发机构培育工作，建立具有产业共性技术攻关、重大创新成果产业化的产业链创新平台。全省省级制造业创新中心实现突破，为我省构建产业链创新平台提供了有效方案。启动实施“山西省新材料领域融通创新服务平台推荐及培育工作”，通过对现有各类创新平台的资源优化配置与共享，为全省新材料企业提供技术咨询、成果转化、产品检测等配套服务的专业化服务平台。三是推进示范应用场景创建。在全省范围内征集数字化转型优秀项目，形成具有山西特色的应用场景100余个。山西数据流量生态园发挥数字产业集群优势，持续拓展数字化应用场景，逐步搭建起数实融合、数据智能融合、产业链条完善、人才聚集、场景丰富的数字产业生态。

（六）持续完善产业发展资金保障

充分发挥财政资金杠杆撬动作用和金融资本的扶持作用，强化“技改资金+政银企合作”政策组合拳，多层次、全方位、高标准的金融综合服务体系日趋健全。一是现有专项发展资金作用得到充分发挥。截至2022年底，省级政府投资基金投资于未来产业等科技创新领域项目数量约占总基金投资项目的70%，在投项目投资规模超过200亿元，以50亿元左右的政府引导资金撬动社会资本近170亿元。搭建政府投资基金项目库，对战略性新兴产业和科技领军项目、初创期科技成果转化和创新创业项目、绿色低碳和数字经济项目等进行重点推介。二是加快推进相关企业上市融资。山西股权交易中心“晋兴板”在“十四五”期间新增挂牌企业近600家。同时，积极强化后备资源培育体系，推动专精特新、链主链核、专业镇龙头企业等纳入省上市挂牌后备企业资源库进行培育。

四、战新产业和未来产业培育发展形势分析

近年来，世界百年未有之大变局加速演进，新一轮科技革命和产业变革的深入发展，大国科技和产业竞争日趋激烈，经济全球化遭遇逆流，全球产业链加速重构，战略性新兴产业和未来产业发展面临的外部条件变化剧烈，产业发展面临诸多风险挑战，必须科学研判、积极应对。

（一）外部环境变化影响分析

1. 国际技术封锁和科技竞争愈发激烈

近年来，美国为了维护自己霸权和私利，滥用出口管制，胁迫、诱拉一些国家组建遏制中国的小圈子，将经贸科技问题政治化、武器化，严重破坏市场规则和国际经贸秩序，尤其是在芯片等高技术领域加大对中国的技术封锁力度，妄图延缓我国技术进步乃至经济社会发展步伐。在地缘政治冲突下，全球大宗商品与能源价格波动巨大，国家间科技和产业竞争日趋激烈，全球产业链、创新链、价值链等加速重构，全球主要发达国家和地区均提前谋划颠覆性、变革性技术和产业发展，全球互联网和制造业巨头企业紧盯人工智能、量子技术、虚拟现实、区块链、航空航天等前沿领域，加快实施技术、产业、战略“三位一体”和“软硬”融合发展。未来产业国际竞争空前激烈，未来产业已成为衡量一个国家、一个地区、一个企业科技创新和综合实力的重要标志。面对新一轮前沿科技发展浪潮，全球各主要经济体均在持续加强与完善国家顶层科技战略布局与战略科技力量部署，力图打造面向前沿新兴产业的科技发展新优势。美国白宫发布《关键和新兴技术国家战略》，重新定义20项关键和新兴技术，提出全力维护美国在量子、人工智能等尖端技术领域的全球领导地位；2022财年《政府研发预算优先事项》中提到，大力支持国家安全、未来工业、能源环境、空天科技等领域的基础和应用研究。欧盟发布《2021—2027的年度财务框架》《塑造欧洲数字未来》《人工智能白皮书》《欧洲数据战略》等顶级科技战略文件，并计划投入巨额资金支持人工智能、超级计算、量子通信、区块链等颠覆性和战略性技术发展。日本发布《科学技术基本计划（草案）》，提出未来科学技术创新要点是发展数字技术，推动研究系统的数字化升级。

2. 我国进一步加大对战新产业和未来产业的支持力度

从国内看，新一轮科技革命和产业变革与我国加快转变经济发展方式形成历史性交汇，以国内大循环为主体，国内国际双循环相互促进的新发展格局正在形成，为我国产业发展提供了广阔空间。在推进中国式现代化的新征程上，现有的产业体系难以满足高质量发展的要求，日益复杂严峻的国际政治经济形势对我国加快建设现代化产业体系，加快培育产业竞争新优势，加速形成产业发展新动力，提出了更高的要求。我国从顶层设计上不断强化对战略性新兴产业和未来产业发展的政策支持，将聚焦前沿技术和未来产业发力，进一步围绕重点领域制定更具针对性的产业规划、指导意见等政策文件。京津冀、长三角等八地启动建设国家算力枢纽节点，并规划10个国家数据中心集群，“东数西算”工程正式全面启动。2021年以来，国家发展改革委、科技部、工信部、教育部等多部门密集出台涉及科技创新和未来产业发展的支持政策，包括但不限于《未来技术学院建设指南（试行）》《国家新一代人工智能创新发展试验区建设工作指引（修订版）》《全国一体化大数据中心协同创新体系算力枢纽实施方案》《新型数据中心发展三年行动计划（2021—2023年）》《“十四五”智能制造发展规划》《关于加快推动区块链技术应用和产业发展的指导意见》《“十四五”机器人产业发展规划》《氢能产业发展中长期规划（2021—2035年）》《关于加快场景创新以人工智能高水平应用促进经济高质量发展的指导意见》等。

3. 国内各地竞相培育发展战新产业和未来产业

为抢抓机遇、培植优势，各省各地区也纷纷聚焦各自优势产业加强攻关，关键技术和产业发展的竞争也日趋激烈。据不完全统计，目前浙江、河南、山西和上海4个省（直辖市）以及深圳、南京、宁波等16个地级市共计发布未来产业相关政策文件26个，其中18个文件于2022年集中发布，未来产业政策制定进入全面发力阶段。可以预见，各地将聚焦产业资源禀赋和区域发展需求，进一步优化未来产业政策环境。同时，已出台相关政策的地方将围绕未来产业重点细分赛道构建自上而下、分区分类的下沉式政策机制，一系列实施方案、行动计划等操作层面的文件有望陆续发布。各地聚焦关键技术、细分赛道打造产业竞争新优势。北京、上海、深圳、杭州、武汉、沈阳等地都已立足自身基础，强化前瞻布局，围绕人工智能、半导体、工业互联网、生物技术等重点领域，加快推进对未来产业的培育和发展，着力在新一轮科技革命和产业革命中抢占先机，未来产业培育发展路径有望出现新模式与新突破。浙江省提出，到2023年，在人工智能、区块链、第三代半导体等优势领域建设一批未来产业先导区，积极创建国家级未来产业先导试验区；构建“源头创新—技术转化—产品开发—场景应用—产业化—产业集群”的未来产业培育链路，打造集技术创新、成果转化、场景应用和产业发展于一体的未来产业生态布局。河南省提出，到2025年，围绕氢能与储能、前沿新材料、生命健康等领域布局建设20个左右的未来产业先导区。深圳市聚焦“基础研究+技术攻关+成果产业化+科技金融+人才支撑”全过程创新生态链，实施“强基”“突破”“加速”“融合”“汇聚”五大工程，推动创新资源向未来产业集聚，实现产业链、创新链、人才链、教育链“四链”深度融合。在各地积极抢占未来产业制高点的大形势下，我省必须立足资源禀赋和产业发展基础优势，推动未来产业高质量发展，加快掌握关键核心技术，为经济高质量发展注入强大动力。

（二）面临的问题和挑战

1. 产业自主创新基础能力有待提升

未来产业的发展将由以模仿创新为主向以自主创新为主转向，未来产业发展必须紧紧依靠创新驱动，但我省未来产业发展的软硬件环境仍不能有效满足自主创新基础能力提升的需要，尚未形成以自主创新为引领的未来产业发展格局。一方面，研发经费投入不足对创新能力形成制约。我省研发经费投入总量和强度均不足，对创新能力持续提升和未来产业高质量发展形成一定制约。2022年全省研究与试验发展经费投入总量为273.7亿元，投入强度（研发经费/地区生产总值）为1.07%，居全国第二十三位；同期全国研究与试验发展经费投入总量达到30782.9亿元，经费投入强度达到2.54%。中部六省中，除山西外，湖北1254.7亿元、湖南1175.3亿元、安徽1152.5亿元、河南1143.3亿元、江西558.2亿元，研发经费投入总量均大幅高于山西，其中四省研发经费已超千亿元。投入强度方面，安徽2.54%、湖南2.41%、湖北2.33%、河南1.86%、江西1.74%，均大幅高于山西。在总量不足的情况下，基础研究投入更少，结构性矛盾仍然突出。另一方面，我省科技研发体系还不健全。对科技创新体系理论的研究不够深入，企业创新能力有待进一步提升，高水平创新公共服务平台少、服务能力不足等问题仍然存在，新型基础设施供给有待进一步优化，“政产学研用”创新体系运转还不够通畅，效率还不够高，科研成果转化不足，缺乏整合企业、高校、科研院所的科技创新资源的手段。

2. 高端装备制造业和高技术制造业发展波动较大

高端装备制造业和高技术制造业是未来产业发展的核心和关键，25

个未来产业中大部分属于高端装备制造业或高技术制造业。高端装备制造业处于价值链高端和产业链核心环节，是抢占未来经济和科技发展制高点的战略选择，决定着未来产业的综合竞争力，同时，高技术制造业发展对于加快实现前沿技术突破、推动未来产业高速发展也具有显著的正向作用。从近年情况看，我省高端装备制造业和高技术制造业发展波动均较大。从2018—2022年情况看，全省高端装备制造业增加值平均增速达9%，但增速波动较大，有的年份增速快，有的年份慢，甚至还有负增长年份。高技术制造业增加值增速同样呈现较大的波动趋势。2012年最高时增速甚至超过100%，但2022年该指标下降明显，为负增长。

3. 产业重点发力方向还不够精准

当前，省级与我国国家层面确定的战略性新兴产业和未来产业不同，且省与省之间差异也较大。从未来产业看，尚未出台国家层面的指导性文件，未来产业的发展重点多体现在国家部委及各地出台的相关政策和规划中。从省域间的对比看，多地将未来产业界定在一些现有前沿科学的分支中，产业边界和领域存在一定程度的重叠，各地对未来产业的布局也存在重合现象，例如，国内各省（市、区）将“量子信息”或“量子科技”作为未来产业发展主要方向的占比超过80%，未来可能导致重复建设、资源浪费、无序竞争等问题。从省内看，《山西省“十四五”未来产业发展规划》确定的25个未来产业中，有7个同时也是战略性新兴产业，此外战略性新兴产业中还有生物医药、节能环保、装备制造等多个产业与未来产业存在交叉的情况。未来产业发展存在高度不确定性，我省风险评估能力存在不足。未来产业高度依赖前沿性、原创性、突破性、颠覆性技术创新，目前整体还处于孕育阶段，部分领域技术及产业化存在不确定性、高风险性和长周期性，细分领域、发展路径、商业模式、监管方式等诸多方面尚未形成可借鉴、可复制的经验。

4. 领军企业和高技术人才短缺

企业是创新的主体，当前，我省大部分未来产业领域还存在领军性龙头企业少、尖端技术掌握不多、创新能力不强、产业链生态不健全、产业链与创新链耦合度不高等突出问题。企业自主研发能力和核心技术能力不强，技术、产品“领跑”能力不足，高、新、尖产品数量较少，致使行业、产品“隐形冠军”数量少，市场占有率不高。以专精特新为代表的优质中小企业数量少，整个创新生态还有欠缺。人才是创新之源和第一动力，当前我省未来产业发展仍存在较为明显的人才结构性短缺问题。尚未形成面向全球的未来人才吸纳体系，现有科研与产业化机会对海外人才的开放程度不高，对人才的引力不足，高端复合型人才培育力度不足，与未来产业发展不相匹配。

5. 产业链供应链安全保障问题有待解决

当今正经历世界百年未有之大变局，世界政治经济格局加速重构，新冠疫情、外部冲突等国际问题日益凸显，产业竞争将进一步加剧，可能形成科技、人才、金融、产业等要素流动的断点，将对未来产业全球化发展造成影响，甚至带来威胁。以美国为首的西方发达国家出于维护科技霸权的需要，对芯片等科技含量高的产品滥用出口管制等措施，对我国信息技术应用创新相关企业进行恶意封锁和打压，背离了公平竞争原则，违反了国际经贸规则，影响了国内信息技术应用创新企业的持续健康发展。可以预见，未来逆全球化趋势仍将延续，并导致全球产业合作格局重构，国际分工体系全面调整，关键环节的国际竞争壁垒将加剧，我国在关键核心技术和“卡脖子”环节上的短板问题愈发突出，对我省未来产业的产业链及供应链安全稳定带来严重隐患。近年来，我国部分龙头企业遭受了关键核心技术“断供”的巨大负面影响，“十四五”时期这些负面影响和风险仍无法避免。这些不利因素对我省未来产业发展提出了新的挑战，需要进一步集中优势资源，在重点领域加快突破一批关键核心技术，加快提升产业链关键环节、关键领域、关键产品的安全保障能力。

6. 产融资本不足制约未来产业发展

未来产业部分技术创新高度依赖产融资本，现有产融资本短平快、新型产品少，创新能力相对不足。一是资本市场“短平快”的现象比较普遍，难以满足未来产业发展所需的长期投入。金融资本倾向于进入回报快、回报率高的产业领域，而未来产业部分领域尚处于基础研究和原始创新阶段，需要持续投入大量资金，回报周期长且存在不确定性，难以吸引金融资本注入，从而丧失大量未来技术进步的机会。二是在未来产业的基础核心技术研发方面，现有产业金融机制仍然以政府补贴为主，产业私募基金、风险投资等市场主导的新型金融产品缺乏，与未来产业相适应的创新运作体系尚未形成。例如，除国家集成电路产业投资基金外，尚未有量子科技、类脑智能等领域的产业引导基金，难以满足未来产业科技成果转化多元化、市场多层次化、细分领域个性化的资金需求。

五、加快培育发展战新产业和未来产业，推动形成新质生产力的对策建议

加强对全国未来产业发展整体布局研判，结合我省优势产业领域，进一步完善未来产业培育体系，完善支持政策，巩固提升基础创新能力，锻长板、补短板，积极推动新技术、新产品应用，积聚优质发展要

素，打造“政产学研金服用”七大主体相互贯通、共生演进的未来产业创新发展生态，不断培育和激发我省未来产业发展动能。

（一）分类梯次推进未来产业重点突破

着眼全省转型发展需求和未来产业发展现状，采取分类梯次推进的策略。将未来产业中涉及战略性新兴产业的信息技术应用创新、大数据融合创新、电子信息装备、碳基新材料、特种金属材料、先进功能材料、智能网联新能源汽车等产业按照战略性新兴产业发展相关要求稳步推进，将人工智能、生物技术、量子信息、碳基芯片、高速飞车等五大领域作为重点突破的未来产业进行前瞻布局、优先推进。

人工智能方面，重点推进标准体系完善工作。每年新增两个以上省级人工智能创新平台，进行理论、方法、工具、系统等方面创新。围绕智能制造、交通物流、无人驾驶、特殊作业、精准医疗等十大领域开展应用示范，推动人工智能深度应用。生物技术方面，重点突破细胞培养、发酵基因组分析等技术，培育新型疫苗等生物药品，发展绿色农用生物制品，开发高性能生物环保材料。推动实验动物中心及药品安全测评中心、杂粮基因与分子育种实验室等创建国家级创新平台。量子信息方面，重点推进山西大学量子光学与光量子器件国家重点实验室、量子科技未来技术学院等创新平台建设。研发应用高性能激光、量子通信、量子仪器等产品，突破量子材料、量子光学、量子计算等前沿技术。构建量子信息产学研用融合创新生态。碳基芯片方面，优先攻关高纯度半导体单壁碳纳米管、碳纳米管薄膜大面积制备等关键技术，研发碳基电子集成电路。支持山西北大碳基薄膜电子研究院发展，推进北大研究成果在我省转化。到2030年，碳基芯片产业技术体系初步构建并形成先发优势。高速飞车方面，重点推动高速飞车试验线建设并纳入国家重大科技基础设施。开展大尺寸高动态超导磁体、大尺寸低真空管梁等10项重大技术工程化攻关，建设国家级高速飞车科技攻关及中试验证基地、高速磁悬浮认证测试基地。

（二）加快推动基础研究和基础技术攻关

加强基础理论研究。依托基础研究体系，加强量子力学、区块链、人工智能、新材料、新能源、生命科学等领域前沿基础理论研究。强化与C9高校合作关系，积极承接和参与国家大科学计划、大科学工程、国家科技重大专项、重点研发计划等研究项目。推动基础技术攻关。面向未来产业创新发展需求，聚焦未来产业发展需要解决的重点技术难题，深入实施产业基础再造工程，建立未来产业基础技术攻关清单，重点支持一批关键共性技术特别是“卡脖子”核心技术的研发。坚持围绕产业链部署创新链，构建企业技术创新体系。用好“揭榜挂帅”机制，发挥产业联盟和技术创新联合体作用，引导企业、高校、科研院所围绕关键技术开展联合研发攻关，解决制约未来产业形成和发展的技术瓶颈。提升产业链供应链安全保障能力。推动加快自主创新产品推广应用的“迭代”工程，超前布局前沿未来技术和颠覆性技术。积极发挥创新型领军企业潜力。加大对创新型、引领型企业的支持和引导力度，鼓励企业加大研发投入，支持有条件的企业开展基础研究和关键核心技术攻关，加强“卡脖子”环节技术突破。

（三）加快提升企业研发能力

从科技变革趋势和产业变革前沿中抢抓新赛道。准确把握科技变革趋势，超前布局未来产业，争取在更多领域实现“换道领跑”。紧盯未来产业关键核心技术、关键基础材料、关键成套设备等“卡脖子”问题，瞄准专业细分领域，下大力气培育引进掌握关键核心技术的龙头骨干企业、专精特新企业、高新技术企业等，为未来产业发展奠定坚实基础。培育一流创新主体，遴选优秀企业，实施创新主体“领跑计划”“强筋计划”“育苗计划”，构建大中小接续创新、强中弱梯次推进的创新主体培育体系。以头部企业、“链主”企业为基础和核心，不断完善“链长+链主+工作专班+专家团队”的工作体系，增强产业链稳定性和竞争力。加大科技型企业培育力度。实施高成长性企业培育工程，发掘潜力企业，用好创投、风投和政府引导基金，全力培育一批“小巨人”“隐形冠军”“单项冠军”。梯度培育专精特新中小企业。健全创新型中小企业梯度培育体系、标准体系和评价机制，完善专精特新中小企业储备库。分层培育专精特新中小企业群体，分类促进企业做精、做强、做大。充分发挥中小企业公共服务平台网络骨干架构作用，积极推出针对专精特新企业特点的个性化、高端化服务。积极培育制造业单项冠军、国家级专精特新“小巨人”企业、省级专精特新中小企业，带动孵化一批创新型中小企业，形成我省优质中小企业群体。加快建设、规范、提升小微企业双创基地。继续实施小微企业双创基地梯度培育计划，加强过程培育、绩效考核和示范提高，进一步提高小微企业双创基地建设和服务水平。继续认定一批省级小微企业双创基地，继续培育一批省级小微企业双创示范基地和国家级小微企业双创示范基地。

（四）进一步提升创新平台质量

发挥国家实验室和重点实验室作用。进一步完善国家实验室、山西省实验室和省重点实验室体系，加强核心技术研发攻关和成果转化应用，全力推动在晋建设国家大科学装置。优化创新平台布局，持续推进国家级技术创新中心、制造业创新中心、产业创新中心等国家级顶端创新平台建设，不断加快新型研发机构、工程研究中心、工程技术研究中心和企业技术中心等重点创新平台培育。加快建设未来产业公共服务平台。开展技术研发、检验检测、技术评价、技术交易、质量认证、人才培训等专业化服务，促进科技成果转化和推广应用。打造孵化平台。构建包括智创城、创业苗圃、孵化器、加速器、星创天地等在内的各类众创空间，完善覆盖创新全阶段的技术平台、投融资、市场拓展、人力资源等服务体系，形成“创业苗圃+孵化器+加速器”的全产业链培育模式。吸引集聚高端创新资源。探索在北上广深等科技先进地区组建未来产业研发机构，靠前就近学习未来产业重点领域先进技术，集聚利用异地创新要素，破解本土企业高端人才缺乏、研发能力不足的难题。持续深化与长江经济带、粤港澳大湾区、京津冀等地区的合作，建立省际创新成果转移统筹协调机制、重大承接项目促进服务机制等，搭建研究成果转化基地和产业转移促进平台。

（五）进一步夯实人才基础

发展产业亟须强化人才培育。通过深入实施专业技术人才培育计划、卓越未来企业家和高水平创新人才等培育行动，深化校企合作，加大基础研究人才培育力度。深入推进晋商晋才回乡创业创新工程，积极引进紧缺人才。围绕未来产业关键核心技术和重点企业，积极发布人才需求和产业项目需求目录，靶向引进一批“高精尖缺”创新人才和团队，增强引才精准度和产业适配度。动态更新高层次人才库，进一步加强对青年学术带头人、未来领军人才的培养和支持。依托未来产业重点领域的技术创新中心、制造业创新中心、产业创新中心、重点实验室、工程研究中心和企业技术中心等各类创新平台，积极争取国家重大课题，为未来产业高层次人才和创新团队提供发展空间和载体。完善人才引育政策体系。对未来产业领军人才和创新团队，要健全人才跟踪培养体系，保障引进人才待遇，提高人才服务质量。深化人才政策体制改革，不断优化人才结构，壮大人才规模，提升人才素质。培育一批知识型、技能型、创新型的工匠人才。建立与国际接轨的高层次人才招聘、薪酬、评价、考核、科研资助和管理制度。切实解决各类人才现实生活问题，在教育、卫生、居住等方面提供更多人性化公共服务。

（六）进一步完善政策支持体系

梳理整合已有的产业扶持政策。研究制定支持未来产业在政府采购、财政投入、投资引导、金融支持等方面的支持政策，落实研发费用加计扣除、高新技术企业税收优惠、首台（套）重大技术装备、首批次新材料保险补偿等支持政策，加快形成具有比较优势的政策支持体系。引导加大研发经费投入。对标发达地区，多措并举增加前沿领域全社会研究与试验发展经费投入，加大面向未来产业基础研究的财政支持，针对高新技术企业和“专精特新”“小巨人”等各种创新型企业，增加对重点未来技术领域研发的财政补贴和扶持力度。强化金融支持。建议设立制造业政府投资基金、未来产业投资基金、天使与创投引导基金等，鼓励地方部门协作建立未来产业“种子基金”撬动社会投资，支持围绕重点领域、细分赛道开展未来技术竞赛、产业创新大奖赛等活动。支持未来产业发展。健全政府性融资担保体系，推动普惠金融生态向小微企业延伸，推行“三晋贷款码”等专业镇创新服务。鼓励金融机构加大对未来产业和制造业中长期、设备更新、产业链等领域的支持力度。加强专精特新、链主链核、专业镇等企业上市培育，推动中小企业股改并在新三板和“晋兴板”挂牌。强化土地保障。纵深推进“标准地”改革，省级及以上工业类开发区全部以“标准地”形式出让工业用地。健全工业用地长期租赁、先租后让、弹性年期出让等多元供应体系，支持工业企业选择适宜的用地方式。综合用好自然资源部计划指标、地方“增存挂钩”核算计划指标，以及省级统筹计划指标等，倾斜支持未来产业重大项目。强化人才支撑。建立人才信息库和企业需求资料库，引导企业精准引进急需产业人才。畅通省部级人才需求对接渠道，对接国家部委引进重点产业基础研究和技术攻关等领域的紧缺人才。创新支持模式，激励人力资源服务业向制造业领域倾斜。

（七）进一步提升招商引资实效

充分发挥比较优势。面向国家重大产业发展需求和我省战略部署，紧盯科技变革前沿和产业变革趋势，发挥我省能源资源优势、原材料产业优势、要素成本优势、算力资源优势、区位和政策优势等比较优势，谋划推进未来产业领域重点项目。抢抓中部地区承接产业转移机会。瞄准先进制造龙头企业、专精特新中小企业、单项冠军企业、高新技术企业等，精心打造目标企业库、项目管理库、机构联络库和招商图谱、招商地图，做到有的放矢、精准招商。创新招商引资模式。梳理全省未来产业项目签约落地情况，围绕我省重点产业链和未来产业龙头企业，用好产业链、专业镇、开发区等十二大招商方式，开展综合性和专题性招商活动，加快延链、补链、强链、升链，引育优秀“链主”“链核”企业，集聚产业链上下游、供应链各环节、创新链相关方等配套企业，深入培育和提升产业链整体竞争力。对接京津冀、长三角、粤港澳等地区，落实制造业有序转移指导意见和指导目录，举办产业转移发展对接活动。加快保税区、自贸区、跨境电商试验区等开放平台建设，用好国际展会平台服务功能，促进重大外商直接投资。

（八）进一步优化营商环境

进一步落实“三无”“三可”要求。深化“放管服”改革，在放宽市场准入、提升审批服务质效、打造高水平公共服务平台、构建亲清政商关系等方面下大力气，全力打造市场化、法治化、国际化营商环境。进一步推进开发区“三化三制”和赋权改革。提升开发区管理效能。细化梳理开发区需求清单，建立“一区一清单”，提高赋权清单事项契合度，依法依规依需赋予开发区更多经济管理权限，确保赋权事项开发区领得到、接得住、运行顺、管得好。深入推进“承诺制+标准地+全代办”改革，坚持系统集成导向，大幅提高工作效率，真正实现“区内事、区内办”。完善推进机制。坚决整治“新官不理旧账、政策不兑现、拖欠民营企业账款”等问题，对不作为、乱作为、破坏营商环境、损害群众利益的人和事，以“零容忍”态度严肃处置。

（九）推进数智深度赋能

提升“两化”融合发展水平。开展“两化”融合管理体系贯标，加快推进5G基站建设，聚焦重点行业领域推进5G网络精准覆盖，打造可示范推广的5G工厂。加快产业数字化转型。积极开展5G+智慧矿山应用试点，加快普及工业互联网创新应用。鼓励企业在全生命周期中推进数字化应用，推动中小企业数字化改造，发展跨越物理边界的“虚拟”产业园区。全面推广智能制造，面向设计、生产、管理、服务等各个环节开展智能化改造，打造智能制造试点示范企业、标杆项目，打造国家级示范工厂和优秀场景。推进工业企业智能制造诊断评估工作，发布山西省智能制造诊断服务指南。做好展览展示和宣传推介。依托山西综改示范区、开发区、高新区等未来产业集聚区域，整合重点企业、高校、科研院所等优势资源，在云计算与区块链产业、量子产业、虚拟现实产业、生命科学产业等重点领域，选取一批前沿性、可演示、互动性较强的科技创新成果，建设我省未来产业“黑科技”展演展示中心，展示宣传最新科技创新成果。积极举办科技创新类高端论坛，高水平办好“创客中国”山西省创新创业大赛等，提升我省战新产业和未来产业的影响力，吸引全球科技创新资源。

（十）完善产业培育风险评估机制

加强主要领域风险防控的前瞻性研究。开展具有战略高度的未来产业风险防控经济理论研究，探索建立我国未来产业风险评估方法及指标体系，利用数字化技术对相应的具体场景进行模拟分析和路径推演，对未来可能出现的风险做到及时发现和应对，科学调整已有规划和方案。加快未来产业标准体系建设。支持相关企业、高校、科研院所参与制定未来产业及其细分领域的技术标准、国际规则及伦理规范等。适时探索开展未来产业重大技术创新监管试点。按照鼓励创新的原则，实行包容审慎监管，重点是为未来科技创新提供安全快捷的测试环境，推动创新与监管的良性互动，加速未来技术在真实场景中的应用和技术迭代。

第六章

推动传统产业加快形成绿色低碳新质生产力

习近平总书记指出，绿色发展是高质量发展的底色，新质生产力本身就是绿色生产力。推进传统产业绿色低碳发展，既是我省加快发展新质生产力的必然要求，也是适应资源型经济转型发展趋势、实现经济社会全面绿色转型的关键任务。在“双碳”目标约束下，我省应聚焦七大传统优势产业及各产业链条的重点领域和节能降碳关键环节，深入推进节能改造，推动技术装备升级，强化全产业链节能、降碳、增效，蹚出以新质生产力促进绿色低碳发展的山西路径。

一、推动传统产业绿色低碳发展的重大意义

绿色低碳发展是高质量发展的内在要求，坚持生态优先、绿色发展，对于加快形成绿色低碳的能源生产方式和利用方式、开启生态文明建设之路有着重要作用。绿色发展是解决生态环境问题的根本之策，是构建高质量现代化经济体系的重要途径，是实现人与自然和谐共生的必然选择。

党的十八大以来，习近平总书记多次在重要场合强调绿色低碳发展的重要意义，指出要坚定不移走生态优先、绿色低碳发展之路。《中共中央 国务院关于完整准确全面贯彻新发展理念做好碳达峰碳中和工作的意见》指出，实现碳达峰、碳中和，是以习近平同志为核心的党中央统筹国内国际两个大局作出的重大战略决策，是着力解决资源环境约束突出问题、实现中华民族永续发展的必然选择，是构建人类命运共同体的庄严承诺。党的二十大报告指出，“推动经济社会发展绿色化、低碳化是实现高质量发展的关键环节”；“实现碳达峰碳中和是一场广泛而深刻的经济社会系统性变革”，要立足我国能源资源禀赋，坚持先立后破，有计划分步骤实施碳达峰行动，完善能源消耗总量和强度调控，推动能源清洁低碳高效利用，推进工业、建筑、交通等领域清洁低碳转型。

推动传统优势产业绿色低碳发展对我省有序推进能源革命、稳步实现碳达峰碳中和具有重大意义。山西省第十二次党代会指出，我们要以高质量论英雄，不断提升产业发展的含金量、含新量、含绿量；传统优势产

业要率先转型，实现内涵集约发展；要加快推动煤电、钢铁、有色等高耗能行业节能降耗技术改造，能效水平要全面达到全国平均水平。

因此，推进传统优势产业绿色低碳发展是深入践行习近平生态文明思想的必由之路，也是全面贯彻习近平总书记视察山西重要讲话重要指示精神、加快蹚出资源型经济转型发展新路的重要举措。要推动我省经济社会发展绿色化、低碳化，着力构建绿色低碳循环经济体系，就必须大力推动产业绿色低碳发展，其中，煤炭、煤电、钢铁、焦化、建材、有色、化工等七大传统优势产业责无旁贷。上述传统优势产业增加值总和占全省规模以上工业增加值的比重达到85%以上，其既是全省经济稳定运行的压舱石，也是产业绿色低碳转型发展的重中之重。

二、产业绿色低碳发展的基本要求

要研究山西传统产业的绿色低碳发展，首先必须明确绿色发展的内涵，进而阐明产业绿色低碳发展的基本要求和总体方向。

（一）绿色发展和绿色经济的内涵

绿色发展是在传统发展基础上的一种模式创新，是建立在生态环境容量和资源承载力的约束条件下，将环境保护作为实现可持续发展重要支柱的一种新型发展模式。

推动绿色发展必然要求打造绿色经济。绿色经济的概念最早是由英国学者大卫·皮尔斯提出来的。在其1989年出版的《绿色经济蓝图》一书里，其将绿色经济定义为一种寻求经济、社会以及生态三大条件都可以承受的经济模式。他认为，人类的盲目发展如果超出了自然和社会所能承载的范围，就可能造成对可持续发展的破坏，甚至引发社会和生态危机。这一概念的提出，拉开了学术界对绿色经济研究的序幕。

联合国在2007年发布的一份年度报告中提出，绿色经济是高度重视人与自然和谐关系并且能够创造体面高薪工作的经济。2010年，联合国又提出，绿色经济是在改善环境过程中，实现追求人类幸福和社会公正的一种可持续经济模式。2011年，联合国环境规划署给绿色经济的定义为：绿色经济是一种旨在减少环境风险和生态破坏，并在不破坏环境的情况下实现可持续发展的经济。

结合实际综合来看，绿色经济是一种以资源节约、环境友好、生态保育为核心内容的经济形态，其经济运行的主要形态是资源能源节能高效、对生态环境影响较小、产品绿色附加值高、生产方式高度集约。绿色经济以市场化为导向，以绿色化为内涵，最终实现人与自然和谐共生。

（二）低碳经济的概念和要求

1998年，西方学者安·P.金齐格（Ann P. Kinzig）和丹尼尔·M.卡门（Daniel M. Kammen）首次将低碳经济定义为：单位二氧化碳排放的经济产出与人类社会的发展水平呈现出共同进步的一种新型经济形态。1999年，美国学者莱斯特·布朗提出了著名的能源经济革命论，他认为人类发展的模式不能继续依赖化石能源，而应以清洁能源为核心打造经济体系，只有这样才能彻底实现零污染。2003年，低碳经济的概念首次出现在官方文件中。这一年，英国发表了世界上第一本关于低碳经济的白皮书，将低碳经济界定为“利用最少的自然资源消耗和最低的环境污染，以获得最多产出的经济模式”。2006年，著名气候变化研究专家斯特恩发布了一份著名的研究报告（*Stern Review*），他强调虽然在短期内实施低碳转型可能会给经济带来一定的损失，但是在未来会产生相应更多的收益。

目前，一般认为，低碳经济是一种环境友好型的发展方式，旨在实现经济发展的同时，有效控制能源消耗和污染排放量的降低。低碳经济是以低能耗、低污染、低排放为目标，通过技术、制度以及发展理念的创新，使经济社会发展水平和单位碳排放的产出保持一定平衡的新型绿色经济形态。

（三）产业绿色低碳发展的要求和一般路径

产业由“高碳”向“低碳”发展，不仅取决于产业结构的优化、能源结构的优化，更取决于产业链的协同行动，因为整条产业链都会在产品生产、加工或运输乃至消费的过程中产生碳排放，需要协调推进能源结构优化和产业结构优化。通过打造全程低碳产业链，实现高碳产业绿色低碳化发展。

低碳产品是低碳产业链的自然产物——投入要素低碳化、生产过程低碳化、产出产品低碳化、消费低碳化必然带来低碳产品的产出。因此，低碳产业链的构建是产业绿色低碳发展的全方位演进路径。原有的高碳产业需要在技术创新下重新构建低碳原材料、低碳半成品和制造工艺环节。在投入要素方面，没有低碳原材料、低碳半成品和制造工艺低碳化作为支撑，就没有产出的低碳化。另外，在生产过程中，低碳产业链的打造需要产业链整个过程的低碳化运行，这不但要求产业链各个环节都以低碳作为标准，而且要求上下游产业链环节之间都将低碳化程度作为企业选择的重要因素。与此同时，低碳消费拉动低碳产业链的形成也是发展低碳产业的条件之一。产业绿色低碳发展演进还需要依靠产业政策的规制和产业（企业）本身对产品竞争力的追求，形成低碳产业链的内外驱动力。因此，产业绿色低碳发展，必须在技术创新的条件下通过低碳产业链的构建、产业结构的优化和调整以及能源结构的优化共同实现。

三、山西传统产业绿色低碳发展现状、成效和问题

研究如何推进山西传统产业绿色低碳发展，其核心问题是摸清产业能耗和碳排放的现状，在此基础上分析得出存在的主要问题，为进一步提出产业绿色低碳发展路径和对策建议奠定基础。本部分首先梳理总结近年来我省推进产业绿色低碳发展的主要做法取得的成效，其次分析七大高耗能产业能耗和碳排放现状，最后总结提出存在的突出问题。

（一）主要做法及突出成效

近年来，我省坚持以提高能源资源利用效率为核心，强化绿色低碳转型战略部署，构建绿色低碳现代产业体系，打造绿色低碳循环发展模式，着力推进传统优势产业实施绿色化改造，有效提高了全省传统优势产业绿色低碳发展水平。

1. 高位推动绿色低碳发展工作

我省成立了由省委书记任组长的推进碳达峰碳中和工作领导小组，全省能耗双控工作专项小组，高位推动全省双碳和能耗双控工作。强化顶层设计，出台《关于完整准确全面贯彻新发展理念 切实做好碳达峰碳中和工作的实施意见》《山西省碳达峰实施方案》，探索开展碳排放统计核算，优化配置碳排放空间资源，倒逼总量减排、源头减排、结构减排。强化能耗双控，制定出台高耗能行业能效领跑者制度实施方案，选择电力、钢铁、水泥、焦化、有色等高耗能行业，从单位产品能耗领先企业中遴选领跑者，鼓励全行业以能效领跑企业为目标开展能效对标达标活动，形成推动行业整体能效水平不断提高的长效机制。推进大数据技术与节能降碳融合发展，提高工业生产效率，降低能源消耗。制订并实施坚决遏制“两高”项目盲目发展行动方案，推进能耗在线监测系统建设，全省“两高”项目全部纳入在线监测系统。组织开展遏制“两高”项目盲目发展专项督查，依法依规对在建和存量项目开展分类处置。

2. 打造煤炭绿色开发利用基地

推进煤炭产业低碳转型，煤炭绿色开发利用基地建设取得新成效。出台《全面推进煤矿智能化和煤炭工业互联网平台建设实施方案》，加快煤矿智能化建设，截至2023年6月底全省已建成46座智能化煤矿、1161个智能化采掘工作面，煤炭先进产能占比达80%，为确保2027年全省各类煤矿基本实现智能化奠定了坚实基础。积极开展煤矿绿色开采试点示范，建成了一批试点示范煤矿，围绕充填开采、保水开采、煤与瓦斯共采等绿色开采技术路线进行了探索实践。

3. 推进现代煤化工基地绿色低碳发展

统筹高端多元与绿色低碳，稳步推进现代煤化工示范基地建设。坚持煤炭和煤化工一体化，培育打造十大重点产业链，梯次推进重点产业链扩容扩规，加快构建体现山西特色优势的现代化产业体系，推动煤炭由燃料向原料、材料、终端产品转变。加快建设国家绿色焦化产业基地，焦化总产能压减23.4%，5.5米以上大机焦占比达77%以上，全面淘汰4.3米焦炉，并全面实现干熄焦。开辟干熄焦余热发电并网绿色通道，建成大机焦产能9000余万吨。氢能、甲醇等开发利用步伐加快，焦炉煤气、化工尾气制高纯氢能力达3万吨/年。

4. 统筹传统能源和新能源发展

“十四五”以来，我省能源产业坚持低碳化基地化多元化发展，深入推进能源供给侧结构性改革，推动能源生产方式绿色转型，加快发展新能源和可再生能源，持续扩大清洁低碳能源生产供应，2022年并网风电、光伏装机容量超过4000万千瓦，新能源及清洁能源装机占比超过40%，非常规天然气产量突破110亿立方米，氢能、地热能、新型储能等加快发展。

5. 持续提高“两化”融合发展水平

2021年，我省“两化”融合发展水平达到52.6，全国排名提升至第十七位，全省共培育国家级62户绿色工厂、43个绿色设计产品、5个绿色园区、4户绿色供应链管理企业。2021年，我省工业固废年综合利用量1.7亿吨左右，全国排名第三，15户企业入选工业和信息化部再生资源行业规范名单，全省废弃资源综合利用业实现营业收入453亿元。山西光大焦化气源有限公司和晋城山水合聚水泥有限公司入围国家重点用能行业能效“领跑者”名单，全省单位GDP能耗连续完成下降目标任务，全省规模以上工业增加值能耗同比下降9.3%。炼钢先进产能占比进一步提高，焦化先进产能占比接近65%，传统优势产业生存力、发展力不断增强。

6. 积极推进煤基科技创新成果转化

依托中国科学院山西煤炭化学研究所、太原理工大学等“国家队”“山西队”，加快科技创新平台建设，加强关键核心技术攻关，打造能源科技创新重要策源地。目前，全省能源领域拥有6家国家级平台、23家省重点实验室、17家省技术创新中心和8家新型研发机构。系列碳纤维技术为代表的材料技术实现重大突破。汾西重工19兆瓦半直驱永磁风力发电机刷新全球最大单机容量纪录。太锅集团循环流化床锅炉技术全球领先。程芳琴团队“分质资源化利用—分类无害化填充”获国家科学技术进步奖二等奖。2020—2022年，“晋华炉”系列产品全球市场占有率达70%。

7. 以绿色金融促进产业绿色低碳发展

截至2023年6月末，全省绿色贷款余额接近4500亿元，其中清洁能源产业贷款余额达2000亿元。以山西能源革命综合改革试点、能源产业“五个一体化”融合发展为契机，用好碳减排支持工具和支持煤炭清洁高效利用专项再贷款，加大对相关领域的优惠利率贷款投放力度，助力我省能源产业绿色转型。省内金融机构共发放碳减排领域贷款200多亿元，重点支持近200家企业在风电、光伏、抽水蓄能等清洁能源领域的近300个项目建设，带动年度碳减排量超600万吨；煤炭清洁高效利用领域贷款重点投向煤炭安全高效绿色智能开采、煤炭清洁高效利用、煤电保供、民用清洁供暖等领域。累计支持全省企业在银行间市场发行绿色债务融资工具近90亿元。

（二）山西传统优势产业能耗和碳排放有关情况

我省的煤炭、煤电、钢铁、焦化、建材、有色、化工等七大行业是能耗和碳排放总量和强度较大的传统优势产业，必须全面把握行业能耗和碳排放现状，找准节能降碳关键症结，为推动绿色低碳发展奠定基础。“十三五”期间，山西省碳排放呈较快增长态势，2020年较2015年增加了16.97%，全省燃煤产生的碳排放量占全省碳排放总量超过80%；煤电、钢铁、煤炭、化工、有色、建材、焦化等七个行业的能源消费和生产过程产生的碳排放总和占全省碳排放总量的90%以上。[①]2022年，山西省能源消费总量21918.5万吨标准煤，同比增长1.27%，较2015年增长13.08%，七年间年均增速1.77%；能源消费总量占全国能源消费总量的4.05%，同比下降0.07个百分点，较2015年下降0.41个百分点[②]。

1.煤炭产业

山西省是世界五大煤炭主产地之一，是我国重要的煤炭基地，国土面积15.7万平方千米，含煤面积5.7万平方千米，占全国近40%。煤炭产能和产量方面，“十三五”期间累计生产原煤46.95亿吨，山西省煤炭总产能已达到14亿吨/年左右。煤炭先进产能占比从2015年的36%提升到2022年的约80%，煤炭占一次能源消费比重由2015年的87%下降到84%。2022年山西煤炭产量达到13.07亿吨，创历史新高。煤炭消费量方面，2021年全省煤炭实物消费量3.71亿吨，居全国首位，其次为山东、内蒙古。近年来，除2014—2017年的4年外，山西煤炭消费总量仍处于逐步增长的状态。

山西省属国企经过新一轮战略性重组，煤炭企业数量从7家调整至2家，即山西焦煤集团、晋能控股集团。其中，山西焦煤集团由原山西焦煤集团吸收合并山煤集团重组而成，重组后资产总额4416.4亿元，煤炭

①深圳可持续发展研究院.3060零碳路线图——山西省［EB/OL］.（2022-03-21）［2025-02-15］.https://baijiahao.baidu.com/s? id=1727897736376334848&wfr=spider&for=pc.

②山西科城能源环境创新研究院.山西省能源低碳发展数据报告（2023）［EB/OL］.（2024-11-13）［2025-02-16］.https://www.e-coshare.com/results/resultsDetails? ids=28.

产能约2亿吨，职工19万人，定位为具有全球竞争力的世界一流炼焦煤和焦化企业。晋能控股集团重组同煤集团、晋煤集团、晋能集团，同步整合潞安集团、华阳新材料科技集团相关资产和改革后的中国（太原）煤炭交易中心。同时，晋能控股集团相继成立了晋阳、潞安、阳泉和晋城4个煤炭事业部。晋能控股集团注册资本达到500亿元，总资产达1.11万亿元，职工47.35万人，煤炭产能约4亿吨，定位为全国第二大、全球第三大煤炭企业。

能耗方面，2022年，全省煤炭行业能源消费量为3492.2万吨标准煤，占全省能源消费总量的约16%。

碳排放方面，2021年全省能源消费产生的碳排放总量5.65亿吨中，煤炭消费的贡献率高达93.85%，煤炭行业的碳排放量约占全省化石燃料排放总量的8%①。

2. 煤电产业

山西是我国大型煤电基地之一，截至2022年末，全省发电装机容量12000万千瓦，其中煤电占比近60%。全省火电企业130余家，装机容量集中度较高，晋能控股集团、国家能源集团、大唐山西公司、格盟集团等装机容量最大的前4家企业占比超过60%。按所处地域划分，全省煤电机组主要集中在大同、朔州、忻州等北部动力煤主产区。

能耗方面，山西现役煤电机组以亚临界、小机组为主，60万千瓦级以下的机组占比在70%左右，超临界及以上机组不足30%，整体煤耗水平高于全国平均水平。2022年，电力行业能源消费量约为1862.5万吨标准煤，占全省能源消费总量的8.5%。

---

①山西科城能源环境创新研究院.山西省能源低碳发展数据报告（2023）［EB/OL］.（2024-11-13）［2025-02-16］.https://www.e-coshare.com/results/resultsDetails? ids=28.

碳排放方面，电力热力行业生产过程中消耗的电力大部分来自电力企业的自身发电，电力调入少，已包含在行业化石燃料燃烧排放中，因而电力热力行业碳排放仅包括化石燃料燃烧产生的二氧化碳排放。据有关数据，2021年山西省电力热力行业化石燃料燃烧产生的二氧化碳排放总量约占全省化石燃料燃烧产生的二氧化碳排放总量的一半以上。

3. 钢铁产业

我国钢铁产业一次能源消耗以煤炭为主，节能降碳改造升级潜力较大。山西是全国第五钢铁生产大省，仅次于河北、江苏、山东和辽宁，钢铁工业在全省工业经济规模中仅次于煤炭、电力。截至2022年末，全省在产钢铁联合企业共24户，2022年全省生铁产量5833.5万吨，粗钢产量6423.2万吨，钢材产量6354.6万吨。全省产能超千万吨的钢铁企业仅太钢1户，产能500万—1000万吨的企业包括晋南钢铁、建龙钢铁2户，500万吨产能以下的还有晋钢集团、高义钢铁2户，上述五大企业粗钢产能占比约45%。总体看，炼铁先进产能占比接近60%，炼钢先进产能占比约50%。

能耗和碳排放方面，2022年全省钢铁行业总能耗约3460万吨标准煤，吨钢综合能耗538千克标准煤，低于全国平均水平551千克标准煤；行业二氧化碳排放总量约12204万吨，吨钢二氧化碳排放量约为1.9千克，与全国平均水平相当。截至2022年底，全省所有钢铁联合企业在生产设备均完成超低排放改造，吨钢综合能耗值进一步降低①。

4. 焦化产业

焦化产业是我省传统重点产业，山西是我国最大的焦炭生产基地和

①谢力.山西省钢铁行业协会2023年会员大会报告［EB/OL］.（2023-10-07）［2025-02-16］.http://www.sxgtxh.cn/hangyedongtai/2023-10-07/4917.html.

焦炭资源出口供应地，焦炭产量、外调量和出口量均居全国第一，也是全国唯一焦化产能超过1亿吨的省份。2022年，全省焦炭产量9799.7万吨，全省焦化总产能1.44亿吨。从焦化企业情况看，山西省焦化企业包括钢焦配套企业和独立焦化企业，其中独立焦化产能占比80%以上，以民营企业为主体。从焦炭消费主要领域看，省内焦炭消费主要集中在钢铁行业。从焦炭外销区域看，我省焦炭外销量持续增长，主要销往河北、天津、山东、河南、江苏等重点产钢省（市），同时辐射东北、西南省份。

能耗方面，根据2020年数据，山西省焦化平均单位产品能耗在140千克标准煤/吨左右，达到能耗限定值的企业占比超过60%。2022年，全省焦化行业能源消耗总量约为1983万吨标准煤，约占全省能源消费总量的9%。碳排放方面，根据2021年数据，山西省焦化行业碳排放量约占全省化石燃料排放总量的8%。

5. 建材产业

截至2022年末，全省目前共有重点建材企业69户。具体看，水泥行业有在产水泥熟料企业50户，设计总产能约5500万吨，规模最大的生产线为阳泉冀东水泥有限责任公司6000吨/天的生产线。玻璃行业（日用玻璃）中，有平板玻璃生产重点企业2户，光伏玻璃生产企业1户，重点骨干企业主要有山西利虎玻璃、山西日盛达新材料等。除水泥、玻璃行业外，我省的建材行业有日用陶瓷、墙体材料、耐火材料等。

能耗方面，2022年，全省建材行业能耗总量为1129万吨标准煤，占全省能源消费总量的5.15%[①]。

①山西科城能源环境创新研究院.山西省能源低碳发展数据报告（2023）［EB/OL］.（2024−11−13）［2025−02−16］.https://www.e−coshare.com/results/resultsDetails? ids=28.

碳排放方面，全省建材行业碳排放量约占全省化石燃料排放总量的7%。

6. 有色金属产业

有色金属工业是山西省重要的特色优势产业，也是重点培育的千亿元支柱产业之一。特别是特钢产业链和铝镁精深加工产业链，是全省确定的首批十大重点产业链，在全省工业产业体系中占据重要地位。截至2022年末，全省共有有色金属冶炼重点企业28户。我省有色金属行业主要包括镁合金产业、铝合金产业、铜合金产业、钕铁硼磁性材料产业。

能耗方面，2022年，全省有色金属行业能耗总量约为1683.79万吨标准煤，约占全省工业能耗总量的7.7%[①]。

碳排放方面，据测算，山西省有色金属行业二氧化碳总排放量约占全省化石燃料排放总量的9%。

7. 化工产业

我省化工产品主要有煤化工、盐化工、精细化工3类共400余种，主要包括合成氨、甲醇、烧碱、尿素、聚氯乙烯、煤制乙二醇、电石、己内酰胺、针状焦、炭黑、苯等精细化学品。截至2022年末，全省化工产业共有重点企业285户。从产业发展的重点看，我省大力推进煤化工产业转型升级，加快延伸壮大现代煤化工产业链，焦炉煤气综合利用、煤焦油深加工、粗苯精制三大产业逐步发展，沥青基炭纤维、特种石墨、超级电容炭、尼龙66、聚甲醛、聚酯纤维等碳基新材料项目成为重点投资方向。

能耗方面，2022年，全省化工产业能源消费量约为2232万吨标准煤，占全省能源消费总量的10.18%[②]。

---

①山西科城能源环境创新研究院.山西省能源低碳发展数据报告（2023）［EB/OL］.（2024-11-13）［2025-02-16］.https://www.e-coshare.com/results/resultsDetails? ids=28.

②同上。

碳排放方面，据测算，全省化工行业二氧化碳总排放量约占全省化石燃料排放总量的4%。

（三）存在的突出问题

我省传统产业绿色低碳发展取得了积极成效，同时也应清醒地看到，全省工业绿色发展水平仍处于全国中下水平，特别是在节能降碳、产品升级、工业资源综合利用，以及科技体系支撑方面与国内先进水平仍有不小差距。

1. 产业节能降碳面临巨大压力

当前，我省正处在资源型经济转型的关键期，加上能源形势不稳所带来的煤炭保供压力，对实现碳达峰碳中和目标愿景形成了巨大的挑战：一方面，我省碳排放量基数高，全省碳排放量呈较快增长态势，且单位GDP碳排放量和人均碳排放量仍高于全国平均水平；另一方面，我省传统优势产业同时也是碳达峰行动的主战场，随着国家碳市场配额的逐步收紧和可再生能源的快速发展，传统行业发展将面临更大的节能减排压力和运营成本压力。此外，我省煤炭消费占全省一次能源消费总量的84%左右，高出全国平均水平26个百分点，非化石能源占能源消费总量的7.5%，低于全国平均水平8个百分点左右，加之全省林木资源蓄积量欠缺制约了碳排放权的分配，导致我省碳排放整体呈现“高排放、低配额、高赤字”的运行发展特征，对我省传统优势产业转型形成了较大冲击。

2. 产品低端同质化问题突出

山西省传统优势产业布局基本上依托煤资源、水资源和交通等条件形成，多聚集在汾河、沁河、漳河等河流谷地周边人口密集的环境敏感地带，已不符合当前发展形势和环保政策的要求。虽然省内产业集群已初步成形，但企业整体集中度不高，企业间协同效应较差，产品深加工规模效应及上下游产业链延伸能力不足，产品低端同质化问题突出。如煤化工行业，我省煤化工产品以合成氨、化肥、甲醇、聚氯乙烯等初级型产品为主，产品附加值较低，煤制油、煤制乙二醇等现代煤化工产品与石油化工产品存在同质化竞争，受石油价格波动影响较大，严重影响了企业效益和产品竞争力。又如钢铁行业，全省钢铁联合企业主要分布在9个市的20余个县（区），多为大气污染防治重点区域；且随着城市发展，钢铁企业距离主城区过近，铁路专用线不完善，仍存在企业规模小、数量多、布局散的问题。从钢铁产品结构看，全省钢铁以棒线材为主，薄板、型材、中厚板等产品比例偏低，普通建筑材占比较大，工业材、高附加值钢材占比较小，高端轴承钢、高性能模具钢、超高强度不锈钢等产品亟待突破，多数企业产品同质化和销售渠道单一，造成省内市场价格竞争激烈。

3. 工业固废综合利用机制有待健全

我省传统产业同时也是大宗工业固体废弃物的产出源头，煤矸石、粉煤灰、冶炼渣等大宗工业固废原有堆存量大、新产出量大，受市场容量小、附加值低、运输半径不大等因素制约，现有消化利用固废能力呈边际效益递减趋势，综合利用率低于全国平均水平。当前，我省面临着利用新增固废与消纳历史堆存固废的双重任务，工业固废综合利用“量大率低”问题突出。虽然工业固废资源化利用可有效减少堆存占地，减少环境污染，具有良好的社会效益和生态环境效益，但由于产品受地域、市场认知度影响，经济效益普遍不高，投资回报率偏低，一些工业固废综合利用项目与上游企业的主营业务关联度较低，存在着初期投资大、短期见效慢、成本高、风险大等问题，致使部分企业过于强调生产和效益，仅满足于达标排放，对清洁生产不够重视，不愿为清洁生产计划耗费时间和精力，缺乏进一步实施环保提标改造和清洁生产技术改造的动力，清洁生产在企业中推行存在阻力。

4. 科技支撑能力有待进一步提升

近年来，我省积极创建绿色园区、绿色工厂，培育绿色设计产品，加大以清洁生产为重点的绿色改造力度，支持绿色工厂创建企业技术中心，建立重点实验室，打造绿色发展技术创新平台，引导行业绿色化改造，加快绿色技术产业化应用，但关键核心技术对传统优势产业绿色低碳发展仍存在一定制约。例如，煤气化方面，我省煤炭灰熔点高、成浆性差、可磨性差，现有成熟大型粉煤气化技术对我省煤种适用性较差，与内蒙古、陕西煤炭气化相比，存在投资大、排渣难、运行成本高等缺陷。此外，针对传统优势产业绿色低碳发展的创新平台和科技人才支撑明显不足。一方面，创新平台的建设分散在高校、企业以及政府主管的科研院所等多元主体中，由于资金来源不同，各类创新平台存在多头管理、交叉重复等现象，不少创新平台不仅职责相似、功能相近，低水平重复建设，而且彼此分割、相互脱节，造成有限的创新资源配置分散、重复、低效，难以形成科技创新合力和规模效应，缺乏一个具有引领带动能力的创新组织主体，带领各类创新平台围绕重点产业链需求打通上中下游，实现产学研协同共进。另一方面，科技创新人才供给不足，高层次人才尤为缺乏，山西本土人才流失严重，近年来我省高校山西籍毕业生年均流出约4.5万人，“双一流”高校本科毕业后回晋工作者不足10%，导致我省传统产业绿色低碳发展的人才供给能力明显不足。

四、促进传统产业加快形成绿色低碳新质生产力

在“双碳”目标约束下，我省应在国家战略和政策的指引下，聚焦七大传统优势产业及各产业链条的重点领域和节能降碳关键环节，深入推进节能改造，推动技术装备升级，强化全产业链节能降碳增效，加快形成绿色低碳新质生产力。

（一）发展目标和总体思路

要加快推进产业结构调整，集中优势资源，持续推动产业布局和结构优化，优化重点区域产业布局；坚决遏制高耗能高排放低水平项目盲目发展，依法依规推动落后产能退出。以保障能源安全为底线，推进能源消费绿色升级，以传统产业重点产品为抓手，实施节能降碳重点工程，大幅提升传统产业能源利用效率，推动能源消费低碳化转型，全面推进传统优势产业绿色低碳转型。未来一段时期，在切实提高保障国家能源安全能力的前提下，显著提升传统优势产业科技创新能力，使煤炭清洁高效利用取得积极进展，能源利用效率得到明显提高，新型电力系统建设稳步推进，清洁低碳能源供给能力快速提升，清洁低碳安全高效的传统优势产业体系更加完善。到2030年，我省传统产业能源消耗和碳排放量进一步下降，在确保能源及原材料供应安全的同时，有力支撑全省碳达峰碳中和目标实现。

（二）山西煤炭产业绿色低碳发展路径

实施煤炭产业绿色化、智能化改造，深化煤炭生产洗选节能降碳行动，有序推进煤炭与新能源优化组合，提高煤炭伴生资源和固体废物综合利用水平，提高煤炭绿色开采水平，推动煤炭产业绿色低碳转型，助力碳达峰碳中和目标实现。

1. 推动煤炭与相关产业一体化发展

推动煤炭和煤电一体化发展。坚持以坑口煤电一体化为重点，优先鼓励具备条件的增量项目一体化运营，由实施主体统筹管理煤炭、煤电项目建设运营，并由同一主体经营或合并核算。推动具备条件的存量项目优先开展煤电一体化，鼓励存量煤电项目创新模式、深挖潜力，通过企业战略重组、交叉持股、长期协议、混合所有制改革等方式实施煤电一体化运营。支持签订长期合作协议开展一体化运营，鼓励存量电厂与周边煤矿依规采取参股、换股等方式，实现煤炭与煤电企业资产联营，共享企业经营效益。

推动煤炭和煤化工一体化发展。加快建设现代煤化工示范基地，打造煤制油、煤制烯烃、煤制乙二醇及下游高附加值产品完整产业链，增强市场风险抵御能力。聚焦延伸产业链条，推动焦化产业主产品提升、副产品延伸、余气利用、节能减排改造等，不断提高焦化化产加工利用水平；积极探索“绿色甲醇+甲醇汽车”等发展新模式。紧盯煤化工高端化、多元化、低碳化发展方向，加紧研发新技术及规模化制备技术，推动煤炭由燃料向原料、材料、终端产品转变。

2. 推进降碳技术研发应用

推动煤炭产业和数字技术一体化发展。持续完善煤矿智能化建设评价办法，制定全省煤矿智能化建设标准规范，加强与国内先进标准对接，构建有机统一、相互衔接的标准体系。加快建设煤炭工业互联网平台，为各种煤矿装备和海量传感器提供统一的通信接口标准和数据格式规范，打破数据壁垒，促进数据融合。推进煤矿企业配套“人、机、环、管”各类基础数据支持，建设企业级智慧能源平台和数据中心，通过信息化、数字化、智能化建设，提高企业综合管理水平和效率。加快推动煤炭生产、储运、交易和监管全过程全生命周期的数字化建设，助力煤炭产业数字化转型。

推动煤炭产业和降碳技术一体化发展。围绕我省煤炭产业特征和碳捕集利用需求，聚焦碳捕集全生命周期能效提升和成本降低，重点突破烟气CO_2碳捕集，积极推动火电、煤化工、焦化等行业碳捕集技术应用示范。推进绿色智能洗选技术发展。围绕煤炭洗选可靠性、精细化、智能化和绿色化装备及工艺攻关，重点开展煤炭精准智能洗选加工、煤矿井下矸石智能分选技术等研发，持续提高煤炭洗选水平和煤炭质量，增强煤炭洗选企业产品结构调整能力，推进煤炭洗选行业绿色发展。

3. 全力推进煤矿智能化建设

持续开展智能化建设示范，引导煤矿和选煤厂积极开展智能化建设。推进具备条件的生产煤矿和选煤厂加快实施智能化改造，对难以实现全过程、全时态智能化的煤矿，结合自身条件和经济效益，因地制宜开展智能化技术改造，积极推进局部智能化。新建（改扩建）煤矿和选煤厂应按照智能化要求，建设智能一体化管控平台。制定全省煤矿智能化建设标准规范，建设煤炭工业互联网平台，分类推进煤矿智能化改造。推动煤炭绿色开采技术创新与应用。聚焦煤炭智能绿色开采前沿理论研究和装备、工艺、材料技术攻关，着力发展无（小）煤柱开采、充填开采、保水开采、煤与瓦斯共采、煤矿智能开采等关键技术与装备，协同发展矸石治理与利用、矿区生态增汇、煤水资源一体化利用技术，推进煤炭开采行业节能减碳增汇。

4. 推进循环利用减碳

强化煤矸石资源综合利用。因地制宜推广“煤矸石井下充填+地面回填”，促进矸石减量。推进煤矸石在工程建设、塌陷区治理、矿井充填以及盐碱地、沙漠化土地生态修复等领域的利用。有序引导利用煤矸石生产新型墙体材料、装饰装修材料等绿色建材。加强关闭煤矿瓦斯治理与利用。开展关闭煤矿和计划关闭煤矿的煤炭和瓦斯资源摸底调查，推动关闭煤矿瓦斯治理与利用试点项目建设。推进煤炭采空区（废弃矿井）煤层气抽采，促进资源综合利用，以瓦斯灾害严重、残存资源量大、利用价值高的关闭煤矿和计划关闭煤矿为重点，优先开展瓦斯治理与利用试点项目建设，推进关闭煤矿瓦斯治理与利用工作。

（三）山西煤电产业绿色低碳发展路径

在保障国家电力供应安全、满足热力稳定供应需求的前提下，合理控制煤电总量，进一步优化电源结构，加快煤电节能降碳增效，提高发电效率，降低煤电能耗，建设现代化新型电力系统。

1. 合理控制煤电发展规模

一是有序淘汰落后机组。分类推进落后机组淘汰关停，倒逼能耗、水耗、环保安全等不达标的落后燃煤小火电机组退出市场。二是合理延寿现有机组。双碳目标下，煤电将对能源供应发挥辅助作用，300兆瓦级以下机组主要承担供热功能，300—600兆瓦级机组可作为灵活调峰电源，600兆瓦级以上机组可作为基础负荷电源。要对已经完成节能优化、超低排放和供热改造，且具备持续运行能力的300—600兆瓦的机组实施延寿改造。三是严控煤电新增能力。有序推动在建煤电项目投产，严控自用煤电建设规模，统筹外送受端供需状况，重点加强对现有“煤电+特高压”资源的利用，合理优化煤电外送，提高外送通道可再生能源比重。

2. 推进煤电节能降碳增效

提高在建、拟建机组节能降碳水平，加强对新增煤电项目煤耗水平的管控，确保新建高效燃煤机组的供电煤耗达到国家规定的标杆水平。因地制宜开展对供电煤耗300克标准煤/千瓦时以上的机组实施分类改造，持续降低供电煤耗。以300兆瓦级、600兆瓦级亚临界机组为重点，实施综合性、系统性节能改造。推广应用低温省煤器、空预器综合优化、烟气余热深度利用等先进节能降碳技术。开展超超临界、煤气化联合循环（IGCC）、粉煤中温快速床燃烧等新型煤基发电技术推广。推进空冷尖峰冷却系统、变频优化控制系统、制粉系统综合性优化改造、双机回热、低温省煤器、空预器综合优化、烟气余热深度利用等节能减煤降碳技术应用。充分挖掘机组供热供汽潜力，积极推进供热改造，推广热电联产改造和工业余热余压综合利用，逐步淘汰供热管网覆盖范围内的燃煤小锅炉和散煤。

3. 深度调整煤电电源结构

有序淘汰关停落后机组，全面清理违法不合规燃煤自备电厂。加快先进煤电机组建设，实施一批煤电机组“上大压小”项目。开展老旧煤电机组延寿改造，科学安排应急备用机组，支持利用退役煤电机组的既有厂址和相关设施建设新型储能设施或改造为同步调相机。优化电网调度，合理利用各类资源，充分发挥60万千瓦及以上大容量高参数机组承担基本负荷时的清洁高效优势。

4. 加快新型电力系统建设

着力增强电力系统灵活性、适应性，提升电源侧调节能力、需求侧响应能力，推进电网智能化建设，促进新能源高比例消纳。加快30万千瓦及以上现役煤电机组实施智能控制与灵活性改造，推动企业自备燃煤电厂参与系统调峰，新建煤电机组全部实现灵活性制造。因地制宜建设天然气调峰电站和瓦斯发电站。推动新能源场站和电网侧合理配置新型储能，鼓励大用户、工业园区布局新型储能，支持家庭储能示范应用。整合分散需求侧响应资源，构建全省可中断、可调节负荷资源库，建设新型电力负荷管理系统。引导用户优化储用电模式，高比例释放居民、商业和一般工业负荷的用电弹性。开展电动汽车灵活充放电、大数据中心智能调度等虚拟电厂示范建设，引导用户与新能源通过市场机制深度耦合。加快构建坚强智能电网，优化完善省内500千伏主网架结构。推动城镇配电网与其他基础设施协同建设改造，实施农村电网巩固提升工程，推进城乡配网智能化。推进高比例容纳分布式新能源电力的智能配电网建设，鼓励建设源网荷储一体化、多能互补的智慧能源系统和微电网。提高电网智能调度运行水平，增强新能源消纳和安全运行能力。建设能源互联网平台，支持新能源发电、多元化储能、新型负荷大规模友好接入。

（四）山西钢铁产业绿色低碳发展路径

要进一步优化钢铁产业布局，推进低效产能向钢铁产业基地、优势企业集聚。全面落实钢铁行业超低排放要求，加快推广应用先进适用、成熟可靠的节能工艺技术，加快资源综合利用产业高值化、集聚化发展。

1. 持续优化钢铁产业布局

立足我省已形成的钢铁产业基础、资源禀赋和区位优势，进一步推进钢铁产能重组，通过做强龙头企业提升自主创新能力和品牌影响力，进一步提高产业集中度和工艺装备水平。推进跨行业、跨地区、跨所有制钢铁企业兼并重组，整合区域存量资源及上下游产业链，着力打造太原、运城、临汾、晋东南和晋中等5个竞争力强的钢铁产业集群。通过产品结构调整和产业链延伸，打造4个千万吨级和5个特色钢铁产业基地，引导省内矿产、能源、金融等资源向重点钢铁产业基地倾斜。

2. 加快形成更多先进产能

淘汰落后产能，通过完善淘汰标准和机制、制定激励政策，实现强制落后产能淘汰退出和有序引导企业主动退出相结合。推进低效产能向钢铁产业基地与优势企业集聚。继续实施钢铁项目产能置换，积极推动炼铁、炼钢主体装备大型化及生产过程连续化、自动化、智能化。全面增大高炉、转炉等装备有效容积，推进“上新压旧”“上高压低”，推进低效产能退出，为先进产能腾出空间。

3. 延伸钢铁产业链、价值链

延伸特钢材料“特钢—零部件—整机装备”产业链和“钢—焦—化—氢”氢能产业链等重点产业链条，加大高性能、长寿命、耐腐蚀、耐磨等特种钢产品占比，推动高炉富氢（或纯氢）冶炼、非高炉富氢（或纯氢）冶炼等工艺技术推广应用。推动钢化联产，依托钢铁企业副产煤气富含的大量氢气和一氧化碳资源，生产高附加值化工产品。开展工业炉窑烟气回收及利用二氧化碳技术的示范性应用，推动产业化应用。鼓励钢铁企业建设具有引领作用的废弃物资源化综合产业基地，加速推动钢铁与建材、电力和化工等行业耦合发展。加大余热、余能、余压等余能回收利用力度，提高余热余能自发电率。加强固体废弃物精细化分级分类利用、综合废水高效回用，实现钢铁行业固废不出厂、废水零排放。鼓励企业建设熔融钢渣过程处理、余热高效回收、固态钢渣磁选筛分、尾渣资源化等全流程处理线，实现钢渣综合利用及余热高效回收。

4. 应用绿色技术工艺

加快推广应用先进适用、成熟可靠的节能工艺技术。推广应用低碳冶金技术，鼓励企业开展高效球团矿生产工艺、熔剂性球团生产、高炉大比例球团矿冶炼、高炉高效使用块矿等技术研发应用，减少烧结矿用量。重点推广钢铁企业副产煤气高参数发电机组提升改造、焦炉上升管余热回收利用等技术改造。全面落实我省钢铁行业超低排放的要求，持续提高烧结工序脱硫脱硝和高炉煤气用于加热炉脱硫脱硝技术水平，提高环保设施运行效率，实现全流程超低排放。研究应用加热炉、烘烤钢包、钢水钢坯厂内运输等数字化、智能化管控措施，推动钢铁生产过程的大物质流、大能量流协同优化。全面普及应用能源管控中心，强化能源设备的管理，加强能源计量器具的配备和使用，推动企业能源管理数字化、智能化改造。推进各类能源介质系统优化、多流耦合微型分布式能源系统、区域能源利用自平衡等技术研究应用。

（五）山西焦化产业绿色低碳发展路径

优化焦化产能布局，提高先进产能比重，推动大型焦化升级改造，推广应用成熟的节能低碳技术，加快推进化产回收利用链条高端延伸，全面提高焦化行业节能环保水平。保障产业链供应链安全稳定，以全面建设国家绿色焦化产业基地。

1. 优化焦化产能布局

打破区域障碍，优化调整焦化产能布局，推动在汾河谷地污染较为严重区域的焦化企业，按照大气扩散条件、环境承载能力、经济发展水平等要素进行合理转移或布局建设，尽量远离汾河谷地。

2. **构建现代煤化工循环经济产业链**

积极延伸改造提升传统煤化工产业，深化“煤—气—化”“煤—焦—化”循环经济产业链条。以煤制天然气、煤制油、煤制烯烃、煤制乙二醇为主导产品，发展深加工产业链，改造提升传统煤化工产业。积极延伸先进化工材料产业链条，重点推进高熔点费托蜡、聚烯烃、润滑油基础油、尼龙66、氯丁橡胶、聚苯醚、荧光增白剂、煤系针状焦等精细化工项目，建设大型化、集约化、循环经济型的低碳绿色煤炭能源产业链。加快推进化产回收利用链条向高端延伸。鼓励焦炉煤气制氢，打造全国氢能高地。鼓励焦炉煤气制甲醇、乙二醇、LNG、合成氨，延伸发展高端聚酯新材料等产业链。鼓励煤焦油轻组分精细分离，生产间对甲酚、二甲酚、苯酐、四氢化萘等萘系列产品，以及精蒽、菲、咔唑等医药中间体。鼓励煤焦油重组分深加工，生产锂电池负极材料、超高功率石墨电极等高端碳素产品。鼓励粗苯精深加工生产尼龙系列新材料及生物可降解塑料等产品。

3. **提高节能低碳技术研发推广和应用水平**

制定焦化企业节能减碳技术推广应用清单，指导企业对照技术清单，深挖节能减碳潜力。鼓励采用“碳耦合”相关技术，开发“固碳”化工产品，推进氢能开发利用；优化焦炉煤气利用方式，减少作为燃料利用的比例，优先发展高端高固碳率产品。积极发展零碳负碳技术。开展碳捕集利用示范。焦炉煤气中含有一定量的一氧化碳、二氧化碳和甲烷，经过一系列转化后变成二氧化碳和氢氮气，其中氢氮气可作为合成氨原料使用，二氧化碳可通过脱碳装置，再经过压缩、精脱硫、预冷、干燥、余冷等工序得到合格液体二氧化碳产品，实现资源化再生利用。鼓励焦化联产企业率先开展碳捕集利用示范项目，运用捕集的二氧化碳作原料制取尿素。

4. 强化企业碳排放管理

提高能源计量器具配备水平。按照《GB17167—2006用能单位能源计量器具配备和管理通则》要求，提高进出主要次级用能单位、主要用能设备的能源计量器具配备率，如配备焦化各工序的电能表、气体流量表等，为精准核算各工序碳排放奠定基础。建立碳排放核算体系。定期开展入炉煤元素分析、焦炉煤气等气体成分分析，采用实测值分析企业碳排放水平。借助“两化”融合契机，增设企业碳排放核算功能，实现定期核算企业碳排放数据、自动识别碳排放关键环节和关键设备、碳排放监测预警等功能。及时跟踪能耗高、碳排放高的环节，挖掘原因并进行整改，降低企业碳排放强度。

（六）山西建材产业绿色低碳发展路径

从全国来看，根据生态环境部环境规划院的相关研究，我国已经进入典型的水泥消费峰值平台期，水泥熟料产量将在“十四五”期间达到消费和产量峰值。我省建材行业的能耗还未实现与GDP脱钩，随着建材产业规模逐步扩大，能耗和碳排放仍呈现波动上升态势。从建材产业的能源消费结构看，随着近年来电力在能源消费结构中占比不断提高，建材行业整体用能清洁化水平不断提高，能源结构的调整优化有效推动了建材行业向碳达峰的节点不断靠近。

1. 严格控制新增建材产能

水泥、平板玻璃、陶瓷等建材行业属于高耗能行业，特别是水泥、平板玻璃行业还属于国家产能严重过剩行业，应严格落实国家产能置换政策，从结构上实现节能降碳。我省建材行业总体上产业集中度低，产能利用率不高，要严格执行国家关于水泥、玻璃行业产能置换的政策要求，统筹实施产能置换，严格限制新增产能。严格贯彻落实国家及我省相关产业政策管理要求，推进《产业结构调整指导目录（2024年本）》限制类工艺装备水泥熟料企业进行兼并重组和产能置换，鼓励建材领军企业开展资源整合和兼并重组，优化生产资源配置和行业空间布局，提高产业集中度和企业生产效率，降低能耗排放总量。

2. 应用绿色建材先进工艺

坚持绿色建材发展方向，抓住行业龙头企业和节能降碳潜力较大的重点企业，实施水泥、平板玻璃、陶瓷等生产线节能技术综合改造。实施产业基础再造，推动重大技术升级，支持企业加快高端化转型。依托技术创新促进节能降碳，集中力量攻关建材行业关键节能技术，重点突破先进烧成技术、高效粉磨技术、水泥熟料回转窑余热发电、大推力多通道燃烧器技术、高效隔热保温材料及砌筑技术等建材行业关键技术，加快推广应用先进节能技术。全面提高行业能效水平，加快推行建材行业迈过“生存线”标准，达到“发展线”标准，促进在建项目满足本行业能耗准入值，拟建项目达到本行业能耗先进值水平。支持“链主”龙头企业整合创新链、优化供应链、提升价值链、畅通资金链，提高行业全产业链组织化水平、供应链现代化水平，促进建材行业碳排放水平显著下降。

3. 推进建材智能制造

依靠智能化促进产业节能降碳，加快关键环节、重点工序的智能化改造升级，通过智能化技术手段，提高产品质量、运营效率，优化设备管理，提高安全水平，降低能耗和碳排放。培育一批智能工厂，依托阳泉冀东、大同冀东、广灵金隅、太原山水等重点建材企业，按照智能工厂建设规程和标准，对生产工艺流程进行改造，促进智能生产、智能运维和智能管理一体化建设，加快推广机械化换人和自动化减人、设备巡检维护、在线监测检测等先进技术方案，促进智能化技术与建材智能采选、自动配矿、无人驾驶、灾害监控等领域的融合应用。开展建材行业智能制造标杆企业引领示范，通过持续完善、迭代和提升，在行业内进行复制推广，带动建材行业大中小企业加快智能化改造升级速度。

（七）山西有色金属产业绿色低碳发展路径

我省有色产业能耗和排放近年来总体保持相对稳定的态势，产业能耗结构中电力消耗占比有所提高。进一步推进有色产业绿色低碳发展，需要加快退出行业过剩产能，持续推进有色金属企业智能化、绿色化、高端化发展，优化提升生产工艺，着力发展建筑铝材、工业铝型材、汽车轻量化零部件、轨道交通用铝镁合金型材、家用电器用箔以及高导材料等节能环保产品，推动产业链向高端、终端迈进。

1. 进一步退出落后产能

我省的电解铝、氧化铝产能在有色行业中占比较高，对位于国家严禁扩大新增产能重点区域范围的有色金属主产区，应严格控制新增产能，严格执行国家电解铝产能置换政策，逐步取消300千安以下预焙阳极电解槽。对资源保障程度低、无下游电解铝配套、赤泥利用率低的氧化铝项目逐步压减退出。防范铜、氧化铝等冶炼产能盲目扩张，强化对金属镁等行业政策引导，促进形成更高水平的供需动态平衡。鼓励优势企业实施跨区域、跨所有制兼并重组，推动环保绩效差、能效水平低、工艺落后的产能依法依规加速退出。

2. 推广应用绿色低碳技术

提升科技支撑产业绿色低碳发展的基础能力，针对有色产业关键领域和重点环节，通过利用先进适用技术改造提升，促进有色产业优化升级。加强研发一批共性关键技术，建设高水平的产业创新研发平台，开展高质量阳极技术、电解槽综合能源优化、数字化智能电解槽、铜冶炼多金属回收及能源高效利用、浸出渣资源化利用等技术研发应用，探索铝电解惰性阳极等一批低碳零碳颠覆性技术。建设一批示范性工程，培育标杆示范企业，培育打造一批行业认同、模式先进、技术领先、带动力强的标杆企业，引领行业绿色低碳发展。

3. 开展节能技术改造

以单位产品综合能耗高于400千克标准煤/吨的氧化铝企业和综合能耗高于1640千克标准煤/吨的电解铝企业为重点，推进氧化铝企业采用炉窑烟气余热回收利用、余热梯级利用、炉窑蓄热保温、溶出管道节能保温或采用新型节能套管等先进成熟技术。推动电解铝企业实施新型稳流保温铝电解槽节能改造，提高阳极质量，改善电解质体系，采用全石墨阴极、插铜阴极钢棒技术，应用数字化电解槽控制等节能低碳技术改造。实施铜冶炼行业连续熔炼技术、镁冶炼行业竖式还原炼镁等技术和装备改造。实施节能降碳和污染物治理协同控制，鼓励有色金属冶炼企业与压延加工企业进行“直供”，鼓励原生与再生、冶炼与加工产业集群化发展，通过减少中间产品物流运输、推广短流程工艺、共用园区或电厂蒸汽等，促进产业链上下游协同降碳。鼓励有色、钢铁和建材等企业开展区域流程优化整合，实现流程再造，提高固废处置利用规模和能力，形成跨行业协同降碳新模式。鼓励企业围绕基础设施开展数字化改造，建设一批基于数据驱动的智能生产系统，利用信息化、数字化和智能化技术加强能耗监控，提高能源精细化管理水平。

4. 推进资源和产品循环利用

开辟新的产业路径，鼓励企业通过延链、补链等方式，提高资源综合利用水平，降低产业链整体碳排放水平，示范引领有色金属产业绿色低碳发展。引进培育有色金属加工及精深加工企业，发展节能环保建筑铝材、工业铝型材、汽车轻量化零部件、轨道交通用铝镁合金型材、家用电器用箔以及高导材料等高端低碳产品。大力发展再生金属产业，鼓励企业进口高品质再生资源，提高资源回收利用水平，提高资源利用率。

（八）山西化工产业绿色低碳发展路径

我省化工行业碳排放近年来稳步下降，产业用能电力化水平稳步提高，但化工行业先进与落后产能并存，高碳和低碳产品同在，企业能效差异显著，余热利用不足、过程热集成水平偏低、耗汽耗电设备能效偏低等问题不同程度存在，节能降碳改造升级潜力较大。进一步推进化工产业绿色低碳发展，需要坚持源头控制、过程清洁和末端治理并重，以节能、节水、环保等先进工艺技术应用，降低单位产品能耗、水耗、污染物排放总量和强度。

1. 严控过剩新增产能

严格落实相关政策法规，严控尿素、电石、烧碱等过剩行业新增产能，对符合政策要求的先进工艺改造提升项目实行等量或减量置换。依法依规淘汰不符合绿色低碳转型发展要求的落后工艺技术和生产装置。严格“两高”化工项目审批流程，建立“两高”化工项目审批相关部门协调沟通机制，确保新建“两高”化工项目必须符合国家产业政策且能效达到行业先进水平。

2. 加大存量项目升级改造力度

推动末端治理向源头减排转变，推动重大节能装备更新改造，采用高效电机、高频变压器等节能设备，改进生产工艺，加快节能降碳步伐。依托科技创新促进企业绿色低碳发展，加快清洁高效大型煤气化技术及装备、煤炭分质分级利用、富甲烷气体生产乙炔、能源化工耦合、高性能复合新型催化剂应用速度，推动合成气一步法制烯烃、绿氢与煤化工项目耦合等工艺技术研究，推动煤炭、煤层气、焦炉煤气等原料耦合气化技术应用，加强企业余热余压利用。推动尿素企业加快粉煤加压气化技术、水煤浆气化技术等新型煤气化工艺技术应用，推动氯碱企业开展膜极距离子膜电解以及等氯化氢合成炉改造升级，推进电石企业推广应用密闭环保节能型生产技术，在行业内加快大型先进煤气化、半（全）废锅流程气化、合成气联产联供、高效合成气净化、高效甲醇合成、节能型甲醇精馏、新一代甲醇制烯烃、高效草酸酯合成及乙二醇加氢等技术的开发应用步伐。

3. 推进产业转型升级

调整优化传统产业产品结构，鼓励化工企业以市场为导向调整产品结构，提高产品附加值，延伸产业链条，降低单位产品碳排放。支持化肥产业积极发展高效优质、环境友好的新型肥料，氯碱产业进一步延伸生产特殊牌号、特种性能的专用系列产品。加快培育壮大新兴产业，依托煤化工和绿色焦化产业平台，聚焦高端炭材料和碳基合成新材料两条路线，构建碳基新材料产业集群，鼓励焦炉煤气制甲醇、乙二醇并延伸高端聚酯新材料等产业链，鼓励煤焦油轻组分精细分离生产萘系列产品和医药中间体，鼓励煤焦油重组分深加工生产锂电池负极材料、超级电容炭等高端炭素产品，鼓励粗苯精深加工生产尼龙系列新材料及生物可降解塑料等产品，提高产品附加值与工业增加值。

4. 协同推进全产业链减排

滚动开展绿色工艺、绿色产品、绿色工厂、绿色供应链和绿色园区认定工作，构建全生命周期绿色制造体系。构建企业首尾相连、互为供需和生产装置互联互通的绿色低碳化工产业链，坚持煤焦化一体、煤化电热一体和多联产发展方向，鼓励化工园区按照生产加工体系匹配、产业联系紧密、原料物料互供、污染物统一治理、安全设施配套、资源利用高效、管理科学规范的标准，加强基础设施建设和配套项目招商，打造煤化工产业绿色低碳安全发展示范区。鼓励化工企业因地制宜、合理有序开发利用绿氢，鼓励焦炉煤气制氢和氢燃料电池等氢能利用项目建设。推进煤化工产业与“绿电”“绿氢”等产业耦合示范，利用炼化、煤化工装置所排的二氧化碳纯度高、捕集成本低等特点，开展二氧化碳规模化捕集、封存、驱油和制化学品等示范。促进化工与建材、冶金、节能环保等行业耦合发展，鼓励企业加强工业副产石膏、电石渣、碱渣、粉煤灰以及磷钾伴生资源、工业废盐、矿山尾矿以及黄磷尾气、电石炉气等固废资源化利用和无害化处置，有序发展生物可降解塑料，提高资源循环利用效率。

五、促进山西传统产业绿色低碳发展，加快形成新质生产力的政策建议

传统产业的绿色低碳发展是加快发展新质生产力、有序实现碳达峰碳中和目标的重要内容，要坚持节能、降碳、减污、扩绿、增长协同推进，推动有为政府和有效市场更好结合，积极构建有利于传统产业绿色低碳发展的政策体系，全面推动传统产业绿色低碳和高质量发展。

（一）强化绿色低碳发展要素保障

1.加大财政资金投入力度

紧抓国家推动工业绿色发展的政策契机，在构建清洁低碳安全高

效能源体系、重点行业领域绿色低碳转型、绿色低碳科技创新和基础能力建设、资源节约利用、碳汇能力巩固提升、完善绿色低碳市场体系等方面，积极争取国家绿色发展基金和低碳转型相关基金的支持，争取将山西煤炭、电力、工业资源综合利用等领域碳减排贡献度高的项目纳入中央财政预算内资金支持。加大省级财政投入，以山西省技术改造资金（新动能专项资金）作为切入点，加强财政资源统筹，突出差异化补贴，对推动节能降碳工作成效突出，且示范引领作用好的市县、行业、领域加大奖励。

2. 加大税收激励和约束

全面落实与山西发展密切相关的绿色发展方面的资源税、增值税、所得税等税收政策，聚焦我省煤炭、电力、钢铁、焦化、铝镁精深加工等低碳改造潜力较大的行业，加快研究提出支持碳减排的相关税收政策，争取国家支持。

3. 加大绿色低碳产品政府采购力度

分类制定绿色建筑和绿色建材政府采购需求标准，在山西省市两级重点工程项目大力推广应用绿色建材和装配式建筑，加大新能源、清洁能源公务用车政府采购力度。

4. 建立绿色低碳市场化多元投入机制

立足山西实际，更好发挥山西省能源转型发展基金、绿色能源发展基金作用，依托国有资本、国有企业，研究设立山西省低碳转型基金，支持全省传统优势产业绿色低碳转型。鼓励社会资本设立工业绿色发展基金，引导天使投资、创业投资、私募股权投资基金投向绿色关键核心技术攻关等领域。建立绿色企业项目库，将符合条件的绿色低碳发展项目纳入政府债券支持范围。

5. 大力发展绿色金融

鼓励引导各类金融机构积极发展绿色信贷、能效信贷，为绿色金融业务开辟绿色通道，给予优惠利率，持续加大绿色信贷投放力度。鼓励各类金融机构丰富绿色金融产品供给，沿着山西省十大重点产业链和重点行业碳达峰路线图，创新发展供应链金融，开展绿色债券、绿色基金、绿色租赁、绿色理财、绿色资产证券化等业务，全链条为各类融资主体提供多样化融资服务。

6. 实行差别化土地支持政策

坚持土地资源节约集约使用、绿色低碳配置，推进新增工业用地、建设用地向绿色低碳项目倾斜，对符合条件的绿色低碳产业项目优先纳入省级重点项目，在空间规划、用地计划指标等方面予以优先安排。对于符合规划导向的绿色低碳产业项目，适当降低土地出让起始价。

（二）加快绿色低碳技术创新

1. 深入推进关键技术攻关

聚焦煤炭高效燃烧发电、洁净燃煤、可再生能源规模化利用、低碳零碳工业流程再造、生物固碳和化学固碳等重点领域，引进前沿核心技术，深化应用基础研究。围绕基础元器件和零部件、先进基础工艺、关键基础材料等实施一批节能降碳研究项目，突破一批高效储能、能源电子、氢能、二氧化碳捕集利用关键技术，助力传统优势产业转型升级。

2. 打造一批高水平科技攻关平台

布局一批碳中和领域重点实验室和工程研究中心，推动省内高校参与或组建碳达峰碳中和相关国家实验室、全国重点实验室和国家技术创新中心。推动国内一流高校与山西重点企业联合建立技术研发中心、产业研究院、中试基地、产教融合创新平台等，促进碳中和关键技术集成耦合与综合优化，推动能源深度脱碳、工业绿色制造等重点领域低碳发展。支持高校联合市县建设一批碳中和领域协同创新中心和现代产业学院，构建碳中和技术发展产学研全链条创新网络。支持组建碳达峰碳中和产教融合发展联盟，鼓励山西省内高校联合企业，组建区域或者行业联盟，推动标准共用、技术共享、人员互通。

3. 加大绿色低碳技术转化和推广力度

加快制定并发布绿色低碳技术推广目录，推动绿色低碳技术大规模应用和迭代升级。常态化开展技术推广和供需对接活动，鼓励企业加强设备和新产品规模化应用，促进先进适用的工业绿色低碳新技术、新工艺、新设备、新材料推广应用。积极落实首台（套）重大技术装备、重点新材料首批次应用保险补偿机制，支持符合条件的绿色低碳技术装备、绿色材料应用。

4. 开展重点行业升级改造示范

聚焦钢铁、建材、焦化等重点用能行业，积极开展富氢气体冶炼、氢能替代、可再生能源电力替代、二氧化碳捕集利用等低碳零碳技术示范工程。实施一批降碳效果突出、带动性强的重点工程，全面增强传统优势产业产业链关键环节、关键产品的低碳创新能力。

（三）以数字化智能化赋能绿色低碳发展

1. 打造绿色低碳转型数字服务平台

推动互联网、大数据、人工智能、第五代移动通信（5G）等新兴技术与绿色低碳产业深度融合，实现数字化节能提效，加速生产方式数字化、绿色化转型。构建更加精准高效的能源管控体系，鼓励企业基于能源管控系统探索实施数字化碳管理，依靠精准管理促进节能降碳。提升能效管理的公共服务能力，加大数字化绿色化协同发展解决方案供给力度，面向工业企业和产业链上下游提供用能数据采集、跟踪与核算等服务。实施“工业互联网+能效管理”，推动重点用能设备、工序等数字化改造和上云用云。

2. 强化能耗和碳排放数字化监测和分析

优化区域、产业园区用能及碳排放的监测、报告、核查工作，组织开展重点用能单位能源计量审计，以信息技术赋能能耗监测和碳盘查、核查工作，推动与主管部门数据的实时上传与共享，全方位提高数字化管理水平。加强行业产能产量、单位产品能耗和碳排放水平的监测预警。

3. 建设节能降碳技术支持和服务平台

加快完善节能标准体系，严格落实强制性国家标准，鼓励制定高于国家强制性能耗限额标准的地方、团体和企业标准。发挥山西省重点用能单位能耗在线监测系统平台作用，分行业领域培育一批节能诊断服务市场化组织及专家团队，编制发布节能诊断服务指南和标准，针对重点行业、重点企业、工业园区等，以政府购买服务为主的方式，实施专项节能诊断服务。强化中小企业能效服务能力，培育一批节能提效技术装备领域专精特新“小巨人”企业和单项冠军企业，面向中小企业开展各类节能服务。

参考文献

［1］习近平.发展新质生产力是推动高质量发展的内在要求和重要着力点［J］.求是，2024（11）.

［2］杨蕙馨，焦勇.理解新质生产力的内涵［N］.经济日报，2023-12-22（11）.

［3］赵振华.新质生产力的形成逻辑与影响［N］.经济日报，2023-12-22（11）.

［4］习近平经济思想研究中心.新质生产力的内涵特征和发展重点［N］.人民日报，2024-03-01（9）.

［5］蔡之兵.科技创新是新质生产力的核心要素［J］.中国党政干部论坛，2024（5）：44—48.

［6］李晓华.以新质生产力打造发展新优势［N］.经济日报，2023-12-12（10）.

［7］黄瑾，唐柳.推动新质生产力加快发展［N］.光明日报，2024-02-20（11）.

［8］金观平.发展新质生产力不是放弃传统产业［N］.经济日报，2024-03-14（1）.

［9］王大树.新质生产力：马克思主义生产力理论的最新成果［J］.

经济，2024（1）：31—33.

［10］李东民，郭文.新质生产力的丰富内涵、生成逻辑与当代意蕴［J］.技术经济与管理研究，2024（4）：8—13.

［11］杜平.发展新质生产力实现更高水平的供需平衡［J］.浙江经济，2024（3）：23—25.

［12］徐光春.马克思主义大辞典［M］.武汉：崇文书局，2017：58.

［13］中共中央马克思恩格斯列宁斯大林著作编译局.马克思恩格斯全集：第31卷［M］.北京：人民出版社，1998：100.

［14］中共中央文献研究室.毛泽东文集：第8卷［M］.北京：人民出版社，1999：351.

［15］邓小平.邓小平文选：第3卷［M］.北京：人民出版社，1993：274.

［16］习近平.高举中国特色社会主义伟大旗帜为全面建设社会主义现代化国家而团结奋斗：在中国共产党第二十次全国代表大会上的报告［M］.北京：人民出版社，2022.

［17］周勇.为何提出加快形成新质生产力［J］.新湘评论，2023（20）：11—14.

［18］梁年.深刻领会新质生产力提出的时代背景［N］.佛山日报，2024-04-16.

［19］吕薇，金碚，李平，等.以新促质，蓄势赋能——新质生产力内涵特征、形成机理及实现进路［J］.技术经济，2024，43（3）：1—13.

［20］黄奇帆，李金波.试论发展新质生产力的内涵逻辑和战略路径［J］.人民论坛，2024（14）：6—11.

［21］黄瑾，唐柳.发展新质生产力的重要意义与施策重点.［J］.当代陕西，2024（3-4）：6—7.

［22］谢礼圣.发展新质生产力具有重大意义（专题深思）［N］.人民日报，2024-02-22.

［23］王昌林.大力发展新质生产力［N］.人民政协报，2024-01-29.

［24］经济日报编辑部.加快发展新质生产力时不我待［N］.经济日报，2024-03-04（1）.

［25］宋劲松.发展新质生产力需强化企业科技创新主体地位［N］.光明日报，2024-04-16（11）.

［26］赵硕刚.夯实企业科技创新主体地位［N］.经济日报，2024-08-23（5）.

［27］李军凯，谢菁.强化企业科技创新主体地位［N］.光明日报，2023-12-20（10）.

［28］山西省发展和改革委员会，山西省能源局.山西省电力工业“十四五”发展规划［EB/OL］.（2023-03-02）［2024-04-02］.http://nyj.shanxi.gov.cn/zfxxgk/fdzdgknr/ghjh/202303/t20230302_8076246.html.

［29］工业和信息化部.“十四五”工业绿色发展规划［EB/OL］.（2021-11-15）［2024-05-05］.https://www.gov.cn/zhengce/zhengceku/2021-12/03/content_5655701.htm?ivk_sa=1023197a.

［30］山西省碳达峰实施方案［EB/OL］.（2023-01-19）［2024-03-09］.http://www.shanxi.gov.cn/zfxxgk/zfcbw/zfgb2/2023nzfgb/d2q_76595/szfwj_77832/202301/t20230119_7825853.shtml.

［31］山西省人民政府办公厅关于促进煤化工产业绿色低碳发展

的意见（晋政办发〔2022〕53号）.［EB/OL］.（2022-08-16）［2024-06-03］.https://www.shanxi.gov.cn/zfxxgk/zfcbw/zfgb2/2022nzfgb_76593/d7q_76600/szfbgtwj_77858/202208/t20220816_6948180.shtml.

［32］山西省人民政府办公厅关于推动焦化行业高质量发展的意见（晋政办发〔2022〕51号）［EB/OL］.（2022-08-16）［2024-06-03］.https://www.shanxi.gov.cn/zfxxgk/zfcbw/zfgb2/2022nzfgb_76593/d7q_76600/szfbgtwj_77858/202208/t20220816_6948142.shtml.

［33］山西省“十四五”清洁生产实施方案［EB/OL］.（2022-07-14）［2024-05-18］.http://wx.h2o-china.com/news/336630.html.

［34］山西省工业领域碳达峰实施方案［EB/OL］.（2023-06-13）［2024-06-15］.http://gxt.shanxi.gov.cn/zfxxgk/zfxxgkml/jnzhly/202306/t20230613_8738659.shtml.

［35］山西省煤炭行业碳达峰实施方案［EB/OL］.（2023-12-05）［2024-06-17］.http://lvsefazhan.cn/index.php/guozijianguan/2513.html.

［36］山西省发展和改革委员会.山西省“十四五”循环经济发展规划的通知［EB/OL］.（2022-11-02）［2024-06-18］.http://fgw.shanxi.gov.cn/sxfgwzwgk/sxsfgwxxgk/xxgkml/tz/202211/t20221102_7349983.shtml.

［37］中共中央关于进一步全面深化改革、推进中国式现代化的决定［N］.人民日报，2024-07-22（1）.

［38］中共中央 国务院关于完整准确全面贯彻新发展理念做好碳达峰碳中和工作的意见［N］.人民日报，2021-10-25（1）.

［39］中共山西省委 山西省人民政府关于完整准确全面贯彻新发展理念切实做好碳达峰碳中和工作的实施意见［DB/OL］.（2023-01-16）

[2023-05-27].https：//www.shanxi.gov.cn/zfxxgk/zfxxgkzl/fdzdgknr/lzyj/swygwj/swygwj1/202301/t20230116_7810650.shtml.

[40] 秦艳，王东燕，杨美艳，等.山西省“十四五”煤炭消费总量控制政策研究[J].中国煤炭，2021，47（9）：41—47.

[41] 山西科城能源环境创新研究院，自然资源保护协会.碳达峰碳中和背景下山西焦化行业转型发展研究[R/OL].（2022-05-23）[2024-05-20].https://m.book118.com/html/2022/0521/7155135135004123.shtm.

[42] 郝玺龙，杨昆，杨露豪.山西省环境库兹涅茨曲线的实证分析[J].现代工业经济和信息化，2023，13（7）：189—192.

[43] 焦嶕.煤炭企业绿色低碳发展战略选择研究[D].山西财经大学，2019.

[44] 王永锋，薛媛.资源型城市环境污染、经济增长与绿色转型发展研究——基于某L市的环境库兹涅茨曲线实证分析[J].甘肃金融，2023（9）：34—39.

[45] 刘涛，韩悦.绿色投资、产业结构生态化与低碳经济转型[J].经济与管理评论，2023，39（6）：17—29.

[46] 宋昕.山西省煤炭企业绿色低碳发展路径与对策研究[J].经济师，2021（10）：129—130+134.

[47] 焦嶕，赵国浩.煤炭产业绿色低碳发展研究评述[J].生产力研究，2018（12）：154—161.

[48] 张波，温旭新.我国工业绿色低碳发展水平的省际测度及比较[J].经济问题，2018（5）：68—74.

［49］苏利阳，郑红霞，王毅.中国省际工业绿色发展评估［J］.中国人口·资源与环境，2013，23（8）：116—122.

［50］中国社会科学院工业经济研究所课题组，李平.中国工业绿色转型研究［J］.中国工业经济，2011（4）：5—14.

［51］陈诗一.中国的绿色工业革命：基于环境全要素生产率视角的解释（1980—2008）［J］.经济研究，2010，45（11）：21—34+58.

［52］钢铁行业绿色低碳发展调研［J］.金融博览，2023（8）：8—9.

［53］高强.煤炭企业低碳发展对策研究［J］.内蒙古煤炭经济，2022（16）：166—168.

［54］闫林.加快推进山西工业绿色低碳发展政策研究［J］.中国经贸导刊，2015（19）：54—57.

［55］王云，梁正华.绿色发展：资源型地区的必然选择［J］.经济师，2015（4）：96—97.

［56］谭睿鹏.从工业、交通和区域角度看中国绿色低碳发展［D］.厦门大学，2019.

［57］贾康，苏京春，彭若飞.新质生产力［M］.北京：中译出版社，2024.

后 记

本书是在近年来相关研究成果的基础上，结合发展新质生产力的最新要求，进一步拓展和完善而成的。

2023年9月，习近平总书记首次提出“新质生产力”的概念后，相关研究逐步展开，但新质生产力的概念、内涵等尚缺乏权威阐释。2024年5月，习近平总书记在二十届中央政治局第十一次集体学习时对新质生产力进行了进一步阐释，廓清了什么是新质生产力、如何发展新质生产力这两大根本性问题，他指出：“新质生产力是创新起主导作用，摆脱传统经济增长方式、生产力发展路径，具有高科技、高效能、高质量特征，符合新发展理念的先进生产力质态。它由技术革命性突破、生产要素创新性配置、产业深度转型升级而催生，以劳动者、劳动资料、劳动对象及其优化组合的跃升为基本内涵，以全要素生产率大幅提升为核心标志，特点是创新，关键在质优，本质是先进生产力。”其后，相关研究可谓蓬勃而出，进展迅速。加快发展和形成新质生产力的提法也快速成为各级政府和部门的关注重点并进入相关政策文件之中。

多年来，对山西经济的相关研究让我们对山西转型发展的困难和短板弱项有着切身体会，新质生产力的提出和相关政策的陆续出台让我们萌生了写这本书的想法。期盼山西能够乘着发展新质生产力的东风，进一步提升创新发展基础能力，加快解决资源型地区转型发展中的普遍面临的创新能力不足问题。

本书能够顺利出版，要感谢山西省社会科学院（山西省人民政府发展研究中心）和山西经济出版社的大力支持，特别要感谢编辑解荣慧老师在确定选题、重点项目申报、书稿审校以及出版全过程中的倾力付出。感谢单位领导、同事在写作过程中给予的帮助和支持。省社科院（中心）经济研究所刘玲玲参与了第一章部分内容的写作以及书稿相关资料的整理工作，在此一并表示感谢。

受研究能力、精力和写作时间所限，书稿难免存在一定错漏，请读者见谅并批评指正。

2025年2月20日